逻辑思维游戏经典300例

诸葛文 ◎著

中国法制出版社
CHINA LEGAL PUBLISHING HOUSE

前言

缜密的逻辑思维能够让人更加理性地认识这个世界。在运用逻辑思维的过程中，我们通过概念、判断等推理出一种比较客观、理性的结论。只有在这种结论或认识的指导下，我们才能把握事物的规律，更好地适应世界的规则去生存或创造。逻辑思维可以说是较高级的一种思维方式，其中的唯物辩证、系统认知、递推、因果关系等都是一些比较科学地认识世界的思维角度。当然，每个人的逻辑思维能力是受到“结构特异性”等先天因素影响的，也就是说有些人天生就是非常“聪明、灵活”的。这种“结构特异性”是目前的人力所不能改变的，我们不能够奢望自己通过“大脑变异”来提高自己的思维能力。但是，这并不代表每个人的思维能力是完完全全受到先天因素制约而无法改变的。通过后天的训练，我们可以提高自己的分析力、判断力与观察力，从而训练自己的思维能力，这个过程就像是“后天大脑变异”。而本书的目的，就是对你进行“后天大脑变异”的训练。

本书筛选了一些经典的逻辑思维能力训练题目。相信读者在阅读的时候，不仅能收获有趣的知识，而且能提升自己的思维灵活性。本书在内容上分为类比排除、迂回思维、发散思维、集束思维、假设思维、纵向思维、逆向思维、移植思维、联想思维、系统思维，一共十章，以提高观察力、判断力、计算力、创造力、分析力为主要的思维训练目的。本书编有各种难易程度的推理题，其中不乏一些相当有迷惑性的题目。但是，不管题目简单还是困难，都有一个共同特点，就是“不走寻常路”。读者可以用到以前学的知识或方法，但绝对不能简单套用，而是需要打开想象的大门，开动脑筋，变换方式，将已有的知识以另外一种更加灵活的形式加以运用。

做完这些逻辑思维经典例题之后，你会发现，只要用心观察，积极动脑，每个人都可以成为生活中的“福尔摩斯”。

目录

Step 1 类推排除——比较论证，掌握规律

Step 2 迂回思维——绕开障碍，曲径通幽

Step 3 发散思维——驱动想象，打破僵局

Step 4 集束思维——紧盯目标，抽丝剥茧

Step5 假设思维——系统判断，推定结论

Step 6 纵向思维——层层递进，深入真相

Step 7 逆向思维——另辟蹊径，倒推因果

Step 8 移植思维——牵线搭桥，由此及彼

Step 9 联想思维——开动脑筋，创造奇迹

Step 10 系统思维——运筹帷幄，全力击破

STEP 1

类推排除——比较论证，掌握规律

四楼有多少盏红灯

189[①]

在一堂高中数学课上，爱丽丝老师给同学们出了一道数学题。

当地有一座七层高的大楼，每一层都安装上了一定数量的红灯，并且每一层的红灯数量是按倍增加的。已知整座楼层总共安装了 381 盏红灯，请问第四层安装了多少盏红灯?

以下有四个选项可供选择：A.24 盏　B.28 盏　C.36 盏　D.37 盏

有的同学看完题目，立即进行演算，但花费了很长时间也没有算出来。而有的同学则在半分钟之内就选出了正确的答案。

聪明的读者，你能迅速地选出来吗？ 赶紧试试看吧！

挑选异类图形

189

在下面的 7 个图形中，有一个图形缺少其他六个图形共有的特征。你能找出这个图形吗？ 如果你找出来了，请说明你的原因。

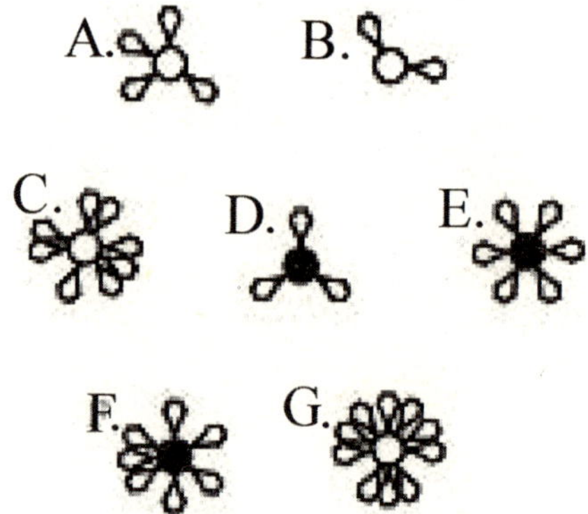

① 此处数字为答案所在页码。下同。

3 找出合适的图案

190

观察下图，根据其中的规律挑选出正确的答案，填写在图中的问号处。

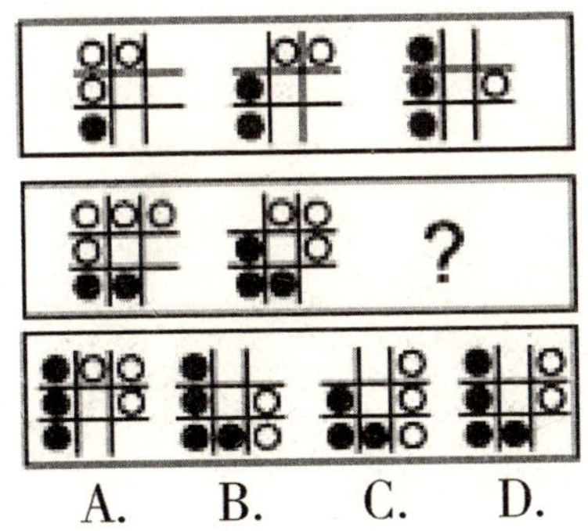

4 寻找缺失的图形

190

下面的图缺失了一部分，请你根据其中的规律，从 A、B、C、D 四个选项中选出正确的答案，把缺失的部分补充完整。赶紧转动你聪明的脑筋吧！

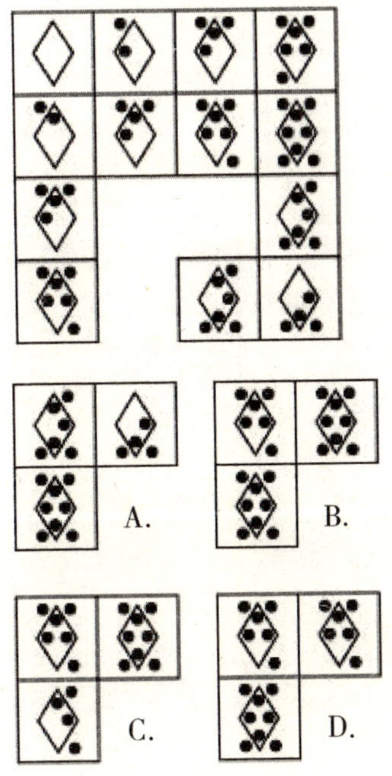

5 图形对应

190

下面的图形 1 和图形 2 是对应的。请问与图形 3 对应的是 A、B、C、D、E 五个选项中的哪一个图形？

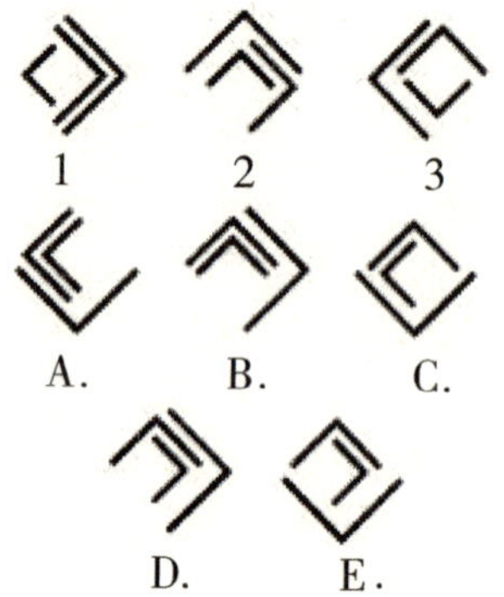

6 对号入座

190

根据已知图形的规律，判断问号处的图形是 A、B、C、D、E、F 中的哪个图形。

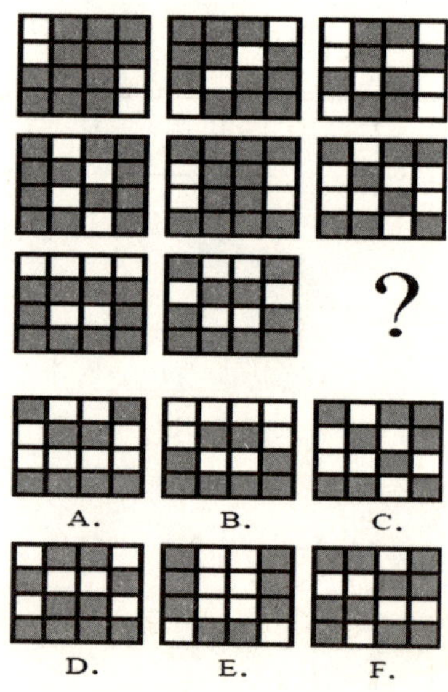

7 找规律选图 190

仔细观察所给的图形，找出其中的规律，在选项中挑选合适的答案，填在问号处。

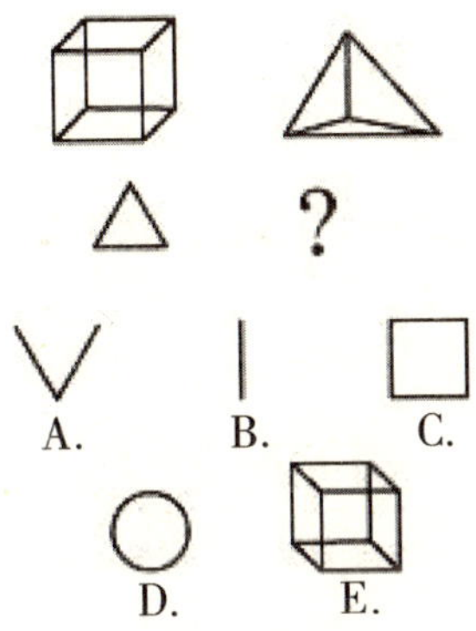

8 找出合适的汉字 190

在逻辑课上，老师给出两幅图，其中左边图形中的三个字是按照一定规律排列的。请你仔细观察图形，找出其中的规律，挑选出正确的答案，填在第二幅的问号处。亲爱的读者，你能用最短的时间做出来吗？

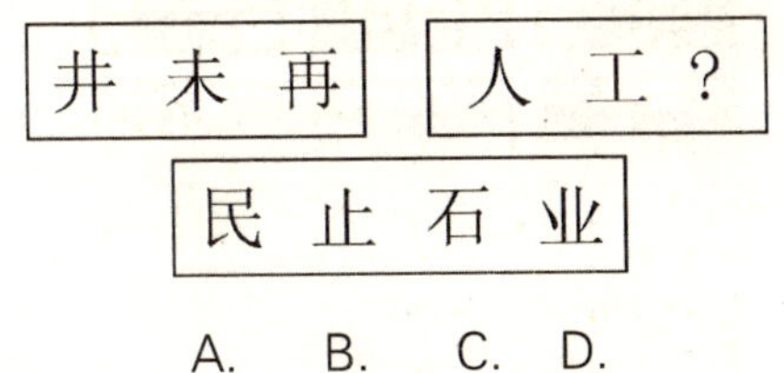

A. B. C. D.

9 图形类推 190

仔细观察下面的两幅图，找出图案的规律，并挑选出合适的答案，填在图中的问号处。赶紧试试看吧!

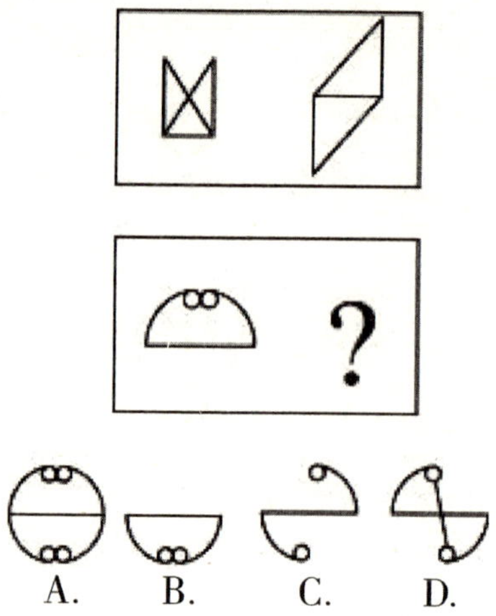

10 情报专家巧解数字暗号 191

某一天，美国特工情报局截获了一个犯罪集团发出的秘密暗号。这组秘密暗号很简单，由 7、8、9、10、11 五个阿拉伯数字组成。既然是秘密暗号，那么这五个数字一定隐含着重要的信息，这到底是什么呢？美国特工情报局费尽脑汁也不能破译出来。因为事关重大，所以特工情报局丝毫不敢懈怠，向 FBI 求助。FBI 得知消息后，立即派出了最优秀的情报专家罗伯森前往破译。

当特工情报局把这组秘密暗号从机密函件中拿出来，摆放在罗伯森面前几分钟后，罗伯森就破译出来了。原来这组数字隐含着一个恐怖组织头目的名字——Jason。

聪明的读者，你知道罗伯森是怎样破解出来的吗?

11 墙上的血迹 191

豪俪公寓发生一起命案，发现一名租客被刺死在浴室中。警方在浴室墙壁的挂毯上，发现了疑为凶手蘸了死者的血写成的“复仇”两个大字。

负责此次刑侦案件的是身材短小精悍的克里特警长。别看他身材不高，但在警局里没人敢小瞧他，他是侦破大案要案的高手。由于豪俪公寓的管理比较宽松，因此自由出入的人也很多。根据每个楼层的监控设备的记录显示，在被害者死亡的这段时间内，进入现场的各类人员不下百人。可以肯定的是，凶手就在其中。但这些人并不一定都是公寓的租客，这就给刑侦工作带来了巨大的麻烦。

克里特警长先是检查了死者的伤口，然后又走到墙边抬头看着挂毯上的血字。他在屋子里徘徊，头脑高速旋转，最后他让警员重点调查“有接近案发现场机会的，身高在6.5英尺左右的人”。经过一番排查，警方在公寓里发现一位可疑人员，并最终使他承认了自己犯下的罪行。

那么，克里特警长是怎么判断出凶手的身高是6.5英尺的呢？

12 判断外套的颜色

191

A公司是一家跨国公司，公司的员工来自世界各地。黄种人甲、白种人乙和黑种人丙是同一天进的公司，并且很快成了好朋友。

在一个周末，三个人约好去新世纪商场购物，她们根据自己的风格分别购买了一件外套。这三件外套无论从颜色还是从款式上来说都是不同的。购买完其他的商品，三个人决定去吃饭。当她们路过一面大镜子时，其中一个人说：“我买的是黑色外套，这是我最喜欢的颜色。”之后，她看了看其他两人，发现了一件非常有趣的事情。原来，黄种人甲买的外套不是黄色的；白种人乙买的外套不是白色的；黑种人丙买的外套不是黑色的。黄种人甲说：“还真是，我当时都没注意到这个。”

亲爱的读者，你能根据她们说的话，判定出黑色外套是谁买的吗？其他人买的外套颜色又是什么呢？

13 语言与国籍

191

A、B、C、D 四人到中国旅游，他们分别来自德国、日本、英国和法国。这四位游客除了会说本国的语言，还会说其他三国语言中的一种。已知：

（1）有一种语言三个人都会说，但是没有一种语言是四个人都会的。

（2）B 不会说英语，但是 A 和 C 谈话时，B 可以为他们翻译。

（3）A 是日本人；D 既不是日本人，也不会说日语，但他能与 A 无障碍地交流。

（4）B、C、D 三个人无法沟通。

（5）在四人中，没有人同时会说法语和日语。

根据上述的条件，请问聪明的读者，下面哪一项是正确的呢？

a.A 会日语和德语；B 会法语和德语；C 会德语和英语；D 会英语和法语。

b.A 会日语和法语；B 会英语和德语；C 会法语和德语；D 会德语和日语。

c.A 会日语和德语；B 会法语和德语；C 会英语和法语；D 会德语和英语。

d.A 会法语和日语；B 会英语和德语；C 会德语和英语；D 会日语和英语。

14 吉格斯的先见之明

191

美国的新奥尔良有一家屠宰场，吉格斯就是这家屠宰场的负责人，每天宰牛卖肉。由于他聪明机灵又经营有道，所以生意一直不错。有一次，一位议员派人找到吉格斯，对他说：“议员有一个女儿，想把她嫁给你做妻子。议员已经为她准备了丰厚的嫁妆。这对你来说是天大的喜事啊，你就答应了吧。”吉格斯听了之后，并没有流露出高兴的神情，而是摆手说道：“这可不好办啊，我患上了疾病，不适合娶妻。”那人又劝说了他几句就离开了。

吉格斯的朋友知道了这件事情，责问他为什么不答应这件好事！吉格斯笑着说：“这个议员的女儿肯定不漂亮。”朋友问：“你们没有见过面，你怎么知道她长得不漂亮呢？”吉格斯说：“凭我多年卖肉的经验，我敢肯定我的判断是正确的。”朋友还是不理解，又问：“你能具体说说吗？”

吉格斯朋友听完觉得他说得非常有道理，于是就不劝他了。后来，吉格斯的朋友见到了议员的女儿，果真如吉格斯所说的那样一点儿也不漂亮。此时，他不由得钦佩吉格斯的先见之明了。

聪明的读者，请问吉格斯到底跟朋友说了什么呢?

15 奇妙的倒置数字金字塔

191

数学课上，老师在黑板上写下了几组数字，看起来就像是一个倒置的金字塔。如下所示：

1 9 4 8 3 7 2 6 5

5 6 2 7 3 8 4

4 3 7 6 5

数学老师的问题是，这个倒置的数字金字塔的最后两层的数字是什么？亲爱的读者，赶紧转动你聪明的脑筋吧！

16 阿基米德称量皇冠

192

古希腊的叙拉古赫农王命人打造了一顶纯金的皇冠，准备献给神明。工匠的技艺非常高超，效率也很高，没几天就打造好了皇冠。可是，国王接到线报说，工匠所做的皇冠并非纯金的，他私吞了一些黄金，掺入了同样多的白银。于是，国王想要检测一下皇冠到底是不是纯金的，但同时有一个前提，那就是保证皇冠现有的样子，不能破坏它。大臣们都面面相觑，想不出解决问题的办法。有一个大臣建议说，为什么不让智者阿基米德试一试呢。国王觉得他的建议很好，就请阿基米德检测皇冠。

阿基米德思来想去，没有想出好办法。直到有一天，他在浴盆里洗澡的时候，想到了解决方法。当时，他注意到了一个问题，那就是只要自己沉进水盆中，那么水就会溢出来，同时会感到自己的身体轻飘飘的。他高兴地跳出洗澡盆，赤身裸体地大喊："我想到了，我想到了。"

他到了皇宫里，用自己的方法测出皇冠的确不是纯金的，而是掺杂了白银。请问聪明的读者，你知道阿基米德是怎样解决皇冠问题的吗？

17 珍珠项链被谁偷走了

192

布兰妮女士是一位非常热情的人，经常邀请身边的好友和同学到家里来参加派对。有一次，她邀请了好友希尔顿、叶莲娜、贝鲁奇以及她们的丈夫到家里来庆祝自己的生日。在生日派对上，每个人都玩得很开心。本来这个派对会完美收尾，然而最后发生了一件不愉快的事情。客人走后，布兰妮女士发现自己的珍珠项链不翼而飞了，她找了许多地方都没有找到。布兰妮女士清楚地记得，在客人到访之前，珍珠项链一直戴在自己的脖子上。而在派对中，也没有其他客人到访。这表明这六位客人之中必定有人偷了珍珠项链。

现在已知：

（1）当晚，叶莲娜和另外一名女士在玩电脑。

（2）窃贼的配偶在玩麻将时输了钱。

（3）贝鲁奇的丈夫曾因一场车祸失去了一条手臂，因而不能开车。

（4）在派对上，叶莲娜的丈夫是第一次跟希尔顿见面，并告诉希尔顿说自己很喜欢看她的作品。

（5）贝鲁奇在打麻将时输了钱，她的丈夫把自己赢的钱给了她。

（6）叶莲娜的丈夫在生日派对前一天还跟盗贼一起打过网球。

亲爱的读者，根据上述的条件，你能判定出珍珠项链是被谁偷走的吗？

18 该追哪个嫌疑人

192

纳什具有很高的侦查天赋，再加上自己勤奋好学，因而年纪轻轻就成了小有名气的侦探。有一次，纳什接到了一个消息，说是晚上某公司的 2213 号房间，会有人进行非法交易。纳什本想混入公司内部，但考虑那样会暴露自己的目标，于是就趁着公司下班之前，把一个微小的监听器悄悄地安装在了房门之上。通过这一个监听器，纳什和他的伙伴们就可以在公司对面的楼上进行监听了。

晚上七点以后，公司职员都走光了。纳什和他的伙伴们通过监听器只听到了偶尔响起的电话声，除此之外，没有听到其他声音。近两个小时后，寂静的走廊里突然响起了一阵笃笃笃的脚步声，之后是敲门声、开门声和关门声。接着纳什又听到了打开和关上手提箱的声音。非法交易的双方没花多长时间就完成了交易。纳什和他的伙伴们计算好时间，在买家的必经之路上等他。

出乎他们意料的是，有两个人从公司大门先后走了出来，并且每个人都拎着一个手提箱。其中一个人身穿休闲装和休闲鞋，另外一个人则是西装革履。就在他们犹豫的时候，那两个人分别上了各自的车，朝着不同的方向开去。纳什和伙伴们只有一辆车，根本无法同时追踪两个人。纳什思考了片刻，决定追那个穿西装的。

请问，纳什为什么怀疑那个穿西装的是非法交易的买家呢?

19 聪明的飞贼

193

一天深夜，FBI 接到一起盗窃报案，报案人是电台主持人莉迪亚小姐。据莉迪亚称，她回到家里的时候一切都完好无损，但当她洗完澡从浴室里出来的时候，却发现摘下放在梳妆台上的宝石戒指不见了。

警长弗莱德进一步了解到：莉迪亚小姐洗澡的时候，大门是锁好的；窗户虽然是开着的，但是窗上设有防护栏。弗莱德确认了一下门窗，发现门和防护栏都没有遭受破坏的痕迹，而且莉迪亚小姐所在的房间是整栋大楼的第九层，所以可排除有人入室盗窃或在窗口使用工具盗窃的可能性。那么，罪犯是怎样盗走莉迪亚的戒指的呢?

正当弗莱德束手无策时，他在梳妆台发现了一根不起眼的火柴，还有手镯、项链、耳坠等饰物。他马上问莉迪亚:“你确定只丢了那枚戒指吗？”莉迪亚说:“是的，警官。”弗莱德想了想，便问莉迪亚:“周围有养鸟的邻居吗？”莉迪亚对这个问题感到很诧异，但她还是作了如实回答:“三楼的黑格斯养猫头鹰，四楼的玛格丽特养鹦鹉，六楼的史密斯夫妇养信鸽。除此之外，就没有了。”

弗莱德听完，信心十足地说:“黑格斯就是小偷！”

他是怎么判断出来的呢?

20 停了多长时间的电 193

小聪是一位非常聪明伶俐的学生，经常受到数学老师的夸奖。有一次，小聪正在房间里写作业，突然停电了。他的爸爸点上了两根蜡烛，给他送了过来。巧的是，小聪正在做一道关于停电的数学题。

题目是这样的：有两支粗细不一的蜡烛，细蜡烛是粗蜡烛长度的两倍。点完细蜡烛需要一个小时，点完粗蜡烛需要两个小时。有一次停电，将这两支蜡烛同时点着，等到来电的时候，发现这两支蜡烛剩下的部分长度是一样的。请问，这次停电停了多长时间?

A.10 分钟　B.20 分钟　C.40 分钟　D.60 分钟

聪明的读者，赶紧转动你的脑筋算一算吧！

21 猜猜谁是副经理 193

乔森和巴布毕业之后，到同一家公司去面试。公司看了他们的简历，认为他们俩都非常符合要求。可是，这家公司只招一个人，也就是说他们俩之中有一人会被淘汰。为了确定最终人选，面试官决定再出一道题，考考他们。面试官对他们说：甲、乙、丙、丁四个人参加完副经理的培训，他们当中有一人成了副经理，其他人则成了副经理助理、会计和销售员。当问到他们谁是副经理时，甲说："乙不是副经理助理。" 乙说："丙是副经理。" 丙说："丁不是销售员。" 丁说："丙说得不对，我是会计。"

已知，他们四人之中只有一个人说对了，并且这个人就是副经理。

请问，他们四个人的职业分别是什么呢？聪明的读者，赶紧帮帮乔森和巴布吧！

22 打靶子游戏 193

周末的时候，A、B、C 三人去游乐场游玩，参加了打靶子游戏。游戏的规则是这样的：每次游戏只能打 7 个靶子，靶子是按照 1 到 7 的顺序编号的。每打一靶用一颗子弹，并且每次打靶子需要从 1 号靶子开始打。此外，3 个人在打靶子的同时要满足以下几个条件。

（1）A 和 C 既可以打奇数靶，也可以打偶数靶。

（2）B 只能打奇数靶。

（3）A 和 B 每次打靶子的靶数不少于 2 靶。

（4）C 每次只能打 1 靶。

（5）A 不能连续打 3 靶。

如果 B 打的靶数与另外一个人打的靶数相同，那么下列哪种说法是正确的呢？

a. A 只能打偶数靶。

b. B 必定打光所有的偶数靶。

c. C 必定打 1 个奇数靶。

d. A 和 C 每人必定各打 1 个奇数靶。

e. A 和 C 两人之中必有一人打了 1 个奇数靶。

23 过山车分组

193

有一天，一群大人带着小孩子们去游乐场玩过山车游戏。其中大人共有五名，两男三女，他们分别叫汤姆、杰克逊和莱娜、戴拉、妮维雅；小孩子共有四名，他们分别是杰西卡、法拉、温妮和贝蒂。

在乘车的时候，他们每 3 个人一组，总共分为 3 组。然而在分组的时候，他们必须遵循两个要求：A. 性别相同的大人不能分在一组；B. 杰西卡不能和莱娜分在一组。

根据上述的要求，请判断下面哪个选项是完全正确的。

（1）有一位妇女和两个孩子同组。

（2）莱娜和一个成年男士同组。

（3）有一组没有孩子。

（4）有一位成年男士和杰西卡一组。

（5）妮维雅那组只有一个孩子。

亲爱的读者，赶紧转动你的脑筋判断一下吧！

歌唱比赛名次排名

193

在一次歌唱比赛中，比赛评委评选出了前五名选手。他们分别是 A、B、C、D、E。当问到他们具体名次的时候，评委说：A 不是第一名；B 不是第一名，也不是最后一名；C 的名次紧随 A 的名次之后；D 不是第二名；E 在 D 的后两名。

请问读者，你知道谁是第一名吗？其他人的名次又是怎样排序的呢？

25 括号里的数字 194

根据下列数字的规律，请在括号中填写正确的答案。

1/9 1 7 36 （ ）

26 揭开神秘数字“732”的面纱 194

近日，美国联邦调查局得到了一个重要的消息，有一个毒贩以游客的身份，携带大量毒品进入了美国。这个毒贩的反侦查经验非常丰富，数次顺利躲过安检和国际刑警的追踪。FBI 警员经过几天的努力，查明了毒贩潜藏的酒店，对他进行了秘密监视。据监视人员反映，这位毒贩的生活起居非常有规律，每天按时起床、进餐、出门、休息，也没有人来酒店与他接头进行交易。一次，警员趁着毒贩离开酒店，到他房间里搜查，结果没有搜出任何毒品，只在桌子上发现了一张五线谱，上面写着 732 这组数字。

FBI 警长看了这组数字，思考了半天也没有任何头绪，不禁动摇了信心，难道他不是那个毒贩？但警长并没有放弃，而是找到了酒店经理，调来了监控录像。警长盯着录像看了好几个小时，发现毒贩的房间每天都有清洁工打扫，除此之外再也没有其他人进入。警长顺着清洁工这条线索继续想，突然一道灵光闪现。因为他发现毒贩在酒店住了五天，在这期间每天进入房间的清洁工不是同一个人。想到这里，警长又看了一眼那张写着 732 的五线谱，脸上露出了自信的微笑。

他赶紧召集了一众警员，带着他们悄悄来到了毒贩的房间，之后在床内找到了毒品。做完这一切之后，他们又蹲守在现场，一举抓获了那位清洁工和毒贩。

聪明的读者，警长凭什么判定毒品就藏在床内呢？五线谱上的数字到底有什么玄机呢？

27 真假郁金香

194

有一位贵妇人，在丈夫死后，继承了大笔的遗产。这位贵妇人最初把遗产存在了保险柜里，但她认为保险柜不安全，于是又把遗产兑换成珠宝，藏在了屋里的花盆里。她认为，没有人会想到自己会把珠宝埋在沙土里。贵妇人买了几盆郁金香，把其中的一株拔了出来，把珠宝藏进去，之后又插上了一株假的郁金香。她试验过很多次，来家做客的客人都没有发现这盆假花跟其他的花的不同。于是她坚信自己的珠宝很安全，就放心地出去旅游了。

然而，贵妇人回来的时候，被屋里的景象惊呆了。原来，只有那一盆假郁金香被洗劫了，里面的珠宝全都被盗走了，而其他的真郁金香却还跟之前一样。贵妇人想了半天，也没有想出这是为什么。

亲爱的读者，你知道盗贼是怎样发现这盆假郁金香与其他的花不一样的吗?

28 有多少场新员工培训

194

美国的一家大公司招聘了一批新员工，并按照程序先对新员工进行一个月的培训。这家大公司有甲、乙两个新员工培训教室。每个教室都有 5 排座位，其中甲教室每排可以坐 10 人，而乙教室每排可以坐 9 人。甲、乙两个教室当月总共举办了 27 次培训，每次培训都是座无虚席，当月共有 1290 人次进行培训。请问甲教室当月举办了多少次新员工培训。

以下共有四个选项:

A.8 次 B.10 次 C.12 次 D.15 次

聪明的读者，你能迅速地选出正确答案吗?

29 辨别供词真伪

195

美国的一家大公司的重要商业机密文件被盗了，该公司负责人在第一时间报了警。警方接到报警后，立即对此事展开了调查。没多久，警方锁定甲、乙、丙三人为犯罪嫌疑人。因为这份机密文件储存在加密的电脑中，所以作案者具有一定的密码破译能力。经过警方证实，三名嫌疑人当中有一个人就是作案者。在审讯他们的时候，甲、乙、丙三人分别说了两句供词。

甲说："我不会破译密码。我也没有偷走文件。"

乙说："我会破译密码。但我没有偷走文件。"

丙说："我不会破译密码。是会破译密码的人作的案。"

在这六句供词中，只有两句是正确的，并且这三名犯罪嫌疑人中只有一个不会破译密码。

聪明的读者，你能根据上述的条件，推出谁是真正的作案者吗?

30 两条车辙印

195

在逻辑课上，薇薇安老师给同学出了一道逻辑思维题。

题目是这样的：有一位警察正在开车追踪一个盗贼。车开到半路上的时候，警察忽然发现地上躺着一个人。这个人醒来之后回忆说，有人把他打晕了，并抢走了他的自行车向着远处逃走了。警察断定这个逃跑的人就是盗贼，因为盗贼知道有警察追踪，所以想抢一辆车，以便早点儿摆脱警察。

警察开车继续追赶盗贼，追着追着来到了一个岔路口。岔路和主路连接的地方是一小段上坡土路，而两条岔路上都有自行车轮胎的痕迹。其中左边的自行车前后轮胎痕迹深度相同，右边的前后车轮痕迹深度则不同。

聪明的读者，这位警察该走哪边才能抓到盗贼呢?

STEP 2

迂回思维——绕开障碍，曲径通幽

1 列车上的女诈骗者 195

在一辆列车上，警员皮特提着自己心爱的黑皮包，戴着精致的小礼帽，走进自己的包厢里，准备进行一次愉快的旅行。突然，外面传来一阵急促的敲门声，皮特没有多想，便打开门，门外站着一位身材婀娜的美女。那位美女趁皮特不注意，闯进他的包厢里，并反锁上门，要挟皮特把包里的钱交出来，不然她会扯开衣服，控告皮特对她进行性骚扰。

身为警员的皮特见到这种无理取闹的诈骗犯，觉得很好笑。他见这个女人动作娴熟，说话不慌不忙，断定她是名惯犯。不过，这对于经历过大风大浪的皮特来说简直太小儿科了。只见皮特点燃一根雪茄，对着这个女诈骗犯吸起烟来，燃烧后的烟蒂始终留在烟头上。双方大概僵持了 2 分钟，那位女人见皮特默不作声，以为他怕了，便进一步威胁说:“你要知道后果的严重性，只要我大喊一声，乘警会立刻赶来，你要背负起性骚扰的罪名！”

出乎意料的是，皮特竟主动按了床头的警铃。乘警立刻赶了过来，只见那个女人衣衫不整地躺在床上大哭大闹，嚷着说:“这个男人强行把我拉进包厢里，打算对我进行性骚扰。”

乘警观察了一会儿，断定那个女人是想以性骚扰的罪名诈骗皮特，立即将那个女人铐起来带走了。

读者朋友们，你知道乘警靠什么断定那个女人是诈骗犯吗?

2 丢失的邮票 196

警长福尔斯接到报警，一位叫卡特的先生声称自己珍藏的“黑便士”邮票被盗了。福尔斯立刻赶到卡特家里，据卡特说，“黑便士”邮票和其他的珍贵邮票都珍藏在玻璃柜中，上午有个陌生人来到家里观赏这些珍贵的邮票，没想到趁卡特不注意，那个陌生人从背后将卡特击晕。等卡特醒来的时候，那个陌生人不见了，而且“黑便士”邮票也被盗走了。

福尔斯看了看保藏邮票的那个矮矮的玻璃柜，里面还放着一些珍贵邮票，而且柜子上有好几处被撬的痕迹，看来那个盗贼一定花了不少时间来打开这个玻璃柜。福尔斯看完后，对卡特说:“‘黑便士’邮票可是世界上第一枚邮票，你应该为它投保险。”

卡特说:“当然啦，这枚邮票价值连城啊，我为它投了30万元的保险呢。”

福尔斯微微一笑，看着卡特的脸说道:“我想这个盗贼就不用找了吧，好像就是卡特先生你吧。我认为你骗取巨额保险，你有什么要解释的吗？”

读者朋友们，你们知道福尔斯是怎么判断卡特就是那个盗窃贼的吗?

3 可疑的血手印

196

一所公寓里发生了凶杀案，一位画家死在了自己的卧室里，背后插着一把刀。接到报警后，警察匆忙赶到现场，开始搜集线索。警察发现白色的墙壁上印着一个手掌印，五指的指纹清晰可见，手掌心的纹路都能辨别出来。警察断定这一定是凶手杀人后逃跑时不小心留下的。

警长福尔斯来到现场，见到警员们在认真地收集墙壁上的手印，便对他们说:“还有其他更重要的线索吗？”

正在收集手印的警察听到后有些不解，说道:“这是凶手留下的手印，是最重要的线索了。”福尔斯听后，笑着说:“这个血手印很可能是罪犯伪造的，目的是要误导警察，拖延时间。”那位警员转过头来，好奇地问:“你怎么知道的？”福尔斯说道:“你试着右手在墙上印个手印，就知道了。”

读者朋友们，你们知道福尔斯是怎么看出手印有问题的吗?

4 穿睡衣的女死者

196

一位女教师死在自己的房间里，胸口插了一把水果刀。警长福尔斯接到报案后，赶紧来到命案现场。报案人是死者的邻居。据邻居说，他因事去找女教师，按了好几下门铃都没有人应答。他感觉很奇怪，便叫来管理员，把门打开，发现女教师穿着睡衣死在地板上。经法医鉴定，死亡时间大概是昨天晚上 9 点钟。

福尔斯观察了一下，发现门安装的是自动锁，也就是只要随手关上门就会被锁上，没有钥匙是打不开的，而且门上还安装了猫眼。福尔斯又问邻居昨天有没有见过什么人到女教师家。邻居回答说见过两个人，一个是女教师的学生，另一个是女教师的男朋友。福尔斯听后，立即断定女教师的男朋友嫌疑很大，让属下去抓捕。

读者朋友们，你们知道警长福尔斯为什么认为女教师的男朋友嫌疑最大吗?

5 宾馆里的命案

196

一家公司的总经理死在了五星级宾馆的客房里，他的女秘书丽娜向警察局报了案。警察火速赶到现场收集证据。这家五星级宾馆的布置非常豪华，无论走廊里还是客房里，地上都铺着一层厚厚的羊毛地毯，四周的墙上挂着不少世界名画。据技术人员鉴定，死者是在接听电话时被人从背后用枪打死的。

警长福尔斯也赶到现场，他把报案人丽娜小姐叫来询问情况。丽娜说:“出事时我正在街上和总经理通电话，突然听见话筒里传来枪声，忙问他发生什么事了，但只听到总经理临死时的呼救声和凶手逃走时慌乱的脚步声。我感到情况不妙，就赶紧打电话报警了。”福尔斯听完她的述说，冷笑着说:“秘书小姐，你没有编谎话的天赋何必又要用谎话掩盖事情真相呢? 你还是老实交代你是怎么杀死总经理的吧。”

读者朋友们，你知道福尔斯是从哪里看出破绽的吗?

6 地上的碎玻璃 196

一家工厂发生盗窃案，财务室里的保险箱被盗，10 万元的现金被偷走了。警长福尔斯和警察们接到报案后赶到现场，发现玻璃窗上的玻璃都被打碎了，掉在地上，满地都是。看样子小偷是先打碎窗子上的玻璃，然后跳窗而入的。

当晚值班的保安对警察说:“小偷一定是后半夜作的案，因为晚上 12 点左右，我曾经到这个房间巡视过，当时门窗都好好的。”

警察追问道:“你确定吗? ”

保安点点头:“当然，我还顺手拉上了窗帘呢。”

这时警长福尔斯指了指地上的玻璃碴:“地上的碎玻璃这么多，看起来当时小偷砸玻璃时用了很大的力气，难道你没有听见声音? ”

保安摇摇头说:“没有，这附近有条铁路线，火车经常经过。这小偷可能是趁火车经过时打碎玻璃的，所以没有听到。”

警长福尔斯听后，对这位保安说:“不要掩饰了，你就是小偷! ”

读者朋友们，你们知道福尔斯为什么做出这样的判断吗?

7 请帮我拿回我的笔 196

旅馆里发生了一起凶杀案，死者是一位叫丽莎的女孩。据调查，丽莎不久前跟一位船长订了婚，而那位船长订婚后就出海了。丽莎平时住在市郊的一套豪华公寓里，平常很少出来玩。警长福尔斯问知情者:“最近丽莎接触过别人吗? ”知情人告诉他，有一个叫杰克的小伙子，经常找丽莎，是丽莎的狂热追求者。

福尔斯听后，立即和下属来到杰克家。在一所旧公寓里，福尔斯找到了杰克，他问杰克："听说你是丽莎的狂热追求者，那你知道丽莎被杀的事情吗？"

杰克听了，神情惊讶地说："不，不知道！"

"哦，没想到你竟然不知道。"福尔斯一边说，一边下意识地到口袋里拿笔，"糟糕，我把最心爱的金尖钢笔忘在丽莎那了，一会儿我还要赶时间去办其他案子。"福尔斯看了看杰克，又问道："你能不能帮我把笔取回来送到警察局？"杰克犹豫了一下，还是同意了。

没过多久，杰克把福尔斯的笔送到了警察局，没想到警察立即逮捕了他，并断定他就是杀害丽莎的凶手。

读者朋友们，你们知道为什么吗？

8 被盗的钞票

196

两名歹徒手持武器突然冲进一家银行，逼迫银行职员交出钱后，立即乘一辆"福特"车逃跑了。幸亏有个银行职员记下了车牌号码，并向警察局报了案。警察接到报案后，立即赶到并封锁了现场。正当他们收集线索，调查案情时，一辆"福特"车从他们身旁开过。一位警察喊道："就是这辆车，车牌号和颜色都符合。"他们马上驱车赶了上去，将那辆车拦下。

"福特"车内有一个叫玛格尔的男子，警察对他进行了审问。但因这个人有不在场证据，最后警方只能把他放了。事后调查，歹徒从那家银行一共抢走了 10 万欧元的新钞票。

过了不久，在另一个地方又发生银行抢劫案。案发后，玛格尔开车经过，并冲过了路障。警察把他拦了下来，对他说："没看见前面的路障吗？罚款 20 欧元。"

玛格尔一边道歉，一边将 20 欧元的纸币递过去。两天后，玛格尔被警方逮捕了，警方控告他参与了两起银行抢劫案。玛格尔说："不可能，我有不在场证据。"

警察笑着说："你是主谋，你让两个同伙去抢劫银行，而你则弄来两辆相同的车。等同伙抢劫完后，你用一辆车来故意吸引警方的注意力，让同伙趁机逃跑。但人算不如天算，一个小小的疏忽，让你彻底露出了马脚。"

读者朋友，你知道玛格尔哪里疏忽了吗？

9 无线熨斗上的蓄电池

196

松下电器生产的熨斗在电器行业独树一帜。为了满足家庭妇女的需要，有人提议发明一种无线熨斗。这个建议被公司的高管采纳，于是熨斗事业部成立攻关小组，专门研制无线熨斗。最后他们决定用蓄电池提供能源，让熨斗持续发热。但问题产生了，如果蓄电池太小，则储电量不足，熨斗用不了几次就没电了；如果用大号的蓄电池，虽然能获得充足的电量，但重量会是普通熨斗的几倍。

为了解决蓄电池的难题，事业部派人把妇女熨衣服的整个过程拍下来，发现妇女们在用熨斗时不是一直拿着熨斗，而是熨一次就把熨斗放下，整理衣服后，再拿起熨斗。熨斗事业部利用这一点研制出了既轻便又能解决电量问题的熨斗。

你知道他们是怎么解决蓄电池问题的吗？

10 阅读《圣经》的方式

196

亚当斯是多年的惯偷，偷过不少价值连城的物品。后来，他不小心被抓，关进了大牢，被判以极刑。当时的国王亨利八世正在进行宗教改革，要求人们对神绝对忠诚，并对《圣经》极度崇拜。

于是，亚当斯对狱卒说："听说国王对神很忠诚，喜欢读《圣经》，临死前我有个愿望，请国王允许我把《圣经》读完再死。”

狱卒听后，把亚当斯的这个愿望告诉了国王亨利八世。国王听后心想：“一个将死的人都想读完《圣经》，可见这次宗教改革多么深入人心啊！”于是他不假思索地对狱卒说：“你回去告诉他，我满足他的愿望，等他读完了《圣经》再执行死刑吧。”

狱卒把国王的话告诉亚当斯后，亚当斯高兴地跳了起来，然后回到床上安心地睡起觉来。狱卒很奇怪，问他为何不读《圣经》而是呼呼地睡觉。亚当斯对狱卒说了一句话，狱卒才明白国王上当了——亚当斯死不了了。

读者朋友们，你们知道亚当斯说了一句什么话吗？

11 讨回银筷子 197

在一家大酒店里，一位客人把一双昂贵的银筷子放进了自己的提包，打算偷走。服务员发现后，把此事告诉了酒店经理。经理对服务员说：“你要把此事办理妥当，既不能引起争吵，也不能让他把银筷子拿走。”

服务员感到很为难，如果向客人直接要，势必会跟客人大吵一顿。即使把筷子要了回来，也会给酒店带来不良的影响。经理看出了服务员的难处，便从柜子里拿出一个精美的小盒子，对服务员说：“这是专门装银筷子的盒子。”然后经理告诉服务员一条妙计，让那个客人自己意识到偷窃已经被发现，而且给了客人一个台阶下。

服务员按经理说的去做，很顺利地解决了这件事情。

读者朋友们，你知道服务员采用了什么方法吗？

12 究竟是谁赢 197

一个叫马克的人，喜欢跟别人打赌，而且每次打赌都能赢。一个警察听说此事后，特意向马克挑战。警察对马克说："听说你跟别人打赌总能赢。"马克回答说："是的。"警察不相信，决定跟马克赌一把。马克说："我赌你明天会长出一条尾巴出来。如果我输了，就给你 100 元；如果你输了，就给我 100 元。"警察觉得这种滑稽的事不可能发生，于是很爽快地答应了。

第二天早晨，警察风尘仆仆地来到马克家，对马克说道："你输了，我根本没有长出尾巴。"马克说："那你脱下裤子让我看看。"警察果然脱下了裤子。这时马克高兴地跑进屋里，大声说："我赢了！"然后拿着一沓钞票出来，抽出一张 100 元的给了警察。

这时，警察的家人从内屋里走了出来，对警察说道："太丢人了，一个警察竟然脱裤子给别人看。"

读者朋友们，你们知道这是怎么一回事吗？

13 麻雀点火

197

唐代的大将薛礼带兵东征来到岩洲城。由于岩洲城固若金汤，而且城内守军的粮草也很充足，所以唐军攻打了很久一直没能破城。薛礼明白守军在等援军的到来，再这样拖下去，唐军将要面临腹背受敌的境地。

正当薛礼焦头烂额地想破城计策之时，军营里来了一位谋士。这位谋士建议薛礼采用"麻雀送火"的方法来点燃城中守军的粮草。薛礼听完谋士的计策，非常高兴。他马上命人去捉大量的麻雀。他让人把捉来的麻雀装进笼子里，一直饿着它们。几天后，下起了大雪，又刮起了大风，薛礼命人把硫黄和火药装进小袋子里，系在麻雀腿上，然后把麻雀放了。因大雪覆盖，麻雀找不到吃的，便落在草垛上面乱刨。这样一来，麻雀腿上的小袋子便掉在了草垛上。

不过没有火种，落在草垛上的硫黄和火药也燃烧不起来。但薛礼用了一个方法，成功地点燃了草垛，引起火灾。粮草被烧着了，城内的人乱作一团，城墙上很多守兵也被调去救火。趁着城墙守防空虚，薛礼率军攻打城池，很快就攻破了城防。

读者朋友们，你们知道薛礼是怎么把硫黄和火药点燃的吗?

14 样品和家具的颜色

197

一个财主，请木匠做了一套新的家具，但还没有刷油漆。财主在门外贴了一张告示：招油漆工一名，只要能按样品漆好家具，会得到双倍的工钱。

一位油漆工前去应聘，财主拿出一块漆好了的小木块，对油漆工说："你按照这个样品来漆家具，千万不要搞错了。"

这位油漆工的技术很高，很快就把颜色调了出来，然后把家具漆好。财主拿着样品和家具对比了一下，说颜色深了些。于是油漆工又重漆了一遍，然后把家具交给财主查看。财主又说浅了点，拒绝付工钱。油漆工才明白财主是在为不想给工钱找借口。

油漆工闷闷不乐地回到家，儿子见状问其原因，油漆工便把被骗之事告诉了儿子。儿子决定有机会一定要出这口气。没过多久，财主家的儿子结婚，财主做了很多家具，并贴出了和先前内容一样的告示。

油漆工的儿子看到告示后，就来面试。财主见他是个孩子，有点不情愿雇用他，但想到孩子好欺负，便让他进院子里刷漆。不久，家具漆好了，财主故技重演，称油漆的颜色不对，拒不付钱。油漆工的儿子与财主大吵大闹起来，很多人过来围观。财主拿出样品，硬说颜色不对，这时油漆工的儿子对着人群说了一句话，让财主顿时哑口无言，并乖乖地付了钱。

读者朋友们，你们知道这个聪明的小油漆工说了什么吗?

15 维纳斯金像重见天日

197

普斯顿一直很辛勤地工作，到了退休的时候，领到了一大笔退休金。没想到在一个晚上这笔退休金被小偷盗走了。

普斯顿妻子早就去世了，也没有儿女，现在仅有的一笔财产被盗走，他孤老无依。想到这里普斯顿就想结束自己的生命。他把一包安眠药倒进威士忌酒瓶，正准备喝下去，门外传来一阵急迫的敲门声。普斯顿把酒放回酒柜，打开门，一个蒙面的男人闯了进来。那个男人手里拿着一根铁棍，进屋后狠狠地给了普斯顿一棍子。普斯顿大叫一声后倒在地板上。昏昏沉沉中，普斯顿见那个男人在拿铁锹撬地板，然后不停地挖，最后挖出一个金灿灿的维纳斯像。普斯顿知道那个小金人像是几年前博物馆丢失的，打他的这个男人一定是这个房间以前的主人，不然不会对小金人的埋藏地这么熟悉。那个男人拿到小金人后，欣喜若狂，说道："这个金像终于又回到我的手里了，真是值得庆贺！"然后看了看四周，"怎么，这老头家里什么都没有吗？"这时普斯顿说了一句话，不仅把他自己从危险中解救出来，并且让警察抓住了那个蒙面人。后来，普斯顿把这个小金像归还给了博物馆，得到一大笔赏金。

读者朋友们，你们知道普斯顿说了什么话吗?

16 找回小毛驴

197

在明朝时期，有个老人家住在深山之中，他常常牵着自己的小毛驴下山赶集。一天，他牵着毛驴走到半路，毛驴不肯再往前走了。一个陌生人牵着一条狗走过来，见老人便问他去哪里。老人回答说要下山赶集，可是自己的小毛驴不肯向前走了。那个陌生人听后哈哈大笑，说道："既然如此，让我来帮帮你吧。"说完他就骑上毛驴，用鞭子狠狠地抽了毛驴两鞭，扬长而去。

老人家叫了几次，陌生人不肯回来，他才知道自己上了当。因为年老体弱，老人家追了几步就气喘吁吁。没有办法，他只能跑到衙门里去告状。

知县了解完情况后，问老人那陌生人的狗在哪里，老人说被他捉住拴在衙门外。知县对老人说："你不要着急，先把那人的狗留在县衙，过几天你再过来，一定会给你一个满意的答复。"

过了几天，老人再来到县衙时，发现自己的小毛驴已经找了回来，而且那个盗贼也被抓住了。

读者朋友，你们知道知县是怎么抓住盗贼的吗？

17 纪晓岚开门捉贼

197

清乾隆年间，京城里出现一个狡猾的神偷，此人专门在深夜潜入皇宫，盗取皇家的贵重器物。有一回还把乾隆皇帝的贴身玉坠偷走了。竟然有人肆无忌惮地在皇宫进进出出，这让乾隆皇帝很不安心。于是，他加派了夜巡的侍卫人数，又设立了许多机关，意图把那盗贼抓住。谁知道高一尺，魔高一丈，大半年过去了，皇帝不但没有抓住小偷，反而皇宫里又接二连三地丢失了几件贵重的物品。

一天，乾隆皇帝与纪晓岚下棋，叹息说："纪爱卿下棋如行云流水，虚实不定，不知对捉拿盗贼之事有什么妙计？"

纪晓岚听后说道："听说这些日子有个神偷常常出没于皇宫，对此贼我已经想出了一条对策，请陛下写一道圣旨将御林军全部撤掉，把宝库的大门打开，我一定会捉住此贼的。"

乾隆一听，觉得不可思议，不过他知道纪晓岚神机妙算，就很放心地答应了。果然，在一个晚上，那个神偷再次出现的时候一下子被纪晓岚埋伏的卫兵抓到了。

读者朋友们，你们知道这是为什么吗？

18 宋慈巧辨田产权

197

剑州两个兄弟因田产纠纷而闹得不可开交，最后他们找宋慈来解决。哥哥说田产是父亲留给自己的，弟弟说哥哥把自己的田产挥霍完了就回来打他田产的主意。因为家中失火，凭证都被毁了，没有证据证明田产是谁的。

宋慈听完兄弟两人的话，大概猜出事情的原委。只是没有证据，他不能随便下结论。于是宋慈把兄弟两人的邻居们找来，问他们："你们看他家的田产值多少钱？"

邻居们都说："大概值一千贯吧。"

宋慈对兄弟俩说："你们的地契都被烧掉了，没有办法分辨出谁说得对，谁说得错。这样吧，就以八百贯钱把田产卖了，你们一人分四百贯。"

田产明明值一千贯，为什么宋慈要卖八百贯？

19 奇怪的画

198

明太祖朱元璋登基后，大封有功之人。这时，只要和他有点关系的人都来向他讨封赏。那些才能平庸的人，封了官，他们不能办事，只是滥竽充数，不封吧，又会被别人说他六亲不认。为此，朱元璋一天到晚都愁眉苦脸，闷闷不乐。

军师刘伯温察觉出朱元璋的烦恼后，没有直接进谏，而是画了一幅画送给朱元璋。画上有一个人，他头发蓬乱，每根头发尖上都戴着一顶小帽子。朱元璋看到画，起初不懂什么意思，思索了一会儿突然说道："刘伯温这幅画画得好啊，我决定采纳他的意见。"

读者朋友们，刘伯温到底给朱元璋提了什么建议呢？

20 失火得官印

198

新任知县的官印被人盗走了，他知道此事非同一般，并不敢声张。于是他找来足智多谋的师爷，商量该怎么把官印找回来。师爷分析说：“官印偷了去也没用，又不能换钱，我猜那个人一定是想报复大人您，让您落下一个丢官印的罪名。大人您想想最近有没有得罪人，或者有什么仇人？”

知县想了一会儿，觉得自己没有什么仇人，而且刚刚上任。只有一个姓李的狱官因贪赃枉法被他责罚过，他想，难道是这个李狱官偷了官印？知县越想越觉得李狱官嫌疑大，但如果派人逮捕他恐怕不但找不到官印，还有可能被他反咬一口。师爷想了一会儿，灵机一动，拍手说：“有了！”

晚上，李狱官正在衙门里办公，突然后院有人喊：“着火啦！”只见后院冒起浓浓黑烟，知县赶忙把装官印的盒子交给李狱官，说道：“你一定要替我好好保管啊！”说完就跑到后院救火去了。

读者朋友们，你们认为官印会回到官印盒子里吗？

21 裴明礼智埋大坑

198

唐朝有个叫裴明礼的人，很懂得经商之道。他所居住的城中心，有一块空地，因为里面有个大水坑，所以没有被人利用起来。裴明礼花了一些钱，把大水坑买下来，准备在那里盖一间茶楼。但因为水坑太大，向里面填土是件费时费力的事情，家人都说他失策了，买了一个没有任何用途的大坑。

裴明礼面对家人的指责，一点儿也不生气，他在大坑边竖起一个高高的木棍，上面吊着一个小竹筐，并在旁边写道：“凡将土块投入小竹筐者，赏钱十文。”人们看到后，便搜集来很多土块石块向小竹筐里投，但由于竹筐太高，基本上投不中。对于投中的人，裴明礼会按告示上的约定，给对方十文钱。

读者朋友们，你们知道裴明礼这样做的目的吗？

22 等重的面包和黄油

198

一个小镇上，有一家做面包的商铺和一家卖黄油的商铺。做面包的从卖黄油的那里买黄油，卖黄油的从面包店里买面包吃，两个人每次购买面包和黄油的重量恰好相等。由于两个人的关系一直不错，对彼此也很信任，所以从来没有当着面称过对方的东西，对方说多少就是多少。

面包店的老板心眼比较小，每次从黄油店买来黄油总是要私下称一下重量。渐渐地，他发现黄油的分量越来越不足了。最后，面包店的老板很生气地对卖黄油的说了此事，但对方说自己的秤绝对没有问题，分量肯定不会少。结果，两个人的关系彻底破裂了，还闹上了法庭。

法官问卖黄油的："每次给他的黄油，你都会称吗？"

卖黄油的说："那是当然，我的秤是很准确的。"

法官问道："你怎么证明你给他的黄油分量一点儿也不少？"

卖黄油的说了自己称黄油的方式，法官听了后立即判卖黄油的没有缺斤少两。

读者朋友们，你们知道卖黄油的采用什么方式称黄油的吗？

23 让间谍自己现形

198

在伊丽莎白一世当政的时候，她的政敌很多，地位和人身安全常常受到威胁。苏格兰的玛丽女王曾制订了暗杀伊丽莎白的计划，这个计划由英国王宫里的巴宾顿和其他六个人负责。

英国的情报机关发现了这一阴谋，但只知道这次行动的成员中有巴宾顿，对其他六个人的身份和名字全然不知，还能确定的一点是他们六个人都隐藏在王宫之中。英国负责女王安全的大臣经过深思熟虑，想出了一个巧妙的方法来抓捕其余的六个人，并给这次抓捕行动取了一个名字叫“打草惊蛇”。

读者朋友们，你们知道安全大臣是如何抓住其他六名阴谋分子的吗?

24 向本方篮内投球 198

在一次保加利亚队和捷克斯洛伐克队的篮球比赛中，离比赛结束还剩下 8 秒钟的时候，保加利亚队仅领先 2 分球。按照小组各队之间胜负积分计算，保加利亚队在这一场球赛中，必须至少净胜 5 分才能在小组出线，但是现在，即使保加利亚队再进一球，也只赢 4 分。这时，保加利亚队的一个队员突然向本方的篮内投入一个球。双方的队员和场外的观众一下子愣了，不知道是怎么回事。过了好一会儿，大家才明白过来，并报以热烈的掌声。

这位队员为什么要向本方的球篮投进一个球?

25 卖花生米的计策 198

哈利在马戏团工作，任务就是在戏场外招揽客人，通过吆喝，吸引人们买票进场地看马戏。哈利很能干，团长也十分喜欢他。可是他觉得做这种简单的工作根本发挥不了他的智慧和才干。有一天，他告诉团长自己要在戏院门口卖花生米和汽水。团长听后，答应了，并对他说只要不影响工作就可以。哈利说道:“不但不会影响工作，而且会吸引更多的观众。”

哈利用盐把花生炒好，然后用报纸把花生包成一包一包的。他在大门口喊道:“看马戏了，买一张门票，送一包花生米。”很多人闻到花生米的香味便跑过来，很快，票就卖完了。

但这样做哈利是不是赔钱了? 我要告诉你，哈利没有赔钱，还赚了不少。

读者朋友们，你们觉得哈利为什么没有赔钱呢?

26 高仿的赝品画

198

明朝，有一个秀才开了一间字画当铺店，生意还不错。一天，有个人拿着一幅名画来典当。秀才一看，就知道那幅画是珍品。他没有仔细看，当场给了一千两典当费。那人说到期后，会以一千二百两银子赎回。

可等到那幅画的典当时间届满后，那个人一直没有回来赎回。秀才拿出画来仔细一看，发现这幅画是高仿真的赝品，立刻捶胸顿足，非常后悔。这个消息传开后，人们纷纷为秀才惋惜。不久，秀才在自己家里准备了宴席，招待诸位同行。他邀请了全城所有的字画典当行家。席间，秀才拿出一幅画，告诉大家那幅画就是骗子的，此次邀请大家前来就是与大家分享经验，防止别人被这样的赝品蒙骗。大家看过字画后，秀才就把画扔进火里烧了，在座的无不震惊惋惜。

不久，秀才的字画当铺店里来了一个人说要赎回自己的字画。秀才抬头一看，竟是先前那个当赝品字画的人。秀才暗暗舒了口气，把字画拿出来。那人一看，自己先前典当的那幅画根本就没烧，只能按规定付给秀才一千二百两银子。

读者朋友们，你们知道秀才是怎么做的吗?

27 范西屏“输棋”

198

清朝时期，有个“棋圣”叫范西屏。此人棋艺高超，古灵精怪。一天，他跟朋友借了一头驴去探亲。到了河边的时候，因为渡船太小，驴不能上去。范西屏无奈，只能把驴暂养在河边的人家中。可问了好几个人，都要范西屏拿出钱才愿意帮他养。

正犹豫的时候，范西屏看见一家布店前，老板正跟一位年轻人下棋。年轻人的棋路已经被封死，范西屏就给他指点了一着。年轻人看了看范西屏，对他不屑一顾，但范西屏还是站在旁边说个不停。这时布店老板不耐烦了，对范西屏说道："不会下棋就不要乱说，有本事和我下一盘，看看你的棋艺到底如何。"

布店老板这句话正中范西屏的下怀，他说道："下棋要赌点东西才有意思，这样吧，我赢了你就给我一块布，你赢了，我就把自己的驴送给你。"布店老板听后立刻答应了。结果下完一局后，范西屏惨败，自己的驴被布店老板赢了过去。范西屏抱怨说："今天我因为有急事，没有安下心来下棋，一个月后我会带来钱跟你再下一次，一定要把我的驴赢回来。"布店老板心想："你就这水平，还想赢回来？下多少盘输多少盘。"于是答应了范西屏。

读者朋友们，你们觉得范西屏为什么会输呢？

28 周总理智取九龙杯

198

有一年，上海有关负责人在锦江大饭店为外宾们设宴饯行，宴会上用的是十分珍贵的九龙杯。神奇的九龙杯引起某位外宾的兴趣，他对九龙杯爱不释手。酒过三巡，他佯装酒醉，偷偷地将一只九龙杯塞进自己随身携带的公文包里。此意外的举动立即被服务员察觉，但考虑到国际关系，不便当场揭穿或索取，这使他左右为难。

当时，周恩来总理恰巧也在上海。于是，上海接待外宾的负责人立即将九龙杯被外宾私藏的事向总理做了汇报。周总理当即下命令："九龙杯是'国宝'，一只也不能少，一定要追回。但有个前提是：在不伤感情，又不影响国与国友好关系的情况下追回来。"周总理又问："今天，你们为这位贵宾安排了什么活动？"接待贵宾的负责人回答："宴会结束后去观看魔术表演。"总理听后，思考了一会儿，然后笑了笑："这就好办了。"于是，总理将取回九龙杯的办法详细地告诉了工作人员。

读者朋友们，你们知道周总理想的是什么好办法吗？

29 钟表上的密码

199

舞蹈明星哈莉是法国人，同时她也是德国的间谍。为了刺探法国的军事情报，她结交了一个叫摩尔根的将军。摩尔根是军部的要员，他的妻子很早就去世了，他一直在热烈地追求哈莉。哈莉为了获得情报，接受了摩尔根的追求。

没过多久，哈莉发现了将军存放秘密文件的保险库，保险库的门就在书房的油画后面。深夜两点多钟，哈莉趁摩尔根熟睡后，偷偷地走进书房，取下墙壁上的油画，看到了那道密码门。密码是六位数，哈莉试了很久一直没有成功。眼看着天快要亮了，哈莉心急如焚。

突然间，墙上的挂钟引起了哈莉的注意，她发现钟表的指针一直指着 9 点 35 分 15 秒，93515，会不会这就是保险库的密码？哈莉心想。但这只有五位数，不过，她思索了一番后，还是在钟表上找到了密码。

读者朋友们，你们知道密码是多少吗？

30 隐藏开往前线的火车

199

“二战”时期，德军大举入侵苏联。为了切断苏军的运输线，德国出动大批的轰炸机，将苏联的铁路炸得支离破碎。苏军运送物资的列车都滞留在车站里，无法支援前线。

为了改变这种被动局面，苏军调来大批的高射炮对付德国的轰炸机。虽然对局面有所帮助，但车站的列车还是不能顺利地开出去。后来苏军经过调查，发现德国轰炸机所轰炸的目标仅是开往前线的列车，对于开往内陆的火车毫无兴趣，而且德国轰炸机是根据火车头的位置来判断火车运行的方向。于是苏军针对这种情况，想出了一个简单有效的方法，把军用物资安全地送到了前线。

读者朋友们，请问苏军采用什么办法把物资顺利地送到了前线呢？

STEP 3

发散思维——驱动想象，打破僵局

1 金钱不是万能的

199

关于金钱，从古至今，对其争论颇多。有人说：“有钱能使鬼推磨。”有人说：“金钱是万恶之源。”有人说：“一文钱难倒英雄汉。”不管对金钱的看法如何，其中有一点是客观的：金钱不是万能的。金钱只是一种凝结的劳动价值。虽然它能换取食物、房屋等很多东西，但是，也有很多东西是金钱买不到的。下面请运用发散思维，联想一下金钱作用的局限性，把下文接着写下去：①金钱能买到书籍，但是买不到知识；②金钱能买到床铺，但是买不到睡眠；③金钱能买到食物，但是买不到食欲……

2 零的断想

199

有一位作家写了一首散文诗《零的断想》：零是谦虚者的起点，也是骄傲者的终点。零的负担很轻，但是任务很重。零就像镜子，让人重新认识自己。零是弱者的救生圈，也会让他随波逐流。零是一个神奇的数字，蕴含着很多含义。

你能想到什么？请运用发散思维，把散文诗“零是一片荒地”“零是一个烟圈”“零是一个铁环”的后半句写出来。

3 特殊的算式

199

生活中，有很多事情，从常规来看，是无法理解的，但是只要我们开动脑筋，挣脱常规思维，运用发散思维想一下，很多不能理解的事情就合情合理了。下面有一组算式，乍一看，这些算式都是错的，但是，运用我们的发散思维进行思考，这些算式在某些情况下确实是成立的。请你自己想一想，在什么样的条件下，这些特殊的算式是成立的？

① 10+10=10

② 6+6=1

③ 4+4=1

④ 4−1=5

⑤ 7+7=2

⑥ 3+3=0.5

4 巧驱毒虫

199

一天晚上，一位女士正在家里看电视，因为门没有关，一只毒虫看见室内的光亮，便从院子里的草丛中爬了进来。女士见过这种毒虫，知道被它咬到非死即伤。她拿起扫帚想拍死它，可是那只可恶的小虫一下子钻进了电视机后面的墙洞里。当时已经是深夜，女士家里没有可以毒死毒虫的药，也不可能出去买了。当然，她也不想因为这一只小毒虫，拿东西砸进墙上的小洞，让墙受到更严重的破坏。更重要的是，这位女士是一位宗教信徒，不能杀生。但是，家里有孩子，万一晚上家人都熟睡的时候，这只毒虫出来咬到孩子就不好了。可是，她该用什么办法将这只毒虫引出来，将其活捉，然后，把它扔出去呢?

5 满脸尘土的孩子

199

两个小孩子在库房的楼上玩耍。在他们玩得正带劲的时候，库房的楼板因年久失修的缘故坍塌了。在楼板上玩耍的孩子当然就摔在了地上。还好库房并不是很高，两个孩子都没有受伤。两个孩子惊魂未定地拍了拍身上的灰尘，相互对视一眼，各自跑开了。虽然同时从楼板上摔下来，但是两个孩子中有一个孩子的脸是干净的，另外一个孩子的脸被弄脏了。奇怪的是，跑开的两个孩子中脸上干净的那个孩子回家洗脸去了，而脸被弄脏的那个孩子却跑到别处去玩

了。有一些前提:

①两个孩子因为都没有受伤，所以，他们都不需要用冷水敷肿块之类的措施。

②两个孩子都没有用脏手摸自己的脸。

③地上满是尘土，而他们都流了汗。

④他们的脸都没有碰到地面。

按说这是不太符合常理的，但是，开动的你脑筋，发散你的思维，思考一下为什么那个脸上干净的孩子回去洗脸了，而那个脸上被弄脏的男孩却没去洗脸。

6 轰动性的新闻 200

从前有一个国家，每天都会有层出不穷的新闻发生。为了让民众都能及时知晓当天发生的事情，这个国家就创办了一个报社。因为报社每天都会发很多新闻，所以报社就给自己的报刊起了一个很形象的名字——《新闻天天晓》。《新闻天天晓》每天都会发几条甚至几十条新闻，备受欢迎，成为这个国家的一种国民普遍读物。可是，意想不到的情况发生了，有一天这个国家竟然连一件新鲜事都没有发生。《新闻天天晓》的记者很着急，不发新闻的话主编肯定不允许，而且民众已经习惯每天都能看到新闻，这一天突然断掉肯定影响报社的声誉。可是，要是发新闻的话，又没有新闻可发。记者犯了难，左思右想不得其解。最后，当天《新闻天天晓》的头版上还是出现一条轰动全国的新闻。假如这家报社从来不报道国外的新闻，你知道当天《新闻天天晓》刊登了什么轰动性的新闻吗?

7 巧装棋子 200

从前，洛阳有一家围棋社，这家围棋社的老板十分吝啬。但因为前来下围棋的都是富贵人家的子弟，所以他不敢从客人身上盘剥。为此，他便想着法儿地从自家伙计身上扣钱。这月月底，发薪水的日子快到了。老板又开始动歪心思了，想克扣店里三个伙计的工资。这天，老板将三个伙计叫到跟前，开始训话，一会儿说甲不够勤快，每次有事情得自己提出来甲才会想到去做；一会儿又说乙经常请假，对工作不上心，给围棋社带来了很多损失；一会儿又说丙太木讷，不懂得讨好顾客……最后，老板总结道："我是宅心仁厚之人，你们之前的过错我就既往不咎了。但是，毕竟国有国法，社有社规，今天我给你们三个出一道题目，谁答对了，谁就能拿到工资，答不对的只能拿到一半的工资。"三个伙计一脸愤慨地看着尖嘴猴腮的老板，不知道他又想出什么鬼主意。老板接着说道："我分给你们每人 100 枚棋子和 12 个盒子，你们分别将自己的 100 枚棋子装进自己的 12 个盒子中。但是，有一个条件，那就是每一个盒子里面的棋子数中必须含有一个数字'3'。你们三个就在这里装吧，谁装完了就叫我。"说完，老板就奸笑着离开了，留下了三个目瞪口呆的伙计。其实，这道题连老板都不知道答案，他做过很多次没做出来，于是就想用这道题来坑骗伙计的工资。其中有一个伙计很聪明，他想出了一个答案，并将答案告诉了自己的两个同事。老板看到三个伙计的答案，又惊又气。没有办法，最后只能将三个伙计的工资全额发给了他们。你知道伙计是如何解开这道题的吗？

8 用发散思维解题 200

小明是一个小学生，他不像其他小孩子那样贪玩，而是特别爱学习。小明喜欢数学，每次计算出一道数学题都充满成就感。教材上的数学题做完了，小明就从一些学习资料上找题做。这天，小明做课外的数学题，做着做着他碰到了一个难题，他用尽各种学过的解题方法还是解不出来。读者朋友你能帮小明解开这道数学题吗？

题目如下：在下列等式的左边填上合适的运算符号和括号，使等式成立。

6 6 5 5 = 24

9 让人困惑的遗嘱 200

从前，有一位聪明的老人，他有三个儿子。三个儿子老实憨厚，都不如老汉聪明。为了测试三个儿子的智力，老人死的时候留下了一份让人困惑的遗嘱：把家中的 17 头牛分给三个儿子，老大得总数的 1/2，老二得总数的 1/3，老三得总数的 1/9，剩下总数的 1/18 头牛。1/2、1/3、1/9 都不是整数。三个儿子一时间不知如何是好，于是他们去找村里的智多星，希望他能给出正解。智多星看了看遗嘱，捋着胡子笑道："你们回去找一个养牛的邻居帮忙吧。这个问题的答案就在邻居的家中。"这让三个实诚小子更困惑了。智多星说的答案到底是什么？聪明的读者，你知道这个遗嘱中隐藏了哪些玄机吗？

10 北极探险 200

两位探险家结伴到北极探险，他们在北极见识了各种新鲜的事物，也经历了各种风险。这天，他们结束了一天的探险，准备回到住处。走着走着，他们看到一条冰河。按说在这种极寒之地不应该有水，但是，这条河里面确实是流动的水。一个探险家将手伸进去试探了一下，水温接近零度。极地太冷，冰水又那么凉，他们很可能没游到对岸就被冻死了，而且即使游到对岸，身上的衣服很快就会结冰，在这么寒冷的天气里，他们很难熬过去。因为下着大雪，他们已经找不到来时的路。没有别的办法，两人想寻找一些树枝造一条简陋的小船划过去。可是，这冰天雪地的环境，别说是树，就连草都没有，拿什么造船过河啊？但是，如果不渡过河去，他们肯定会饿死或被冻死在这里。两位探险家静下心来，开始慢慢想办法。经过思考，他们终于想出了一个可行的办法。两个人安全地渡过了冰河，而且衣服没被河水打湿。你知道这两位探险家是怎么过河的吗？

11 推广“鬼苹果” 200

17 世纪中叶，土豆在法国还鲜为人知。因为不了解土豆，所以农民对种植土豆怀有很强的戒心。很多农民甚至认为，种植土豆会使他们的土壤变得非常贫瘠。所以，当时人们把土豆称为“鬼苹果”，认为土豆对人的健康十分有害。而农学家安瑞·帕耳曼切先生去英国，品尝到那里的炸土豆片以后，觉得非常美味，根本就不是大家说的“鬼苹果”。于是，他决心在自己的国家推广土豆种植。

但是，因为人们对土豆“鬼苹果”的认识已经根深蒂固，帕耳曼切花了很长时间也没能说服任何人。最后，他找到国王，索要了一块出了名的贫瘠土地。对此国王感到很奇怪，问他要这样的土地做什么，帕耳曼切说:“我要用来做试验。”拿到土地之后，他就在这块试验田里栽培起土豆来。为了能使土豆更快地引起大家注意，他又使出了一个小的花招。他再一次来到王宫里，向国王提出了一个请求，“尊敬的陛下，”帕耳曼切诚恳地说，“我在那块土地上已经种下了‘鬼苹果’，但只是为了进行试验。我怕有人来偷这个东西吃，会引起不好的后果，所以，我请求陛下派一支卫队去守护这块土地。”国王听后也怕出事故，于是立即答应了他的请求。

帕耳曼切当然知道，吃了所谓的“鬼苹果”是根本不会有什么问题的，但他为什么还要请求国王派一支卫队去守护“鬼苹果”呢?

12 倒水 201

约翰是一名小学数学老师，与其他数学老师不同的是，年轻的约翰不仅穿着时尚，而且脑筋比较灵活，所以，约翰很受班里同学的欢迎。要说约翰的脑筋为什么这么灵活，就要讲到他经常做的思维训练题。这天数学课，约翰出了一道看似简单，却蕴含玄机的数学题。他拿了一个 900ml 的水壶和两个空杯子，一个杯子能盛 500ml，另一个能盛 300ml。将道具摆在讲桌上后，他向同学们提了一个问题：“要把水壶里的水，倒入这两个空杯子，要怎样倒，才能使每个杯子恰好都有 100ml 水？当然，在操作的过程中不可以使用别的容器，也不可以在杯子上做记号。”同学们看着讲桌上的道具，都跃跃欲试。可是究竟应该从何处下手，他们心里都没底。如果你是约翰的学生，你知道如何解答这道题目吗？

13 扩建三角形鱼塘 201

有一个农场主建了一个三角形的鱼塘，为了讨个好兆头，他就给这个鱼塘起名叫“金三角鱼塘”。说起来，这个名字真是好，鱼塘自营运开始就不断盈利，农场主赚了大把大把的钱。因为客户越来越多，农场主发现这个鱼塘已经远远无法满足客户的需求了。为了能够切合市场需求，农场主就想将鱼塘扩大到原来的四倍。按说这个很好办，但是，因为农场主不想破坏现在的好风水，所以，就对扩建鱼塘提出了两点要求：①扩建后的鱼塘必须仍是三角形，以继续保持“金三角鱼塘”的称号；②原先鱼塘三个角上栽种的 3 棵大柳树不能动。想好要求，农场主便拿着现在鱼塘的图纸找了一个建筑工。建筑工拿到现在鱼塘的图纸后，当场就按照农场主的要求规划出了新的鱼塘。农场主看到规划之后，十分满意，要求他就按照这个规划扩建“金三角鱼塘”。你知道建筑工是如何规划新鱼塘的吗？（现在的鱼塘形貌如下。）

14 画中谜 201

清朝末年时，有个知识渊博的道士喜欢云游四海。这道士不仅能画一手好画，而且很喜欢让别人猜谜语。这一天，道士来到了京城。他听人们说京都里人才济济，这一次他要亲眼见识见识是否真是如此。他精心画了一幅画，画中是一只黑毛狮子狗。那狗被画得栩栩如生，尤其那一身油黑发亮的皮毛，逼真得让人赞不绝口。道士拿着他画好的画来到闹市，把画悬挂在路旁，顿时招来许多看客。有人出钱要买这幅画，道士笑着说道："我这画不卖，出多少钱也不卖。这幅画内藏有一字，要是有谁猜中，本人分文不要，白白将画送给他。"众人一听，可以不花一文钱，白得一幅好画，于是争相猜测起来。可是猜了半天，谁也没有猜中。那位道士很得意，心想："这京城里的人也不过如此嘛。"

这时，只见一位老者，分开众人，走上前去，将画摘下，然后卷好，也不说话，夹起就走。众人看了纷纷指责，道士也上前问道："老翁您还没猜呢，怎么就拿走我的画？"老人仍不吭声，还是往外走。众人七嘴八舌地嚷开了："嘿，先别拿画，你说出谜底是什么？"老人如同聋了一般，还是不吭声，只顾往前走。道士看到这里，不禁哈哈大笑道："这幅画是这位老翁的了，他猜中了！"周围的人都疑惑不解。你知道这个道士为什么说这位老翁猜中了吗？

15 直立在桌子上的鸡蛋 201

哥伦布是意大利著名的航海家、冒险家，他能发现"新大陆"，不仅得益于他的冒险精神和坚忍不拔的意志，更重要的是他是一个敢于想别人之不敢想的人。正是因为这样，他才能发现别人发现不了的"新"。哥伦布在发现美洲之后，在欧洲有了很大名气，一次，哥伦布在结束自己的美洲之行后，回到欧洲，当地社会各界著名人士为了迎接他，举行了一场宴会。在宴会上，有一名年轻气盛的男士看到哥伦布受到大家如此敬重，表示很不服气。他向哥伦布发出了挑衅："你不过只是保持向西的航向，一直航行过去罢了，这一点随便什么人都可以做得到。"哥伦布听后，看了看眼前这个无礼的年轻人，并没有动怒。他想了想，从旁边盆子里拿起一个煮熟的鸡蛋，对那个人说："尊敬的先生，你能不能让这个鸡蛋直立在桌面上呢？"那位男士接过哥伦布手中的鸡蛋，费了好大劲，也无法让鸡蛋直立在桌子上。看着旁边围观的众人，他感觉很丢脸，面红耳赤的。哥伦布走过来，接过那个年轻人手里的鸡蛋，一下子就使鸡蛋直立在了桌上。然后，哥伦布对他说："亲爱的先生，当有人已经做成一件事情的时候，旁人看来都是简单的。但是，在旁人未做过，还没有先例的时候，独立去解决就比较难了。这个鸡蛋的问题不就恰恰可以说明这一点吗？"这时，那位年轻的男士无言以对，讪讪地走开了。你知道哥伦布用什么办法让鸡蛋直立的吗？

16 钻石哪里去了 201

在一个炎炎夏日，山崎乔装改扮，混进珠宝拍卖会场，盗取了两颗名贵的钻石。一回到家，他马上将钻石放在制冰器中，倒入水，然后将制冰器放进冰箱，使钻石冻入了冰块中。因钻石本身就是透明无色的，所以，将其藏到冰块里，是最不易被发现的。第二天，中田侦探敲响了山崎家的门："你还是把偷来的钻石交出来吧。珠宝拍卖现场的闭路电视已经把你偷盗时的情景拍了下来。虽然你当时化了装，但你瞒不过我的眼睛，我一看就知道是你。"

"如果你怀疑是我干的，就在我家搜好了。"山崎若无其事地说。

"今天真热呀，来杯冰镇可乐怎么样？"山崎说着从冰箱里拿出冰块，每个杯子放了 4 块，再倒上可乐，递给中田侦探一杯。当然，山崎将藏有钻石的冰块放到了自己的杯子里，这样即使冰块化了，钻石露出来，在可乐里也是看不出来的。他觉得中田侦探怎么也不会想到他把钻石藏在眼前的可乐杯子中。"那么，我就不客气了。"中田侦探接过杯子喝了一口，下意识地看了一眼山崎的杯子，说道:“对不起，能换一下杯子吗？”“怎么！难道怀疑我往你的杯子里投毒了吗？”“不，不是毒。我是想尝尝放了钻石的可乐是什么味道。”中田侦探一下子从山崎手里夺过杯子。但是，此时冰块还没融化，那么中田侦探是怎么看出山崎的可乐杯子里藏有钻石的呢？

17 谎言被拆穿 201

皮茨是精神分析学说的创始人弗洛伊德的学生，弗洛伊德很喜欢这个学生。皮茨刚到研究所第三天，弗洛伊德就交给他一串钥匙，并带他来到了一间保密室。在保密室内，弗洛伊德指着一幅画像说:“世界上有很多名人心里的秘密都藏在画像后面的保险柜里。”接着弗洛伊德带着皮茨参观了一下室内，让他熟悉保密室里的一切。最后，弗洛伊德从窗台上搬了一盆长势茂盛的绿色植物，放在了那幅画像前。这时，外面的阳光很好，正好可以照在植物宽大的叶子上。在离开密室前，弗洛伊德严肃地对皮茨说:“这间密室共有两重保险门，只有你一个人可以进出这里，别人没有钥匙，包括我。这里有你生活上需要的一切设施和物质，你要在这里住上五天，寸步不离。五天后会有另外的人替代你。记住，室内的保险箱不能动，必须有我在场才能开启，绝对不能偷看里面的档案。”皮茨很兴奋地接受了这个任务。

五天后，弗洛伊德来到密室，问皮茨:“自从那天我走后，确实没有其他人来过吗？”“是的，只有我一个人在这里，老师。”皮茨答道。弗洛伊德走到画像前，那盆绿色植物仍然摆在那里，宽大的叶片都朝向画像一侧。“你现在把保险箱打开吧。”皮茨按照老师的话打开了保险箱，“是空的！”年轻人喊起来。“是空的，”弗洛伊德眨了眨眼睛说，“它本来就是空的。让你失望了吧，没有满足你的好奇心。好了，现在可以告诉我，你一共坚持了几天？”

“您在说什么啊？老师，我真的没有动过任何东西。”“年轻人不要撒谎了。”其实，这个学生的确开了保险箱，你知道弗洛伊德是怎么发现的吗？

18 “整一整”的结果 201

“整一整”指整合配置，即根据需要把不同事物重新匹配组合，使之能够优势互补，从而创造出更大效率或创新出新事物。一些基本物质在经过整合之后，就会产生“一生二，二生三，三生万物”的效果。所以，“整一整”看似一种简单的归类整合，其实只要投入创意和想象，这些不起眼的整合就会发挥出令人惊叹的效果。那么，下面就请发挥自己的想象，发散思维，自己设定一些事物，以附加整合、配对整合为例，举行说明“整一整”的非凡效果。

19 “移一移”的结果 202

很多情况下，把一件事情的属性转嫁到另外一件事情上，就能使事物的功能更为丰富，也能给人们的生活提供更多的方便，这就是“移一移”的方法。请利用“移一移”的原理，举例回答以下问题。①现有的东西，如果保持原有状态，能否扩充用途？②将一个事物的属性转嫁到另一个事物上，能否扩充用途？③有些事物属性改变了，使用空间也可以转移吗？

20 伽利略的故事 202

伽利略很喜欢去教堂，因为教堂里不仅有很多艺术品供人欣赏，而且环境很安静，这种安静的环境能让人不受干扰地思考。有一次，伽利略在教堂里坐着，看见教堂里的灯被正在玩耍的小孩用棍子碰了一下之后，就开始来回摆动起来，这种摆动持续了一会儿才停下来。这一看似不起眼的日常生活现象引起了伽利略的注意。他找来一根棍子，戳了一下教堂里的灯，然后，仔细观察灯的活动。他反复试验了几次，终于发现了一个规律：不管灯摆动的幅度多大，其最终停下来所需的时间都是相同的。得出的这个结论给了伽利略很大的启发。他找来一些弹簧、绳子、齿轮和铁片，做了一个模型，并向自己的朋友展示了自己的杰作。朋友们看到后都赞叹不已。你知道伽利略做了什么模型吗？这个模型的原理又是什么呢？

21 几何谜语

202

点、线、面、体这些元素可帮助人们有效地刻画错综复杂的世界。从实物中抽象出的各种图形统称为几何图形。有些几何图形的各部分不在同一平面内，叫作立体图形。有些几何图形的各部分都在同一平面内，叫作平面图形。虽然立体图形与平面图形是两类不同的几何图形，但它们是互相联系的。为了让同学们能够快速记忆几何图形，一些教育工作者便以几何谜语的形式考他们。

小林在一所学校上中学。因为个人爱好，对几何特别感兴趣，他经常会和同学们一起探讨一些几何问题。一次，他找来了一些几何谜语题。这些几何谜语题非常有趣，每一个词语都表示一个几何图形。结合你所学过的数学知识，你能猜出它们都表示什么图形吗？

1. 中途（ ）；2. 弯路（ ）；3. 马路没弯（ ）；4. 羊打架（ ）；5. 五分钱（ ）；6. 孤身一人（ ）；7. 失去联络（ ）；8. 并肩前进（ ）。

22 谷底脱险

202

两个爱好探险的朋友来到一个深谷，他们准备用软梯下去，探寻谷底的洞穴。但当他们刚到达谷底仅走了几米时，意外就发生了。谷底的泉水忽然大量涌出。由于水流很急，不一会儿水位就到了腰部，并且还在不断上涨。两人既不会游泳，又没带救生用具，只能立刻攀软梯出谷。但他们所用软梯的负重是200 公斤。下来的时候，他们是一个一个下来的，因为他们的体重都是 110 公斤左右。如果两人同时攀梯，软梯承受不住两个人的重量，势必会被踩断；若是依次先后攀梯而上，时间来不及，一个人的生命会受到威胁。那么，你能想出一个好办法，帮他们安全脱险吗？

23 侦察员招收考试 202

为了适应实际需要，某部队要招收一名侦察员，为了找到最合适的人选，他们向全国公开招募学员，在初试之后，他们设立了一个很特殊的测试进行最终的选择。测试的方法是：凡是通过初选的人都会被关在一间房间里，这间房间居住条件还不错，而且每天有人按时送水送饭，门口有专人看守。考试规定谁能先从房间里走出去，谁就被录取。因为报名的人很多，通过初试的人也很多，所以，大家都一个个被关进这间房子里。每个人都想实现自己的侦察梦，于是他们就想出各种借口，对守门人说自己要出去。有人说头疼要去医院，但是，守门人没有放他出去，而是为他请来了医生；有人说母亲病重，自己需要回去照顾，守门人就用电话联系到这人的母亲，被告知他母亲身体很好，正在上班。他们提出要出去的理由五花八门，但都被守门人通过各种办法拒绝了。过了一段时间，有个人走到守门人身边，对他说了一句话，守门人看了他一眼后就放他出去了。当然，最后这个人被录取了。你知道这个人说了一句什么话吗？

24 空杯子与满杯子 202

桌上有六只杯子排成一列，前三只杯子装满了水，后三只杯子是空的。如果只允许你动一只杯子，怎样才能使两只盛满水的杯子无法排在一起，而两只空杯子也无法排在一起？

25 U 形管的水位

203

把水倒入一个透明的 U 形管中，将 U 形管竖直放平时，其两端的水位是等高的，如下面左图所示。你能不能在不用任何工具的情况下，使 U 形管在竖直平放时，其管中的水能够如下面右图所示，不在同一水平面上呢?

26 少了一个围观者

203

凯利在自己的房间里被人谋杀了。警察赶到的时候看到凯利死在办公桌前。侦探在侦查现场的时候，看到桌子上有一张报纸，报纸上一条新闻旁边被人用红笔批注了一句话:“见死不救者，杀无赦！”这条新闻是前几天一位记者在大街上看到一个年轻人被人用刀捅死后写的相关报道。案发之时，大街上有几个人在围观，但是没有一个人上前阻止。探长自己看了一下这条新闻的配图，看到凯利就在其中。敏感的探长马上召集警员道:“快去保护其他围观者，他们之中有人肯定会成为凶手的下一个目标。”听到探长的话，警员们立马都去执行，找到照片中的人，将他们严密保护起来。可是，第二天，还是发生了作案手法一样的一起案件，这到底是怎么回事呢？

27 可怜的打猎人

203

FBI 接到一个山村居民的报警电话，说他们在山脚下打柴时发现一具男尸，死者身负重伤，死得很惨。FBI 警员接到报案后马上赶到案发现场。经法医鉴定，此男子是从山上滚落下来摔死的。于是，FBI 警员们便沿着男子滚落下来的方向，向山上一路查去。在山顶上，他们找到了一处农家。这处农家的门设置得很奇怪，就设在盘山小路的末端。而盘山小路很是陡峭，一路辛苦爬上来就直接是农家的房门。农家的院落和羊圈则设在了房后。办案警员询问农夫，昨天晚上有没有见过死者。农夫很纳闷，说:“我一个人住在山顶的小屋里，已经有 20 年了，但是昨天夜里很奇怪，老有人来敲门。我从床上下来，开了好几次门，都没有人。反复好几次之后，就没有人再敲了。你看，我今天都有点不舒服了，准是昨天晚上一来一回的着了凉。”FBI 警员听罢，看了看农夫的房门，就下山了。一路上，FBI 警员们无不为这名无辜的男子而感到悲伤惋惜。不过，既然已经排除了他杀，那这案子就算是了结了。

亲爱的读者，你知道这名男子是怎么死的吗?

28 没有司机的事故轿车

203

一天，警局接到报案，说公路上发生了一起严重的交通事故。接到报案后，警局人员奔赴现场调查事故原因。原来，是因为高架桥坍塌，正在桥上行驶的车辆掉下来，发生了事故。发生事故的一共有九辆车，一辆大卡车被压在最底下，摔得最严重，八辆小轿车乱七八糟地砸在卡车的上面，也都被摔坏了。一个细心的警员这时发现一件很奇怪的事情，卡车的司机已经死在驾驶室里，可是八辆小轿车上竟都没有人。而且，也没有人打电话过来说是这场事故中的“轿车司机”，要求交通部赔偿损失。警员百思不得其解，这样一个现场是怎么回事呢？这时老到的探长走了过来，拍拍警员的肩膀说了几句话，警员这才恍然大悟。那么，探长究竟看出了什么情况呢？小轿车上的司机们都跑哪里去了？

29 一场离奇的死亡

203

一年前，凯利的丈夫误杀了自己的女儿，被判刑七年。时至今日，凯利还是无法释怀。今天，她的丈夫服刑刚好满一年，凯利也可以去探监了。其实，对于去不去探监，凯利心里还是很犹豫的。不过，最后她还是决定去探监。去之前，凯利包了几件丈夫夏天换洗的衣服，带上自己做的牛肉，然后去超市买了一瓶伏特加。到监狱之后，凯利的丈夫已经坐在那里等她了。见到凯利之后，凯利的丈夫立马激动地站起来给凯利道歉，说自己不是故意杀害女儿的，当年纯粹是一时疏忽，才酿成大错。听到这话，凯利抿了抿嘴，将手里的东西交给丈夫，沉声说道:“这件事已经过去了，就别再提了。这里有些换洗的衣服，还有你最喜欢吃的牛肉和一瓶伏特加。你自己注意身体，夏天天气热，衣物要勤换洗。”凯利的丈夫高兴地接过衣服，他们又聊了一会儿，凯利就离开了。就在凯利探监后的第二天，凯利的丈夫就离奇地死了。尸检结果是中毒身亡，可奇怪的是，其胃和肠道内并没有发现有毒的食物，而且尸体也没有任何被攻击的伤痕。凯利的丈夫究竟是怎么死的呢？

30 是自杀还是他杀

203

二月末的一个清晨，一男子在内华达州郊区的山林里打猎时，突然发现远处的树枝上，吊着一具女尸，惊恐的男子立刻报案。警方接到报案后，立刻赶赴现场。法医先对死者进行了检验，判断死者大致死于两个月前。由于冬天天气寒冷，所以尸体没有腐烂，亦没有发臭。警员对现场做了详细勘查，从死者厚厚的外套口袋中，找出了一封类似于遗书的书信，书信中写到自己为何轻生。死者吊死处的正下方还有一小堆积雪未融化。案件至此，已基本可以认定，死者是自杀，并非他杀。但令警员都感到奇怪的是：树枝离地面有三米多高，而且在尸体的下方并没有任何可当作踏台的东西，死者是怎么把自己吊死在树枝上的呢?

难道她费尽九牛二虎之力，先爬上树干，然后再小心翼翼从树干爬到树枝，系好绳套，然后再把自己的脖子套在绳套里自杀? 按照常理，一个决意自杀的人，不可能有心情去创意出如此少见的自杀活动。所以，自杀一说显然是不怎么成立的。这个女子到底是自杀还是他杀呢?

STEP 4

集束思维——紧盯目标，抽丝剥茧

诚实族与说谎族开会

204

一天，诚实族和说谎族长老们聚在一起开长老会，他们邀请了亚里士多德来参加会议。然而，亚里士多德因为临时有事没能及时赶到会场。为了不耽误大家的时间，诚实族和说谎族决定不再等亚里士多德。会上两族长老选出了会议的主持和副主持，并安排主持和副主持并肩而坐。然后，众人坐在一张圆桌周围开始讨论。

亚里士多德办完事后，急急忙忙赶到会场，但会议已近尾声。亚里士多德想了解各位长老都是什么族的，于是就对他们一一进行了询问。结果他们都说自己是诚实族的。听到这样的回答，亚里士多德发现自己问的问题实在好笑。因为诚实族的人一定回答自己是诚实族的，而说谎族的人因为要说谎，也不会说自己是说谎族的。想到这里，亚里士多德又对他们逐一问了一个问题："坐在你左边的人是什么族的？"结果，每人的回答仍然一样，都说："我左边的人是说谎族的。"亚里士多德非常失望，只好将这次调查作罢。

过了几天，亚里士多德忽然想到，当时未曾注意出席会议的人数是多少，于是他又找到了会议主持，问他除了自己之外出席会议的人数，主持说："除了你之外，出席会议的总共41人。"亚里士多德想，会议主持不一定是诚实族的。于是，他又去问了开会时紧挨着主持坐的会议副主持，副主持说："除了你之外，出席会议的总共是48人。"

主持和副主持说的人数不同，究竟应该相信谁呢？出席会议的究竟有多少人呢？

"忠诚"的保镖

204

从前，有一个富豪，请了几名保镖保护自己。这位富豪可谓富可敌国，因为他拥有的财富太多，所以他时刻担心自己的人身安全。为了让保镖更好地保护自己，以防万一，他给这些保镖提出了一些严苛的要求，例如：白天负责保护他的保镖，任何时候都要确保他在其保护范围之内；晚上负责巡夜的保镖也必须时刻坚守岗位，不得有丝毫疏忽。因为富豪给出的工资很高，所以，这些保镖都尽心尽责地工作。这一天晚上，一名保镖在巡夜看守的时候忽然做了一个梦，他梦见有一名刺客要来行刺他的主人。这名忠诚的保镖，马上把这个不祥之兆告诉了主人。富豪听说这件事之后，谨慎起见，第二天便躲了起来。这个保镖的第六感相当灵敏，在富豪躲起来后的当晚就有一刺客想爬墙入屋。因为这名保镖早有准备，所以，这名刺客还没有进入屋内，就被这名保镖抓住了。第二天早上，富豪回到家中，这个保镖很开心地向主人汇报了情况，并将自己亲手抓住的刺客交给了主人，准备接受主人的夸奖。但令人想不到的是，富豪给了这名保镖一大笔赏钱后，当天就把他解雇了。保镖感觉既委屈又气愤：我及时通知你有危险，让你逃过一劫，还抓住了刺客，不但不奖赏我，还要解雇我，这根本就没有道理啊！于是，这名保镖便让富豪给他个理由，富豪不动声色地解释给他听后，保镖无奈地拿钱走人了。你知道富豪为什么要解雇这名保镖吗？

3 谍报员送文件 204

在一场重要的战争中，谍报员迈克尔要在 2 小时内将一份重要文件从 A 镇送到 B 镇的另一谍报员手中。这段路程如果走着去要花 3 小时，如果开车的话 30 分钟即可到达。迈克尔本想开车到 B 镇，但是，没想到军队里的 3 部车皆有故障：一部刹车失灵，一部方向盘既不能向右也不能向左，还有一部根本发动不了。迈克尔检查了一下这三辆车，发现每部车都加了刚好够来回的汽油。他很熟悉 A 镇到 B 镇之间的路，那是一条很偏僻的路，即使在白天的时候，路上也几乎没有人经过。所以，如果迈克尔步行的话根本没有机会搭上顺风车。

即使有机会，因为事关重大，迈克尔也不敢冒这个险。但是，车子都有问题，而且自己步行的话时间不够用。迈克尔站在车子旁边想了一会儿，猛然他脑子中蹦出一个好主意。于是，他信心满满地开始行动了。在去 B 镇的路上，迈克尔脸上满是开心的笑容，因为知道自己绝对可以在 2 个小时内完成任务。

你知道在这种情况下，迈克尔是如何把重要文件按时送到的吗?

4 重复出现的图形

204

下面的 3 个图形是同一个立方体在 3 种不同的放置情况下所呈现出来的 3 种不同的视面。

图1

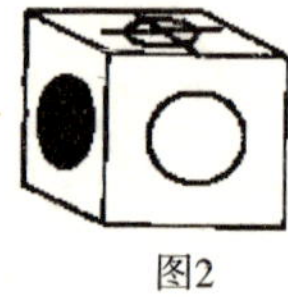

图2

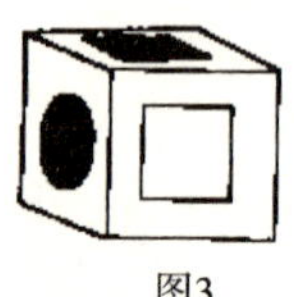

图3

从图中可看到，立方体的各个面上一共出现了以下 5 种图案。

立方体一共有 6 个面，每个面都有图案，而出现在立方体各个面上的图案，总共只有上面 5 种：也就是说，有一种图案出现了 2 次。如果我们还知道已知的这 3 种视面中，位于底部的图案都不是出现 2 次的图案，那么，哪个图案出现了 2 次呢?

5 “活门”与“死门”

204

在古代，有个国家有一条很有意思的法律条文：一个人如果犯了某种罪行，定罪之后，会被关在一个特别设计的囚房里。这个囚房有两个门，但都没有上锁。一个门是“活门”，如果囚犯打开这个门走出去，不仅能获得自由，而且外面还有一顿丰盛的大餐等着他。而另外一个门则是“死门”。如果他打开这个门走出去，即使他犯的不是死罪，也难逃一死。因为，在这扇门外等着他的是一群饥饿的狮子。看守这个囚房的有两个守卫，他们中一个十分诚实，从不说假话，另一个则是撒谎者，从不说实话。他们两个人，都知道哪一道门是“活门”，哪一道门是“死门”。有一天，一个老实本分的人因为受人诬陷，被关进了这所囚房。依据法律规定，这位老实人在进入囚房之前，可以向看守囚房的两个守卫问问题，但是，只能向每个人各问一个问题。如果你是那位囚犯，问什么问题才能获得自由？

6 是根是梢 205

古时候，有个皇帝要嫁女儿。前来求婚的人很多，而且都很优秀，皇帝不知道该把女儿嫁给谁。一位大臣帮皇帝出了个主意：可以给前来求婚的使臣们出一道题，谁能答出来，便招他为驸马。皇帝听了，拍手称好，便让那位大臣来出题目考他们。

那位大臣叫人取来 100 根粗细相同的圆木，对求婚的使臣们说：“这些圆木的两端都一样粗，你们谁能分辨出哪一头是根，哪一头是梢吗？谁能回答出我的问题，他便有机会迎娶皇帝的女儿。”众人围着圆木看了又看，摸了又摸，谁也分辨不出根梢来。这时，一位来自吐蕃的使者站了出来，说自己找到了分辨根梢的方法。那位大臣看着这位貌不惊人的使臣，质疑道：“你倒是说说，你是怎么分辨出来的。”那位吐蕃人见大臣不看好他，也不以为意，说道：“大人，你现在让人把圆木运到河边，然后全部都投入水中。一会儿工夫我便能分辨出圆木的根和梢来。”听了这话，那位大臣一脸的惊讶，赞叹道：“这位使臣果然聪明！”

请问，你知道他是如何分辨的吗？

7 盲人巧辨黑、白罐

205

夏天的午后，烈日炎炎，一个盲人到露天集市上去买瓦罐。盲人来到卖瓦罐的摊位前，问摊主："瓦罐都有什么颜色的？"小贩答道："我卖的瓦罐有四个白色的，两个黑色的。"盲人又问："多少钱一个？"小贩答："白色的一个三文钱，黑色的一个两文钱。"盲人说："那我要个白的吧。"说完，盲人便从口袋里拿出了三文钱，递给那小贩。小贩高兴地接过钱，正准备弯腰给盲人拿白色的瓦罐，突然，一个坏主意涌上心头。小贩耍了个小聪明，他欺负盲人看不见，拿了一个便宜的黑罐子递给了盲人。盲人接过罐子，又把地摊上的罐子都摸了一遍，愤愤地说："你欺负我是盲人，竟然用黑罐子冒充白罐子来骗我！我要带你到官府那儿说理去，你得加倍还我罐子钱。"小贩一下子惊呆了，盲人看不见，他是怎么知道自己欺骗他的？

聪明的读者朋友，你知道盲人是怎么判断出小贩给他的罐子是黑色的吗？

8 新几内亚的家庭餐

205

在新几内亚，人们有吃蜥蜴蛋的习惯。有一家四口人都非常喜欢吃水煮的蜥蜴蛋和蛋汤。但有趣的是，这家人每个人喜欢的煮熟度不同，喜欢喝的汤的熬煮时间长短也不同。这一天，一家人又聚在一起吃水煮蜥蜴蛋，喝蛋汤。父亲要吃 5 个煮 7 分钟的蛋和一份煮 3 分钟的汤；母亲要吃 3 个煮 8 分钟的蛋和一份煮 7 分钟的汤；儿子要吃 5 个煮 10 分钟的蛋和一份煮 10 分钟的汤；而女儿要吃 2 个煮 15 分钟的蛋和一份煮 2 分钟的汤。假设这户人家只有一口锅。那么，要做完符合全家人需要的食物，需要花多长时间呢？

9 七人聚餐 205

有七个好朋友，喜欢同一个餐厅的食物风味，所以，每个人每周都会到这个餐厅去吃几次饭。但是，这七个人去餐厅的次数都不同，时间也不一样。大卫每天都去，莎莉隔一天去一次，蜜雪儿每隔两天去一次，玛丽每隔三天去一次，浩儿每隔四天去一次，科林每隔五天去一次，次数最少的是马克，每隔六天才去一次。就在昨天，2 月 29 日，他们七个又一次愉快地在餐厅碰面了。七个人有说有笑，憧憬着下一次碰面的情景。请问，他们下一次相聚在这个餐厅应该是在什么时候？

10 成语迷宫 205

下图是一座成语迷宫，其中有 10 条成语首尾相接，正好可以穿过迷宫。请从成语的首字开始，用一条不重复的线把它们串起来。

天	经	天	冲	飞	一	鸣	惊
人	地	义	走	沙	鬼	神	人
不	义	达	石	破	天	共	灾
容	辞	不	道	乐	惊	怒	苦
久	治	长	安	贫	天	心	良
安	国	天	久	地	动	用	天
居	乐	手	勤	工	以	致	涯
事	业	精	于	俭	学	海	无

11 画家施计卖画 205

从前，有一个财主虽是家财万贯，但依旧十分贪心。有一次，他请一位画家为他画一条鱼，并答应画家，如果画家画得好就付给他五两银子。这位画家在当地十分有名气，别说画一条鱼，就算画一个“山河壮丽”的风景画都没问题。问过财主的要求之后，画家就开始认真地作画。不一会儿工夫，画家就画出了一条栩栩如生的鱼。画家开心地将画交给财主看，谁想狡猾的财主竟然说画家的鱼画得一点儿都不像，而且财主还把自己的猫抱过来了。他让猫站在那幅画前，因为刚到一个新环境，财主家的猫到处乱瞄，画家画的鱼一点儿也没引起猫的注意。这可让财迷的财主抓住了把柄：“猫可是最爱鱼的，你看我的猫对你画的鱼一点儿兴趣都没有，那就证明你画的鱼一点儿都不像。原本，我是不打算要这幅画的，但是，既然你已经画好了，那我就发发善心，将它买下来吧。但是，现在我不能付给你五两银子了，因为在我看来这条蹩脚的鱼只值五文钱。”

画家看出那个财主明显是想要赖，突然，画家想到他的厨房里刚烧了一条鱼，顿时计上心来。最后，画家如愿以偿，贪心的财主还是按照事先约定的五两银子买下了他的画。你知道画家用了什么妙计吗？

12 电梯方案 205

一幢写字楼一共有八层，楼层虽然不算太多，但每层楼面都很宽大。在写字楼里上班的员工很多，所以，每天人员使用电梯都很频繁。虽然，这幢写字楼有六部电梯，但是，每天乘坐电梯的人常常要等很久。为了加快电梯周转速度，电梯管理员把电梯操作员都找来，要求每部电梯除了停底层和顶层外，中间只停其中三层。而且定下停哪三层，就在电梯门前贴纸公布，不再更动。电梯操作员们都照办了。但试行一天之后，乘坐电梯的员工都提出了意见，因为有的人从某层到另一层不能找到电梯直达。于是管理员又开始重新设计方案，终于排出了一种方案，使随便哪层的人，不论向上或者向下要到哪层，都可找到直达电梯。现在请你排一下，六部电梯要怎样停才能符合上述要求？

13 真的是公平交易 206

有一个人开了一家炒货店，专门卖炒花生米。每天光顾的人很多，而且还有前来批发的客户，生意十分兴隆。有一天，正做着生意，这个人的天平秤坏了，两臂不等长。因为当时店里顾客很多，店主根本来不及去买新秤。于是他就想出了个称东西的办法。客人来买花生米时，他把一半花生米放在右边的盘里，在左边的盘里添加砝码，天平平衡以后，称出了一个斤数，然后记下来。再把另一半花生米放在左边的盘里，而在右边的盘里添加砝码，称出一个斤数。最后，把两个数字相加，即花生米的斤数，并按照这个数量向顾客收钱。店主觉得自己这样做可以做到“公平交易，童叟无欺”。

但是，有一个挑剔的顾客提出了一种新办法。他准备买 1 千克花生米，他要先把 0.5 千克重的砝码放在右盘里，而在左盘里不断添加花生米，使得天平平衡。再把 0.5 千克重的砝码放在左盘里而在右盘里不断加花生米，也使得天平平衡。然后把这两次称出来的花生米装起来，就是他要的重量了。表面看上去这两种称法是一样的，但其实并不是一样的。现在请你评一评：用这两种称法，究竟能否做到公平交易？假使做不到的话，那么哪一种办法是店主占了便宜？哪一种办法是顾客占了便宜？

14 约翰巧过河 206

约翰是一个农民，他每次外出办事都要经过一条河。这天，约翰又要过河办事，但麻烦的是，他必须带着一条鱼，领着一条狗和一只猫一同去。约翰来到河边，看到河边有一只小船。但这条小船实在太小了，只能乘坐一个人，最多可以带一条狗，或者带一只猫，或者带一条鱼。总之，约翰无法同时带过去两种动物。而且，如果人不在身边，狗就会把猫咬死，猫就会将鱼吃掉。不过，幸运的是，约翰的这条狗不吃鱼。为了安全地将这三种动物同时带过河去，约翰该怎样巧妙地安排这次渡河呢？

15 旅途遇女贼 206

詹姆斯在华盛顿上大学，毕业后要去纽约工作了。这一天，他从华盛顿坐火车去公司报到。不巧的是，詹姆斯这几天生病，喉咙很痛。所以在火车上他无精打采的，不想跟任何人说话，只是不停地喝水。到了晚上旅客们大多已入睡。詹姆斯因为喝了太多水，不停地上厕所。一次他去厕所的时候，发生了意外。正当詹姆斯要关住卫生间的门时，冷不防一个穿着暴露的女人挤了进来，她迅速地反手将厕所门一闩，低声说道："把你的钱包给我，不然我就要喊人了，说你非礼我！"

詹姆斯受到惊吓，一下子呆住了，但马上就开始想办法脱身。他知道在厕所这种地方，没有旁证，有口难辩，但他不想就这么让坏人得逞。身陷困境的詹姆斯紧张地"啊"了两声，嘶哑的嗓音遭到了那个女贼不耐烦的呵斥："啊什么啊，你哑巴呀？"

这句话突然提醒了詹姆斯，他灵机一动，想出一个计策，结果获得了对自己有利的证据，变被动为主动，并把那个女贼交给了列车警察。

请问，詹姆斯使用了什么计策？

16 谁打死了秃鹰 206

有一对兄弟，父母双亡后，二人相依为命，以打猎为生。这一天，兄弟二人外出打猎，回来的路上遇到了邻村的一位老伯。那老伯知道兄弟俩都很能干，品行也善良，因此打算将自己的闺女许配给他们中的一人。今天正好遇上兄弟二人，于是老伯便拉着他们的手说："我愿把女儿许配给你们中的一个。但有一个条件，本村经常有一只秃鹰到村里抓鸡作恶。你们谁先打死这只秃鹰，我就将自己的女儿许配给谁。"哥俩听完十分高兴。于是，他们每天等待那只秃鹰的到来。这天，兄弟俩果然将秃鹰打死了。哥俩提着秃鹰去找老伯，老伯看到他们的到来万分欣喜，拉着女儿出来见他们两个人。可老伯和女儿刚走出门，就看见兄弟二人为打死秃鹰的事吵起来了。

"我一枪打在秃鹰的背上，是我先打死的！"哥哥说。

"我一枪打在秃鹰的胸膛上，是我打死的！"弟弟不甘落后地说。

老伯接过被打死的秃鹰，也分辨不清究竟是谁打死的，不知该如何是好。正在这时，老伯的女儿从父亲的手中接过秃鹰说："爹爹，你不要犯愁，女儿知道该选谁。"于是，她把秃鹰递给弟弟，扭过头来对老伯说："秃鹰是弟弟打死的。"说完，就进屋去了。

请问，老伯的女儿是根据什么判断出秃鹰是弟弟打死的呢？

17 烟袋的主人 206

老陈和老李两人都喜欢抽旱烟，这一天他们为了一个做工考究的旱烟袋到底是谁的，争论起来，彼此都不相让。老陈说："这个烟袋是我的，是我在集市上花重金购买的，它可是我的心爱之物。"老李也不示弱，说道："这个烟袋是我父亲留下来的，我已经用了多年了。"没人能证明他俩谁说的是真的，于是两人只好到县衙门，找县令断案。

县令听了两人的说辞之后，看着那个烟袋说："这个烟袋的做工的确不错，很精细光滑，取材黄藤。但是没有证据证明是谁的。这对谁都不公平。这样吧，本县令出十五两纹银买下这个烟袋。念在你们都十分喜爱这个烟袋，本县令就允许你们在这堂上各抽三袋烟，抽完以后各取一半银子回去吧。”

于是老陈和老李开始先后在堂上抽烟。在抽的时候，老陈在吹不出烟灰时，连续地在地上敲击，把烟灰敲出来。而轮到老李吸烟时，他吹不出烟灰时会用一根小竹片挑出烟灰。等他们二人把这三袋烟吸完时，县官把惊堂木一拍，大声说道："你们谁是烟袋的主人，我现在已经知道了，还不从实招来！"

请问，这烟袋的主人是谁？县令是如何判断出的呢？

18 谁是莫妮卡的白马王子 207

莫妮卡心目中的白马王子是高个子、黑皮肤、相貌英俊的人。她认识亚历克、比尔、卡尔、戴维四位男士，其中只有一位符合她的全部条件。四位男士的情况有如下特征：

(1) 四位男士中，有三个人是高个子，两个人是黑皮肤，只有一人相貌英俊。

(2) 每位男士都至少符合一个条件。

(3) 亚历克和比尔肤色相同。

(4) 比尔和卡尔身高相同。

(5) 卡尔和戴维并非都是高个子。

请问，谁符合莫妮卡要求的全部条件？

19 排球赛中的配合 207

一场排球赛，每方需要6名队员。要打好一场排球赛，队员之间的配合是十分关键的。为了提高比赛时队员的默契度，女排教练对上场队员提出了以下八条要求：

①1号和3号要么都上场，要么都不上场；

②只有4号不上场，7号才上场；

③只要 8 号不上场，11 号就不上场；

④如果 4 号上场，则 10 号不上场；而 4 号不上场，那么 10 号就要上场；

⑤除非 10 号不上场，3 号才不上场；

⑥ 1 号和 8 号两人中，只能上一个；

⑦倘若 11 号不上场，12 号和 9 号也不上场；

⑧ 10 号和 6 号也只能上一个。

在一次排球大赛中，女排要迎战世界超级明星队，开赛前教练要求 7 号必须上场。那么，根据教练对上场队员的要求，在这场比赛中，该由哪几名队员上场呢？

20 有趣的职位调动预言 207

一个大官要对他的 6 位手下官员 A、B、C、D、E 和 F 进行职位调动改组。这 6 位官员得知此消息后，对这次官位的升降作了如下的预言：

A：A 和 B 的官位都将降级。

B：E 的官位将高于 D 和 F。

C：D 的官位将高于 F。

D：D 恰好官升一级。

E：E 将降级，C 将高于 A。

F：F 将降级，C 将升级。

结果，预言正确的都升了官，而预言中有错误者都降了职。6 名官员中无一人官居原位，其中至少有 2 名升级，2 名降职。其中已知 C 原来是官居第 3 位的。请分别列出 6 名官员改组前和改组后的官位高低次序。

21 消失的一元钱

207

3 个朋友出去玩，到了晚上，他们一起到一家小旅馆投宿。他们要了一间三人房间，标价是一晚 30 元。于是，3 个人每人掏了 10 元钱交给了接待员。后来，这家旅馆老板说今天优惠，他们住的这间房只要付 25 元就够了。于是，老板拿出 5 元钱让服务生去退还给他们。可是，那个不老实的服务生偷偷藏起了 2 元，然后，把剩下的 3 元钱分给了那三个人，每人分到 1 元。这样算来，一开始每人掏了 10 元，现在又退回 1 元，也就是每人只花了 9 元钱，3 个人每人 9 元，一共就是 27 元。这 27 元再加上服务生藏起的 2 元是 29 元，那么还有一元钱去了哪里呢?

22 水池里有几桶水

207

一天，皇上在大臣们的陪同下，去花园散步。当一行人来到花园的水池边时，皇上突然心血来潮，对身边的大臣们说:“众爱卿，你们觉得这水池子里的水有多少桶啊? ”大臣们一听，全都面面相觑，没想到皇上会问这样的问题，谁都答不上来。皇上看着大臣们的样子，觉得好笑，便假装严肃地说道:“限你们三天时间去考虑，如果回答不上来，全都要受到处罚! ”

三天的期限很快就要到了，大臣们还是一筹莫展，不知道该如何测量那水池里有多少桶水。当几个人聚在一位大臣家商量着解决办法时，这位大臣的小孙子听到了他们的谈话内容，于是插嘴说:“这有什么为难的，我有办法。”大家一听，用怀疑的目光看着这位大臣的小孙子，那小孩说:“你们带我去见皇上就可以了。”大家一听，觉得这小孩的胆子真是太大了，都不相信他会有什么办法。可是，那位大臣知道自己的小孙子非常聪明，就说:“这孩子从小就常常生出让人意想不到的新点子，不如带他去试一试，反正我们也想不出什么好办法来。”大家只好同意。

他们进了皇宫，来到皇上面前，说："办法我们是真的没有想出来，可我们带来一个孩子，他说他有办法。"皇上对这个小孩很好奇，就问："你有办法？我现在就带你去看一看那皇宫里的水池吧。""不用看了，这个问题很容易！"那孩子毫无畏惧地答道。皇上一听，立刻来了兴致："那你就说说看，这水池里究竟有多少桶水？"你知道这个小孩是如何回答这个问题的吗？

23 单身女郎与金发男子

208

在一个大雪纷飞的夜晚，有一位单身女郎在一所公寓里被人杀害。房间中，暖气很足，热得让人直流汗，电灯依然亮着，紧闭的窗子只掩上了半边的窗帘。

一个年轻人自称是被害人住所附近的居民，他向警方提供了目击证据："昨晚 11 点左右，我看到了凶案发生。虽然我的房间离案发现场有一定距离，但能看到凶手是个金发男子，戴着黑边眼镜，蓄着胡子。"警方根据他提供的线索，逮捕了死者的一位金发男朋友。

第二天在法庭上，这位金发男子的律师为他辩护，他询问了那个目击证人："年轻人，案发当时你是偶然在窗子旁看到了这个凶手，是吗？""是的，我就住在被害者的对面，她家的窗子是透明的，而且那天晚上她的窗帘又是半掩的，所以我无意中看见了凶手的脸。"

这时，律师很肯定地说："法官大人，这位年轻人所说的都是谎话，也就是说他在做伪证。以我的判断，他才是犯罪嫌疑人。可能他是在行凶后把被害人家里的窗帘拉开了，然后逃走的。他给警方提供假口供，企图掩盖自己的罪行。"结果，经过审查，证明了律师的推断是正确的。那么，你知道律师是怎样推断的吗？

24 议员枪杀案

208

新泽西州的一位议员，在演讲过程中不幸被人枪杀了。FBI 警员接到通知后，立即赶到案发现场，丝毫不敢怠慢。演讲现场的所有人都被 FBI 控制。在案情没有调查清楚前，谁也不能离开。安保人员回忆说：“子弹是从演讲台的右边射过来的，那边有一个草垛。在案发当时，我好像看见有个人影在草垛附近晃悠。当时议员的演讲正进行到精彩处，所以我光顾着听演讲了。等一声枪响后，我才回过神来，那时，议员已经倒在了演讲台上。这真是太遗憾了。”听完安保人员的描述后，FBI 警员立即对演讲台右边的观众进行了长达三个小时的排查。最后，他们将目标锁定在了四个犯罪嫌疑人身上。这四个嫌疑人在盘问过程中，皆声称自己不是凶手。不仅如此，他们还不断指责和怀疑其他几位才是凶手，甚至还为此大打出手。在这四人打架的过程中，FBI 警长一眼就识别出了真正的凶手。最后，FBI 的警员成功将其逮捕归案。亲爱的读者，你知道警长是怎么一眼识别出枪杀议员的真凶的吗?

25 两瓶过期的牛奶

208

暑假的一天早上，汤姆和杰米去看望住在郊区别墅的奶奶。当他们到达奶奶家时，敲了半天门，都不见奶奶来开门，情急之下，汤姆和杰米只能破窗而入。令他们万万没想到的是，平日和蔼可亲的奶奶斜躺在沙发上，被人用刀杀害了。由于是炎炎夏日，奶奶的尸体已经腐烂发臭了。此情此景令汤姆和杰米的情绪瞬间崩溃，泣不成声。四十分钟后，FBI 警长携警员一行来到了案发现场。汤姆和杰米两兄弟悲痛地坐在门口的台阶上，一句话也说不出来。

案发现场一片狼藉，柜子、箱子被翻得乱七八糟，由此可以推断，凶手既谋财又害命。当其他警员在案发现场取证时，警长麦克来到了两兄弟跟前想安慰安慰他们俩。这时，他发现了一个重要线索。门口邮递员送来的报纸堆了厚厚一沓，报纸旁边还有两瓶牛奶，都已经过期了。麦克立即推断出来谁是杀人凶手了。

聪明的读者，你知道谁是凶手吗？

26 失踪的邮票

208

美国国家博物馆的一张价值 60 万英镑的邮票被人偷了。FBI 警员仔细调查后，锁定了一名疑犯。当他们火速来到嫌疑犯所居住的公寓时，发现这个嫌疑犯正在家和宠物玩。当 FBI 警员给他录口供时，他极其配合，没有任何紧张的神情。由于天热，他还专门为 FBI 警员开了空调。他们在嫌疑犯的公寓里转悠了几圈，并没有发现任何蛛丝马迹。嫌疑犯“家徒四壁”，屋内除了床及沙发外，并没有多少陈设。警长刘易斯把桌上仅有的几本杂志都翻遍了，没有发现邮票的踪迹。

事已至此，案情陷入了僵局。刘易斯缓缓地坐在空调正对面的沙发上。忽然他看到侧面窗台上疑犯栽种的绿植的叶子正在随风摆动，因为嫌疑犯并没有关窗。奇怪，为什么嫌疑犯开了空调，但不关窗户呢？想到这里，刘易斯发现了玄机。他起身关上了空调，然后把窗户开得更大了。就在这两个连续的动作间，他敏锐地捕捉到了嫌疑犯惊诧、恐慌的神情。最后，他们在空调的叶片中，发现了那枚邮票。你知道整个过程中刘易斯是怎么发现线索的吗？

27 猴子身上隐藏的玄机

208

最近，发生在休斯敦某高级公寓的一起凶杀案，格外引人注目。死者是一名五十岁左右的女性，她死的时候，斜躺在房内的沙发上，一把锋利的刀插在了她的心口。最令人觉得诡异的是，当 FBI 的警员赶到案发现场时，一只猴子正坐在她旁边。猴子眼神十分落寞，旁边有一根香蕉，它一口也没有吃。因为公寓内的所有的窗子都是关着的，而且门也是从里面反锁着的，所以，执行此次侦查任务的年轻警员初步认定——死者是死于自杀，要不就是被猴子误杀。但身经百战的FBI警长却不这么认为。勘查完室内之后，警长又到公寓外的花园查找线索，他发现了窗子下的草坪上有一处很密集的脚印。此情此景，令他的思维迅速发散，很快就从多种线索中锁定了犯罪嫌疑人。后来，经过一系列的调查后，警方将本案确定为谋杀案，并很快将犯罪嫌疑人——死者的儿子，缉拿归案。从案例描述中，你能判断出警长是如何锁定犯罪嫌疑人的吗？

28 风扇与遗书 208

艾伦是美国辛辛那提著名的商人，家产超过百亿。前不久，他被发现死在了自己的书房里。由于艾伦身份显赫，案情轰动性较强，所以FBI俄亥俄州分部特意出动了2/3的警力来侦破此案。案发现场的情况大致如下：

艾伦右手握着手枪，头部中弹身亡，尸体瘫倒在地板上的血泊里。书桌上摆着一台电风扇和一封机打遗书。他在遗书中写道：因妻子去世，我无法忍耐孤独，所以决定结束自己的生命，与妻子在天堂相会。从这些证据来看，艾伦很显然是死于自杀。但是，FBI俄亥俄州分部的四名警长一致认为，艾伦绝非死于自杀。因为他们在案发现场发现了一处疑点：艾伦书桌上摆着一台电风扇，而电风扇的插头，并没有插在墙壁插座上，而是被压在艾伦的身体下面。警长约翰森想，如果把插头插在墙壁插座上，会是什么情景？他这么想，也这么做了。他把插头从艾伦的身体底下奋力抽出，然后插在墙壁插座上，风扇开始转动，书桌上的遗书，还有其他纸张被风吹落在了地上。现场的警官相互交换了一下眼色后，点了一下头。亲爱的读者，你知道警官们发现了什么吗？

29 一句话暴露的凶手 209

纽约城一名地下毒贩前日无缘无故“口中饮弹”自杀了，但是案发现场并没有找到遗书和任何线索。因为死者生前的生意如鱼得水，并不存在自杀动机，所以，FBI 警长直觉认为这位毒贩的死并没有自杀那么简单，很可能和他的生意伙伴有关系。警长带着怀疑来到死者家中进行侦查。他们在毒贩家发现了厚厚一摞牙科诊疗单，这些诊疗单开自同一家诊所。由于死者生前嗜糖如命，所以满口蛀牙，经常去诊所看牙。在盘问过毒贩的朋友、邻居、家人后，警长又去访问了死者最后去过的牙科诊所。

“那个瘪三，还欠我几百美元呢。”年轻的牙科医生很不耐烦地对 FBI 警员说，“无论怎么给他治，他那口蛀牙都没得治。现在我最关心的是，他死了以后，谁来给他付账单？”“看来你很在乎钱嘛。”警长有些不悦地说。“医生也是商人，救死扶伤只是理想层面的概念，生意对于我们来说才是最重要的。”牙医打趣道。

在回警局的路上，医生的话一直回荡在警长耳边。突然，警长想到了什么，他立刻加快步伐，回到了警局。他吩咐 5 名下属密切监视医生，一旦发现有可疑情况立即报告。医生看上去并没有什么可疑之处，警长为什么怀疑医生了呢？

30 被冲走的桥墩 209

一场山洪冲毁了森林边上的小桥，连钢筋水泥做成的桥墩也被冲到下游去了。山洪过后，大家开始重建。经过各方面的研究，还是在原来的地方重新建桥是最好的方案，而且桥墩也没有被毁坏。于是大家准备把桥墩拖回来。

森林管理处的工作人员开来了两只大船，准备拖走在下游深水处的桥墩。工人们把绳子系在桥墩上，然后用船拉走，可是桥墩太重了，而且陷在河底的泥沙里很深，船已经开到了最大马力，桥墩连动也不动，再增加船只也不大可能，这可怎么办，大家都开始发起愁来。一个老船工望着岸边的沙子，突然想出了个办法，他号召大家重新行动起来，最终把桥墩顺利地拖到了目的地。

你知道这位老船工想的是什么办法吗?

STEP 5

假设思维——系统判断，推定结论

骑士与无赖

209

博尔思岛上的土著分为骑士和无赖两部分，骑士只讲真话，无赖只讲假话。

（1）A 和 B 是岛上的两个土著，A 说了以下这句话：“我们两人中至少有一个是无赖。”

据此，你能确定 A 和 B 两人的身份吗？

（2）C 和 D 是岛上的两个土著，C 说了以下这句话：“要么我是无赖，要么 D 是骑士。”

据此，你能确定 C 和 D 两人的身份吗？

他们都是做什么的

210

小王、小张、小赵三个人是好朋友，他们中有一个人下海经商，一个人考上了重点大学，一个人参军了。此外，小赵的年龄比士兵的大；大学生的年龄比小张小；小王的年龄和大学生的年龄不一样。请推出这三个人中谁是商人，谁是大学生，谁是士兵。

如何凭借小船摆渡

210

一条河的东岸有 6 个人等着摆渡，其中 4 个是大人，2 个是小孩。河中只有一条空的小摆渡船。小船最多只能载 1 个大人或者 2 个小孩。这 6 个摆渡客，如何仅凭借自身的努力和这只小船，全部摆渡到西岸去？（假设小孩和大人一样具有划船能力。）

4 到底什么涨价了

210

最近，北方一小城遭遇暴雪侵袭。受雪灾影响，某些生活必需品，如粮油、蛋、奶等开始纷纷涨价。小区的三位主妇对此满腹牢骚，大发抱怨。

姜女士说："要是大米涨价的话，食用油的价格也要上涨了。"

曹女士紧接着说："食用油一涨价，鸡蛋也要涨价了。"

杨女士"见缝插针"，忙说："如果鸡蛋涨价，牛奶自然也会涨的。"

三位女士的话语貌似是正确的，但实际上，这四种食品中只有两样东西确实涨价了。

请问，你知道是哪两种吗？

5 甲到底是哪个部落的人

210

有一个人到墨西哥探险。当他来到一片森林时，他彻底迷路了。即使他拿着地图也不知道该往哪走，因为地图上根本就没有标记出这一地区。无奈，他只好向当地的土著请求帮助。但是曾有同事提醒他，这个地区有两个部落，而这两个部落的人说话是相反的。即 A 部落的人说真话，B 部落的人说假话。恰在这时，他遇到了一个懂英语的当地土著甲。他问甲："你是哪个部落的人？"甲回答："A 部落。"于是他相信了甲。但在途中，他们又遇到了土著乙，他就请甲去问乙是哪个部落的。甲回来说："他说他是 A 部落的。"这个人想起来同事的提醒，感到迷惑了。请问，甲到底是哪个部落的人？

6 这张牌到底是什么

210

S 先生、P 先生、Q 先生都具有较强的推理能力。这一天，他们接受推理面试。

他们知道桌子的抽屉里有如下 16 张牌：

红桃 A，Q，4。

黑桃 J，8，4，2，7，3。

草花 K，Q，5，4，6。

方块 A，5。

约翰教授从 16 张牌中挑出一张牌，并把这张牌的点数告诉 P 先生，把这张牌的花色告诉 Q 先生。

这时，约翰教授问 P 先生和 Q 先生："你们能从已知的点数和花色中推知这张牌是什么牌吗？"

于是，S 先生听到如下的对话：

P 先生："我不知道这张牌。"

Q 先生："我知道你不知道这张牌。"

P 先生："现在我知道这张牌了。"

Q 先生："我也知道了。"

听罢以上的话，S 先生想了想之后，就正确地推出了这张牌是什么牌。

请问这张牌是什么牌？

7 今天是星期几

211

有一位富翁，为了确保自己的人身安全，雇了双胞胎兄弟做保镖。兄弟两个确实尽职尽责。为了保证主人的安全，他们制定如下行事准则：

a. 每周一、二、三，哥哥说谎；

b. 每周四、五、六，弟弟说谎；

c. 其他时间两人都说真话。

一天，富翁的一个朋友急着找富翁。他知道要想找到富翁只能问兄弟俩，并且他也知道兄弟俩的做事准则，但他不知道谁是哥哥，谁是弟弟。另外，如果要知道答案，就必须知道今天是星期几。于是他便问其中的一个人：昨天是谁说谎的日子？结果两人都说："是我说谎的日子。"你能猜出今天是星期几吗？

8 刻在保险箱上面的句子 211

巧手张和巧手李是某城的工匠高手，他们各有一子，全城的铁箍保险箱都是出自他们四人之手。他们都有在完工的保险箱外刻字留言的习惯，所不同的是，巧手张父子刻的句子都是真话，而巧手李父子刻的都是假话。

（1）该城有一个铁箍保险箱，上面刻着以下的句子："此箱非巧手张之子所制。"请问此箱出自谁手？

（2）假如有一个铁箍保险箱，根据上面刻的字句，就能推断出它是巧手李所制，那么，刻在箱子上的，会是什么样的句子呢？

9 头上帽子的颜色 211

老师和A、B、C三个小朋友在一起做一个游戏。老师告诉小朋友们，共有五顶帽子，两顶黑色，三顶白色。其中三顶，不告诉你们是什么颜色，每人一顶，分别戴在你们的头上。每个人都看不见自己头上的帽子。B坐在C的背后，A坐在B的背后。B只能看见C头上的帽子；A能看见B和C头上的帽子；C看不见任何人头上的帽子。

老师问，谁能知道自己头上帽子的颜色？

A问答："我不知道。"

B接着问答："我也不知道。"

C略一思考，说："我知道自己头上帽子的颜色。"

想想看，C推测自己头上帽子的颜色是什么？他是如何做出推测的？

10 哪个国家是冠军

211

电视上正在进行一项足球比赛决赛的实况转播，进入决赛的国家有美国、德国、巴西、西班牙、英国、法国。足球迷韩克、张乐、李锋对谁会获得此次比赛的冠军进行了一番讨论：韩克认为，冠军不是美国就是德国；张乐坚定地认为，冠军绝不是巴西；李锋则认为，西班牙和法国都不可能取得冠军。比赛结束后，三人发现他们中只有一个人的看法是错的。那么，哪个国家是冠军？

11 鹿死谁手

212

一天皇帝想要外出打猎，于是命令姓赵、钱、孙、李、周、吴、郑、王的八员大将陪同他一起去。

他们来到一片树林，突然有人发现前面有一头鹿，经过一番追逐，有一员大将的一支箭射中了那只鹿。但是哪一员大将射中的，谁也不清楚。这时，皇帝叫大家先不要去看箭上刻写的姓氏，要大家猜猜究竟是谁射中的。八员大将众说纷纭。

赵说："要么是王将军射中的，要么是吴将军射中的。"

钱说："如果这支箭正好射在鹿的头上，那么鹿是我射中的。"

孙说："我可以断定是郑将军射中的。"

李说："即使这支箭正好射在鹿的头上，也不可能是钱将军射中的。"

周说："赵将军猜错了。"

吴说："不会是我射中的，也不是王将军射中的。"

郑说："不是孙将军射中的。"

王说："赵将军没有猜错。"

猜完之后，皇帝命令赵将军把鹿身上的箭拔出来验看，证实八员大将中有三人猜对了。

那么你知道鹿是谁射死的吗?

假如有五个人猜对，那么鹿又是谁射死的?

12 土耳其商人选助手 212

有一个土耳其商人，想找一个助手协助他经商。他要的这个助手必须满足一条，那就是聪明。

招聘启事发出三天后，有A、B两个人前来应聘。土耳其商人为了试一试A、B两个人中哪一个聪明一些，就把他们带进一间伸手不见五指的漆黑的房间里进行测试。商人打开电灯，把他们带到一张桌子前，说道："这张桌子上有五顶帽子，两顶是红色的，三顶是黑色的。现在，我把灯关掉，并把帽子摆的顺序弄乱，然后，我们三人每人摸一顶帽子戴上。当我把灯开亮时，请你们在最短时间内说出自己头上戴的帽子是什么颜色的。"两个人明白规则后，商人就把电灯关掉了，然后，三个人都摸了一顶帽子戴上。同时，商人把余下的两顶帽子藏了起来。待这一切做完之后，商人把电灯重新打开。这时候，那两个人看到商人头上戴的是一顶红色的帽子。过了一会儿，A先喊道："我戴的是黑帽子。"

你知道A是如何推理的吗?

13 究竟哪位女士怀疑丈夫有外遇 212

A、B、C、D四位女士去参加一个晚会。

到晚上8点为止，A女士和她的丈夫已经到达晚会大厅。出席者不超过100人，所有的人都分成小组交谈，每组正好是5个人。

到9点为止，所有参加晚会的人中，只有B女士和她的丈夫是晚于8点到达的。与会者继续分成小组交谈，每个小组正好4个人。

到10点为止，所有参加晚会的人中，只有C女士和她的丈夫是晚于9点到达的。与会者继续分成小组交谈，每个小组正好3个人。

到11点为止，所有参加晚会的人中，只有D女士和她的丈夫是晚于10点到达的。与会者继续分成小组交谈，每个小组正好2个人。

A、B、C、D中有一女士，总怀疑她的丈夫有外遇，因此她计划让她丈夫先去晚会，自己则较他晚到一个小时。但最后她改变了主意。

如果这个怀疑丈夫有外遇的女士的计划实行的话，那么，在上面提到四个时间中的某一个时间，包括这个女士的丈夫而不包括她本人在内的所有与会者，在分成小组交谈时，小组的数目和每个小组的人数不可能都相同。例如，不可能小组的数目是4，每个小组的人数也都是4，等等。

根据以上这些条件，你能确定A、B、C、D四人中，谁是那位怀疑丈夫有外遇的女士吗？

14 谁是凶手

212

小阳的两个妹妹是小蒂和小红，他的女友叫小丽。小丽的两个哥哥是小刚和小温。他们的职业分别是，小阳是医生，小刚是医生，小蒂是医生，小温是律师，小红是律师，小丽是律师。

这6人中的一个杀了其余5人中的一个。

（1）假如这个凶手和受害者有一定的亲缘关系，那么说明凶手是男性；

（2）假如这个凶手和受害者没有一定的亲缘关系，那么说明凶手是个医生；

（3）假如这个凶手和受害者的职业一样，那么说明受害者是男性；

（4）假如这个凶手和受害者的职业不一样，那么说明受害者是女性；

（5）假如这个凶手和受害者的性别一样，那么说明凶手是个律师；

（6）假如这个凶手和受害者的性别不一样，那么说明受害者是个医生。

根据上面的条件，请问凶手是谁?

（提示：根据以上陈述中的假设与结论，判定哪 3 个陈述组合在一起不会产生矛盾。）

15 中国五大淡水湖

213

某天，地理课上，地理老师在黑板上画出了中国五大淡水湖的形状，要求学生们说出其中的任意两个。为了方便回答，地理老师自左至右为每个图形编了 1—5 的序号。然后，他找了五位同学作答，最后，这五位同学都只答对了一半。

张某的回答是：3 是太湖，2 是巢湖。

赵某的回答是：2 是太湖，5 是巢湖。

钱某的回答是：4 是鄱阳湖，2 是洪泽湖。

孙某的回答是：1 是鄱阳湖，5 是洞庭湖。

刘某的回答是：4 是洞庭湖，3 是洪泽湖。

那么，根据上述条件，下面哪句话是对的?

A.4 是巢湖，5 是洞庭湖　　B.3 是太湖，4 是洞庭湖

C.1 是鄱阳湖，2 是太湖　　D.2 是洪泽湖，3 是洞庭湖

16 三人中谁是真凶

213

A、B、C 三人涉嫌一件谋杀案被传讯。这三个人中，一人是凶手，一人是帮凶，另一人是无辜者。

下面三句话摘自他们的口供记录，其中每句话都是三个人中的某个人所说：

A 不是帮凶。

B 不是凶手。

C 不是无辜者。

上面每句话的所指都不是说话者自身，而是指另外两个人中的某一个。上面三句话中至少有一句话是无辜者说的。只有无辜者才说真话。

A、B、C 三人中，谁是凶手?

17 太太们的侍女

213

古代有一位大户人家的老爷有 20 位太太，而每位太太的身边都有一个坏心眼的侍女。虽然每一个太太都知道其他太太的身边有一个侍女是坏人，但由于她们之间关系不融洽，因此她们只知道他人身边有坏侍女，却不知道自己的侍女中有一个也是坏人。

这件事情被老爷知道了，他便把 20 个太太召集在一起，向她们发出警告：跟随你们的侍女中，至少有一个坏人。他要求她们如果知道了自己的坏侍女是谁就必须立刻赶走她；如果知道了却不赶走的话，那位太太就得被赶出家门，期限是 20 天。如果哪位侍女被赶走了，那位太太要告诉大家。可是第 20 天早晨，没有一位太太赶走自己的侍女。

请问，接下来将会怎么样呢?

18 你能算出来吗

214

爸爸为了考考儿子，给儿子出了道题。爸爸说："我手里有 1 分、2 分、5 分的硬币共60个，总值是200分，并且1分的硬币比2分的硬币多4个。儿子，给爸爸算算这三种硬币各有多少个？"儿子眨了眨眼睛，摸摸脑袋，不知道怎么算。你能算出来吗?

19 男足、男篮

214

班上有五个人体育成绩特别好，他们要么是校足球队员，要么是校篮球队员。同学们常记得他们在球场上飒爽英姿的身影，却分不清他们几个谁是篮球队员，谁是足球队员。在一次联欢会上，他们表演了一个节目，让同学们猜猜看其中到底谁是校足球队员。

节目中，甲对乙说：你是校足球队的。

乙则对丙说：你和丁都是校足球队员。

丙对丁说：你和乙都是校篮球队员。

丁对戊说：你和乙都是校足球队员。

戊对甲说：你和丙都不是校足球队的。

其实，他们说话时不小心泄露了一个秘密，那就是：异队队员之间说的是假话，同队队员之间说的才是真话。那么，据此，你能猜出校足球队和校篮球队分别都有谁吗？

20 一次地理考试

214

在一次地理考试中，试卷上画了五大洲的图形，每个图形都编了号，要求填出其中任意两个洲名。同学甲填：3 是欧洲，2 是美洲；同学乙填：4 是亚洲，2 是大洋洲；同学丙填：1 是亚洲，5 是非洲；同学丁填：4 是非洲，3 是大洋洲；同学戊填：2 是欧洲，5 是美洲。结果是他们每人只对了一半。

根据以上条件，你能判断下列选项哪一个是正确的吗？

A.1 是亚洲，2 是欧洲　　B.2 是大洋洲，3 是非洲

C.3 是欧洲，4 是非洲　　D.4 是美洲，5 是非洲

21 钻戒窃贼

214

怀特夫人放在抽屉里的钻戒不见了，她意识到，家里一定发生了一起入室盗窃案，于是，她马上向警局报了案。警察工作效率很高，很快便逮捕了 3 名涉嫌闯入怀特夫人寓所的嫌疑犯。这 3 人其实早就清楚真正的罪犯是谁，但就是不愿招供，也不愿揭露和指证这名罪犯。在警察的再三讯问下，3 名嫌疑犯各自说了这样两句话。

A 说："罪犯不是我，也不是嫌犯 B。"

B 说："罪犯不是我，也不是嫌犯 C。"

C 说："罪犯不是我，我也不清楚是谁。"

现在知道的是：这 3 名嫌疑犯最后透露的这 3 条信息，每一条都有一句真话，一句假话。假如你是警察，你能很快破案吗?

22 三对夫妇

214

Jack 夫妇请了 Tom 夫妇和 Henry 夫妇来他们家玩扑克。这种扑克游戏有一种规则，夫妇两个不能一组。Jack 跟 Lily 一组，Tom 的队友是 Henry 的妻子，Linda 的丈夫和 Sara 一组。那么这三对夫妇分别为下列的哪组：

A.Jack — Sara，Tom — Linda，Henry — Lily

B.Jack — Sara，Tom — Lily，Henry — Linda

C.Jack — Linda，Tom — Lily，Henry — Sara

D.Jack — Lily，Tom — Sara，Henry — Linda

23 甲制胜的“法宝”

215

甲、乙两人在玩“抢 30”的游戏。游戏规则很简单：两个人轮流报数，第一个人从 1 开始，按顺序报数，他可以只报 1，也可以报 1、2。第二个人接着第一个人报的数再报下去，但最多也只能报两个数，而且不能一个数都不报。例如，第一个人报的是 1，第二个人可报 2，也可报 2、3；若第一个人报了 1、2，则第二个人可报 3，也可报 3、4。接下来仍由第一个人接着报，如此轮流下去，谁先报到 30 谁胜出。

甲很大度，每次都让乙先报，但每次都是甲胜出。乙觉得甲之所以让自己先报数，其中肯定有鬼，于是下一轮他坚持要甲先报，结果还是甲胜出。你知道甲必胜的策略是什么吗？

24 她们说的是真话还是假话

215

有一个人在森林里迷路了，他想看一下时间，可是发现自己没戴表。这时他看到前面有两个小女孩在玩耍，于是他决定过去打听一下。不幸的是这两个小女孩有一个毛病，姐姐上午说真话，下午就说假话，而妹妹与姐姐恰好相反。但他还是走近去问她们：“你们谁是姐姐？”胖的说：“我是。”瘦的也说：“我是。”他又问：“现在是什么时候？”胖的说：“上午。”“不对，”瘦的说，“应该是下午。”这下他迷糊了，到底她们说的话是真是假？

25 鸡兔同笼问题

215

鸡兔同笼问题是因题目的内容涉及鸡与兔而命名的，它是一道有名的中国古算题。许多小学算术应用题，都可以转化为鸡兔同笼问题来加以计算。

例：小梅数她家的鸡与兔，数头有 16 个，数脚有 44 只。问：小梅家的鸡与兔各有多少只？

分析：假设 16 只都是鸡，那么就应该有 2×16=32（只）脚，但实际上有 44 只脚，比假设的情况多了 44–32 = 12（只）脚。出现这种情况的原因是把兔当作鸡了。如果我们以同样数量的兔去换同样数量的鸡，那么每换一只，头的数目不变，脚数增加了 2 只。因此只要算出 12 里面有几个 2，就可以求出兔的只数。当然，我们也可以假设 16 只都是兔子。

解答鸡兔同笼问题通常采用假设法，可以先假设都是鸡，然后以兔换鸡；也可以先假设都是兔，然后以鸡换兔。因此这类问题也叫置换问题。

下面是 3 道关于“鸡兔同笼问题”的数学计算题，你会解答吗？

（1）春风小学 3 名同学去参加数学竞赛，共 10 题，答对一题得 10 分，答错一题扣 3 分。这三名同学都答了所有问题，小明得了 87 分，小红得了 74 分，小华得了 9 分。他们三人一共答对了几道题？

（2）工人运 250 个花瓶，规定为运完一个给 20 元钱，损坏一个要赔 100 元。运完后，工人共得 4400 元，问损坏多少个花瓶？

（3）某校数学竞赛，共有 20 题，做对一题得 5 分，做错一题倒扣 3 分，某题没做得 0 分。小樱得了 69 分，小樱有几道题没做？

26 哪条路通向京城

215

有甲、乙两人，其中，甲只说假话，而不说真话；乙则是只说真话，不说假话。他们两个人在回答别人的问题时，只能通过点头与摇头来表示，不能讲话。有一天，一个人面对两条路——A 与 B，其中一条路是通向京城的，而另一条路是通向一个小村庄的。这时，他面前站着甲与乙两人，但他不知道哪一个是甲哪一个是乙，也不知道“点头”是表示“是”还是表示“否”。现在，他必须问一个问题，才可能断定出哪条路通向京城。那么，这个问题应该怎样问？

27 她们分别买了什么

215

小丽、小玲、小娟三个人一起去商场里买东西。她们都买了各自需要的东西，有帽子、发夹、裙子、手套等，而且每个人买的东西还不同。有一个人问她们三个都买了什么，小丽说："小玲买的不是手套，小娟买的不是发夹。"小玲说："小丽买的不是发夹，小娟买的不是裙子。"小娟说："小丽买的不是帽子，小娟买的是裙子。"她们三个人，每个人说的话都有一半是真的，一半是假的。那么，她们分别买了什么东西？

28 公平问题

216

两个淘金者淘了一些金沙，这一天他们在一起平分他们的成果。他们将一堆金沙堆放在一块平整的石板上，但没有任何称量工具。这时有一个谁也不会觉得吃亏的平分方法，那就是由其中的一个人把金沙分成两堆，而让另一个人先挑选。如果上述平分金沙的淘金者不止两个，而是几个人，比如说五个，是否也存在一种谁也不觉得吃亏的平分方法呢？

29 谁和谁是姐妹

216

在老北京一个胡同的大杂院里，住着四户人家，巧合的是每家都有一对双胞胎女孩。这四对双胞胎中，姐姐分别是ABCD，妹妹分别是abcd。一天，一对外国游人夫妇来到这个大杂院里，看到她们8个，忍不住问："你们谁和谁是一家的啊？"

B说："C的妹妹是d。"

C说："D的妹妹不是c。"

A 说："B 的妹妹不是 a。"

D 说："她们三个人中只有 d 的姐姐说的是事实。"

如果 D 的话是真话，你能猜出谁和谁是双胞胎吗？

30 警长的观察力

216

正值深秋，森林公园里的落叶到处都是。在公园的一个偏僻的角落，有人发现了一辆高级敞篷车，一个老板模样的人死在了里面。警方接到报案后，立即赶到把现场封锁了起来。

"发现了什么线索？"警长问一个查案的警员。

警员回答说："法医估计这个人已死亡两天。没有发现他杀的迹象，死者手边有氰化钾小瓶，所以初步认定是自杀。"

警长又问道："有没有发现第三者的脚印？"

一个下属说："没有，地面上落满了树叶，即使有，我们也看不到什么脚印。"

警长又向那辆车上看过去，车里落了几片落叶，他果断地对下属说："请大家再仔细搜查现场，排除自杀的初步主观印象。这不是自杀，而是他杀后移尸到这里。估计罪犯离开不到一小时，他一定会留下一些线索的。大家分头去找。"于是大家又开始仔细搜查，果然发现了许多线索。追踪之下，当天便抓获了杀人犯。

请问：警长为什么认定不是自杀，而且罪犯没有走远呢？

STEP 6

纵向思维——层层递进，深入真相

保护纪念馆

216

杰弗逊纪念馆是坐落在美国华盛顿广场的一座建筑。这座纪念馆已有一定的年头，并且一直开放。目前，它表面的涂层出现了脱落，更严重的是，有些地方出现了裂纹。政府担心杰弗逊纪念馆会有安全隐患，于是派出了专门人员前去调查，争取早日解决安全隐患这个难题。

调查员来到了杰弗逊纪念馆，最初认为是酸雨腐蚀了纪念馆的建筑表层。随着调查的深入，调查员从搜集来的数据发现，冲洗纪念馆的清洁剂也含有强酸，会对纪念馆造成侵蚀。由于该纪念馆每天都要冲洗多次，所以它受强酸侵蚀的程度很深。

为什么杰弗逊纪念馆每天要冲洗多次呢？调查人员带着这个疑问继续展开了调查，他们发现原来纪念馆每天都会被燕子粪弄脏。为什么这里会出现如此多的燕子呢？这是因为纪念馆上经常会有蜘蛛出现，而燕子非常喜欢吃蜘蛛。那么这里为什么会出现这么多蜘蛛呢？因为纪念馆上有许多飞虫，而飞虫也正是蜘蛛喜欢的食物。可是为什么这里的飞虫这么多呢？因为这里有飞虫繁殖的良好环境。为什么这么说呢？因为从窗子里照射进来的阳光和这里的尘埃非常适合飞虫繁殖。这里对飞虫来说无疑就是一个温床。这里繁殖了许多飞虫，进而吸引了蜘蛛、燕子。燕子吃饱喝足了，自然就会在这里方便了……

调查人员找到了问题的根本所在，接下来就要解决这个问题了。有一个最简单的方法可以解决这个问题，你能猜到是什么吗？

遗书的破绽

216

在旧金山的一家高级酒店里，一位客人服毒自杀了。服务员早上推开这位客人的门，发现他早已断了气，于是就赶紧报了警。警察局的警长奥尔德里奇接到报案，立即带着手下前往酒店展开了调查。经过调查发现，死者是一位英国籍的中年男人，可能是服用了过量的安眠药而死。

酒店的经理告诉警长奥尔德里奇说："三天之前，这位英国客人住到了我们的酒店。早上服务生在他的桌子上发现了一封遗书。"奥尔德里奇小心地拿起桌上的书信看，发现上面的正文内容是打印而成的，只有信的签名和日期是手写的。奥尔德里奇仔细看着书信，突然被信上的日期 4-20-2011 吸引了。奥尔德里奇思考了片刻，对手下说："如果死者是英国人，那么这封遗书肯定就是假的。这可能是一桩谋杀案，凶手最有可能是美国人。"

手下以及酒店经理听了，都感到好奇。请问，你知道奥尔德里奇是依据什么下这样的结论的吗？

3 黄帽子和蓝帽子 216

有一天数学课上，老师挑选出了十名同学做游戏。游戏规则是这样的：首先，十名同学站成一列纵队，脸都朝着同一个方向。其次，老师从十顶黄帽子和九顶蓝帽子之中选出十顶，分别给十名同学戴上。每位同学都看不见自己戴的帽子是什么颜色，只能看见自己前面同学所戴帽子的颜色。最后，老师让同学们猜测自己所戴的帽子的颜色。

纵队末尾的同学说："虽然我看见了你们每个人头上戴的帽子，但我不能确定我自己戴的帽子的颜色。你们知道自己戴的是哪种颜色的吗？"倒数第二个同学说："我也不知道。"倒数第三个同学也说："我不知道。"一直到第二个同学，都说不知道。这时，站在首位的同学说："我知道我戴的帽子的颜色了。"其他同学听了都非常好奇，为什么他就猜出来了呢？

请问亲爱的读者，第一个人头上戴的帽子是什么颜色的？他是怎么判断出来的呢？

4 快钟与慢钟

217

郭小敏家里有两块钟表，一块在卧室，一块在客厅。与标准时间相比，其中卧室里的钟表走得稍微快些，客厅里的钟表走得稍微慢些。走得快的钟表每小时比标准时间快一分钟，走得慢的钟表每小时比标准时间慢三分钟。

有一次，郭小敏发现两块钟表时间不统一，就把两个钟表同时调成了标准时间。结果在二十四小时之内，走得快的钟表显示十点整，走得慢的钟表显示九点整。

请问，聪明的读者，你知道现在的标准时间是几点吗？

5 谁偷了西瓜

217

有一天中午，村里的一个无赖路过了一片西瓜地。他看着诱人的大西瓜，口水忍不住流了下来。无赖朝四周扫了一下，发现瓜农不在，也没有其他路人，于是跑到西瓜地里摘了两个大西瓜。正在无赖抱着西瓜往回走的时候，他发现瓜农过来了。无赖赶紧把偷来的大西瓜放在地下，巧的是有个抱孩子的女人从他身边走过。他于是对那个瓜农说："刚才这个女人偷了你两个西瓜，被我逮住了。我顺手帮你把西瓜抢了回来。"瓜农虽然没有看到是谁偷的瓜，但知道他是个无赖，因而对他的话半信半疑。可瓜农一时不知如何是好。后来，来了个聪明的少年，帮助瓜农判断出了偷瓜贼。

亲爱的读者，你能帮瓜农断定一下谁是偷瓜贼吗？

6 圣诞聚会

217

2012 年的圣诞节是一个喜庆的日子。为了庆祝圣诞节，A、B、C、D、

E 五位好朋友约好在这一天聚会。由于路途原因，他们都不是在同一时间到达聚会地点的。第一个到达聚会地点的不是 A；第二个到达聚会地点的不是 D；B 紧跟在 A 的后面到达聚会地点；C 既不是第一个也不是最后一个到达聚会地点的；E 在 D 之后第二个到达聚会地点。

聪明的读者，你能根据上述信息，判断出他们五个人到达聚会地点的先后顺序吗？

7 逃离高楼 217

A、B、C 三个人因为某种原因被困在了一座高楼上。高楼上的逃生通道都被堵死了，只有一个窗口可以用来逃离。高楼上有几样工具，一个滑轮、一条绳子、一块 30 公斤重的石头和两个筐子。两个筐子要想安全地一上一下，就必须满足一个条件，那就是其中的一个筐子的重量比另外一个筐子重 6 公斤。否则的话，就会出现危险。已知 A、B、C 三人体重分别为 78 公斤、42 公斤、36 公斤，请问，他们三个人怎样才能安全地逃离这座高楼呢？

8 棋子的颜色 217

有一次，老张和孩子下完围棋，用围棋子给孩子出了一道题。他先抓了一把白色棋子，又抓了一把黑色棋子，总共有 70 颗。接着他把这 70 颗棋子按照一定顺序排成一排：白，黑，白，白，白，黑，白，白，白，黑，白，白，白，黑，白，白，白，黑……老张问孩子："最后一颗棋子是什么颜色的？里面有多少颗黑色的棋子，有多少颗白色的棋子呢？"老张的孩子看着棋子，思考了半天，也没有想出答案。

亲爱的读者，你能帮助他解答这个问题吗？

9 巧分果汁

217

有 7 杯满杯的果汁、7 杯半杯的果汁和 7 个空杯子。现在要把所有的果汁分给甲、乙、丙三个人喝，怎样分才能让他们喝到一样多的果汁呢？ 每个人能平均喝多少杯呢？

10 破译情报密码

217

在一次重要的战争中，英军司令部通过电台截获了一份非常重要的秘密情报。经破译人员破解之后，司令部得知下个月初敌军三个师团的兵力将分为两路再次向英军发动攻击。其中一路师团的兵力为“ETWQ”，另外一路师团的兵力为“FEFQ”，两路的兵力加起来总共为“AWQQQ”。司令部的情报部门想了半天，也没能破译出敌军到底有多少人马。为了破解这些字母的含义，英军司令部请来了一位数学家。数学家看了看情报密码，很快就计算了出来。

请问，你知道数学家是怎样破译这组情报密码的吗？ 那些字母分别对应哪个数字呢？

11 两条绳子

218

在一个房间里悬挂着两条绳子，每条绳子约有 2 米长，两条绳子之间约有 3 米的距离。小明要把两条绳子系在一起，可是用手拉动左边的绳子去接右边的绳子，根本就够不到。一连几次，都是如此。后来，小明想出了一个好办法，不借助其他任何东西，只用两只手，就把两条绳子系在了一起。

聪明的读者，你知道小明用的是什么好办法吗？

12 怪异的绑匪

218

有一天，某公司的老板接到了一个电话，对方声称绑架了他的儿子，并让他拿 20 万美元赎回儿子。绑匪在电话中还说："你把钱放在一个包里，明天上午用普通邮件寄给我。"接着绑匪把地址告诉了这位老板。

公司的老板非常担心自己的儿子，生怕他会有什么闪失，于是就赶紧报了警。警察先是让公司老板不要轻举妄动，接着悄悄地来到了绑匪电话中留下的地址，发现这儿只有街名、地区名，而没有绑匪所说的门牌、收件人。警察觉得此事非常蹊跷。

之后，警察结合现场的信息，又思考了一番，没多久就确定了绑匪，并且很快将其抓住，成功救出了人质。聪明的读者，你知道绑匪是什么人吗？警察是怎样判断出来的呢？

13 埃菲尔铁塔的奥秘

218

埃菲尔铁塔是享誉世界的一座建筑，也是法国首都巴黎的代表性建筑。铁塔有 300 米高，7000 多吨重。在它建成之初，人们就发现了几个奇怪的现象。埃菲尔铁塔只有在夜间才会与地面垂直。上午的时候，埃菲尔铁塔向西偏斜 100 毫米；中午的时候，埃菲尔铁塔向北偏斜 70 毫米。到了冬季，气温降到零下 10 摄氏度的时候，塔高比炎热的夏季之时低 17 厘米。然而，埃菲尔铁塔的设计师却认为这都是正常的。

其中有什么奥秘呢？你能解释这是为什么吗？

14 图书馆借书问题 218

某大学图书馆规定每一类型的图书每人只能借 1 本。有一天，图书管理员统计出共有 64 人来借书，其中只借惊悚小说的人数是只借科幻小说的人数的两倍。只借诗集的有 3 人，借惊悚小说和科幻小说但没借诗集的有 11 人。借诗集和惊悚小说但没借科幻小说的人与只借一种图书的人数相同。借科幻小说和诗集的人数比只借诗集的人数多 1 人。有 21 人没有借惊悚小说。

请问：多少人只借了惊悚小说?

15 三位老师分别教哪两门课程 218

周强、赵一鸣和安志达是好朋友，同时也是同一所高中的老师。他们三个人担任生物、物理、英语、体育、历史和数学六门课程中的两门课程的教学工作。

现在已知：

（1）物理老师和体育老师是邻居。

（2）周强是三个人之中年龄最小的。

（3）安志达、生物老师和体育老师三个人经常一起回家。

（4）生物老师比数学老师的年龄稍微大一些。

（5）节假日的时候，英语老师、数学老师和周强经常去打篮球。

通过上述的条件，你能判断出三位老师分别教哪两门课程吗?

16 谁能娶到公主 218

在古时候，有一位国王，膝下没有王子，只有一个非常美丽的公主。公主长大后，国王决定给公主选一个好夫婿，其实也是为了找一个王位继承人。邻国的年轻王子们听了这个消息，都前来参加竞选。经过重重筛选，最终只有三个王子有资格成为国王的女婿。公主提出让他们用箭法一较高下。A 王子的箭法准确率是 30%，B 王子的箭法准确率是 50%，C 王子的箭法准确率是 100%。由于他们彼此都清楚对方的实力水平，所以就商定了一个自以为还算是公平的办法。首先 A 王子先对其他两位王子射箭，之后是 B，最后是 C，按照这个顺序循环，一直到剩下一个人。

请问读者，这三位王子谁胜出的概率是最大的呢？他们应采取什么样的策略呢？

17 黑石头与白石头

218

有一次，国王萨特跟大臣们在花园里散步，国王突发奇想，想要考考这些大臣。萨特命令侍从拿来了一个瓶子，对大臣们说："这个瓶子里装着 101 块小石子，其中黑色的小石子有 50 块，白色的小石子有 51 块，并且它们的重量、大小、触感都相同。你们被蒙上眼睛之后从中取小石子，如果取出的黑色石子和白色的石子的数量相同，那么我就会奖赏同等的钻石。"大臣们面面相觑、窃窃私语了一番，不知道该如何下手。这时，国王的一个随从悄悄对一位大臣说："你不要拿太多，只要拿出两个小石子就有 50% 的概率得到钻石。"

请问这位随从的办法是不是最好的呢？还有没有更好的办法呢？

18 破碎的杯子

219

有一天，货郎老张提着一篮子小茶杯沿街叫卖。篮子里的小茶杯形状和大小都一样。老张边走边吆喝，经过街道拐弯处的时候，和对面走来的小王相撞了。小王碰到了老张的手，结果老张手一松，一篮杯子掉在地上摔碎了。

货郎老张是一个颇有心机的人，想要趁此敲诈小王一笔。他对小王说："我的篮子里一共有100个杯子，1个杯子1块钱，你就照价赔偿我100元吧。"小王是一位聪明小伙子，扫了一眼地上的篮子，觉得这篮子里的杯子最多也就是几十个，况且还有3个是完好无损的。他心想，定是老张想要讹诈他。小王识破了老张的想法，自然不会如他所愿。他略加思考便想出了一个好办法，以证明他到底打碎了多少个杯子。

亲爱的读者，你知道小王采用的是什么好办法吗?

19 13片花瓣

219

有一天，小郭和小赵去探望他们生病的老师。当时老师正在小花园里休息，见他们到来，心里非常高兴。一番寒暄过后，老师看着眼前的花，突然眼前一亮，决定用花瓣考考他们两个。老师摘下了一朵花，数了数花瓣，之后对他们两个说："我想到了一道题，要考考你们，看谁更聪明。我手中的花共有13片花瓣，现在你们两个人依次轮流摘去花瓣。每个人可以摘去一片花瓣，或者是相邻的两片花瓣。谁要是能摘到最后一片花瓣，谁就胜利了。我还会给胜利者额外的奖励。"

老师的话音刚落，小郭就忍不住了，一把抢过了那朵花，想要来个先发制人。然而，小赵却是不急不躁。他思考了一下之后，想出了一个获胜的办法。

请问，先摘花瓣的人会赢，还是会输呢? 小赵究竟想出了什么办法，能让自己获胜呢?

20 旱鸭子游泳

219

有一天，在美国的约翰逊收到了好友彼特从国外寄来的一封信。彼特在信中这样写道："亲爱的约翰逊，今天是我到达以色列的第三天。我去了附近的一个湖，并且在湖里畅游了一番。之前，你不总是嘲笑我是个怕水的旱鸭子吗？可是这次我在水里丝毫没有压力，真真正正地享受了一把游泳的乐趣。我不但能自由泳，而且还能仰泳、蛙泳，甚至还能在水下潜很长时间。后来，当地人告诉我说我下潜的深度在海平面以下 390 米，而我没有借助任何潜水工具。怎么样，你觉得很神奇吧！ 也许你认为我是在吹牛，但我肯定地告诉你，我说的都是真的。”约翰逊看了这封信，不敢相信这是真的。

亲爱的读者，你从中看出什么端倪了吗？ 你能帮助约翰逊判断一下信里内容的真假吗？

21 哪名销售员的业绩最差

219

联谊公司进行了年度业绩考核，销售部的六名员工的考核结果是这样的：小张胜过小王，小赵不如小李，小孙不如小岳却胜过小张，小王胜过小李却不如小孙。

请问，他们六个人之中谁的业绩最差呢？ 其余人的业绩排名又是怎样的呢？

22 找出假硬币

219

小周是个聪明好学的孩子，不仅在课堂上认真听讲，而且在课后阅读了大量的课外书籍，充实了头脑。有一次上数学课，数学老师给同学们出了一道题目：桌子上有 8 枚硬币，从表面上看起来一模一样，然而其中只有一枚是假的，无法被分辨出来。已知的 7 枚真硬币重量相等，只有唯一的 1 枚假币比它们轻。现在请同学们用天平把这枚假硬币找出来。用天平称重量时不能借助其他的东西当砝码，只能用这 8 枚硬币。看看谁能在最短的时间内把假硬币找出来。

小周没有急于称量硬币，而是先进行了思考。过了一会儿，他才动手。结果小周用最短的时间、最少的步骤把那枚假硬币找了出来。

请问，你知道小周是怎样做到的吗？

23 小气鬼吸烟

219

阿强是一个非常小气的人，他的朋友都称他为“小气鬼”。他到底小气到什么程度呢？就拿吸烟来说吧，他常常把 3 截烟蒂接成 1 根香烟来吸。他认为这样既经济实惠，又能满足自己的烟瘾。

有一天晚上，阿强吸光了所有整根的香烟。第二天早上，打开烟盒一看，他发现里面没有烟了。他此时想抽烟，该怎么办呢？阿强看了看桌子，见上面的烟灰缸里有 7 截烟蒂。于是，阿强又像往常一样，把烟蒂接成整根香烟，又过了一把烟瘾。

聪明的读者，你知道阿强早上能吸到多少根香烟吗？

24 方阵练习

219

大学开学后，按照惯例每个班级都要进行军训。中文系汉语言专业 1 班共有 50 名学生，现正在操场上按照 1—50 号的编号顺序排成一排，接受教官的训导。教官下令:“单数的学生出列。”接着把剩下的学生重新排队，又下令说:“单数学生出列。”就这样，一直到最后只剩下一个学生。请问，这位学生是几号？如果教官下达的命令是“双数学生出列”，那么最后剩下的学生又是几号呢？

25 谁点了鸡排

220

有四位好友，约好了去一家西餐厅吃饭。四个人选了一个圆桌，并按照 A、

B、C、D 的顺序依次坐了下来。坐好之后，他们依次点了主食、汤和饮料。

点主食的时候，麦克先生点了一份牛排，埃布尔先生点了一份羊排，坐在 B 座位上的人点了一份猪排。点汤之时，史密斯先生和坐在 B 位置的人都点了玉米浓汤，麦克先生点了洋葱汤，另外一人则点了罗宋汤。点饮料时，史密斯先生点了绿茶，麦克先生和埃布尔先生点了咖啡，另外一个人则点了橘子汁。

四个人都点完之后，发现邻座的人都点了不一样的东西。如果麦克先生坐在 A 位置，那么请问，坐在什么位置的先生点了鸡排呢？

26 果园摘水果

220

在城市郊外的一个果园农场里，人们可以享受自己动手摘水果的乐趣。果园规定，人们只需付一些费用就可以将采摘的水果带走。有一次，小李的单位组织员工到这个农场采摘，大家都兴高采烈地去摘自己喜欢的水果。

小李没有去摘水果，而是跟农场主攀谈了起来。两个人越聊越投机，农场主说：“我想到了一道题，想让你解答一下。”小李说：“好啊。”农场主说：“今天来摘水果的总人数是 100，其中只摘苹果的人数是只摘葡萄的人数的两倍。摘草莓、苹果和葡萄的人数比只摘葡萄的人数多 3 个。只摘草莓的人比摘了苹果和草莓但没摘葡萄的人数多 4 个。11 人摘了葡萄和苹果，但没摘草莓。50 人没有摘草莓，60 人摘了葡萄。请问多少人只摘了苹果？ 多少人只摘了草莓？多少人 3 种水果都摘过？”

小李想了想，没多久就给出了答案。亲爱的读者，你算出来了吗？

27 开灯与关灯

220

前不久，小冯买了一套新房，并找了一家装修公司装修。在装修房子的时候，电工师傅由于一时疏忽，把甲、乙两个房间里的线路接错了。结果甲房间里安装了 3 个电灯开关，乙房间里安装了 3 个灯泡。甲房间里的 3 个电灯开关，分别能控制乙房间里的一个灯泡。在甲房间里是看不到乙房间里的灯泡的。然而，聪明的小冯在甲房间和乙房间各自停留了一次，就判断出了哪个开关对应哪个灯泡。

亲爱的读者，你知道小冯是怎么判断出来的吗？

28 三个舍友的衣服 220

约翰逊、科里森、安德鲁是大学同学，也是舍友，关系非常密切，几乎干什么事情都在一起。周末的时候，这三位舍友都洗了衣服，并且把洗好的衣服晾在了绳子上。每根绳子上晾着 1 件衬衣、1 件套头毛衣和 1 条毛巾。这些晾晒的衣物之中，有的带有斑点，有的带有条纹，有的没有图案。此外，相同类型的衣物上的图案是不同的，并且同一个人的 3 件衣物的图案也各不相同。约翰逊的套头毛衣和科里森毛巾上的图案是一样的，科里森的套头毛衣和安德鲁的毛巾图案是一样的。安德鲁的套头毛衣是带条纹的，约翰逊的衬衣是带斑点的。

请问：

a. 谁的套头毛衣是带斑点的？

b. 约翰逊的毛巾是什么图案的？

c. 带条纹的衬衣是谁的？

d. 安德鲁和科里森的毛巾分别是什么图案的？

29 强盗的宝藏 221

古时候，有一位商人，经常到全国各地去做生意。有一次，他到岭南地区做生意，被一伙强盗劫持了。强盗要他说出其他商人的行进路线，但这位商人坚决不肯说。于是强盗决定把他带到山寨中，看管起来，继续逼问他。

强盗非常小心谨慎，他们用黑布蒙上了商人的眼睛，把他押到了山寨。这位商人由于看不清路，所以也并不知道山寨的确切位置。然而，趁强盗们放松警惕的时候，他看到了藏匿财宝的地方。

强盗之后用大刑逼问商人，然而商人确实不知道，根本就没办法说。几天之后，商人身上伤痕累累，不省人事。强盗们认为他死了，便把他扔下了山。幸运的是，那个商人活了过来。后来商人把强盗的行踪报告给了官府。官府立即清剿强盗。但官府怎样都找不到那个藏财宝的地方。

那名商人回忆说他被带上山寨那天，山路泥泞，强盗穿着草鞋，而他的靴子则陷在了泥潭里。除此之外，他没有任何印象了。县衙里的师爷听完之后，略加思索，就确定了宝藏在南山坡。

请问，你知道这是为什么吗?

30 浴缸里的水位

221

在一个几乎装满水的浴缸里浮着一个小塑料盆，在小塑料盆里还装着一个铁球。如果将这个铁球从小塑料盆里取出来直接放进浴缸里的话，浴缸的水面是否会发生变化? 如果你想当然地认为没有变化，那就错了，请再深入地思考一下。

STEP 7

逆向思维——另辟蹊径，倒推因果

马克·吐温变通有道

221

大文学家马克·吐温在还没有成为作家之前，曾经从事过许多其他的职业，其中有一段时间在密西西比河上当水手。马克·吐温常常随货船运输货物，并且每次都要经过一座大桥。有一次，由于上游连降暴雨，导致河流水位上涨，马克·吐温的货船不能顺利通过。船长无奈之下，只好下令抛锚了。接着船长跟大家商议，看大家有没有什么好的办法，可以让货船顺利通过大桥。有少数人说应卸货，减轻货船的重量；大部分人则说等到水位下降再过桥。船长问马克·吐温可有什么好的主意。马克·吐温思考了一会儿，告诉船长说有。船长采纳了马克·吐温的办法，最终货船既没有等水位下降，也没有卸下货物，就顺利地通过了大桥。

亲爱的读者，你知道马克·吐温的好方法是什么吗？

托尔斯泰的难题

221

托尔斯泰是俄国著名的大文学家，据说他提出了一道非常著名的数学题目。题目是这样的：很早以前，有一个乡下农民，他死后没有留下什么财宝，只留下了一些牛。他写了一份十分奇怪的遗嘱：妻子可以分得所有牛的一半加上半头；长子可以分得剩余牛的一半加上半头，这也正是妻子所得的一半；次子可以分得再剩余的一半加上半头，这正是长子的一半；长女可以分得最后剩余的一半加上半头，正是次子所得牛数的一半。

分完后，一头牛也没有被杀，一头牛也没有剩下，每个人都得到了相应数量的牛。请问，这个农民一共留下了多少头牛呢？他的家人每个人又分别得到几头牛呢？

3 整数有多少个

221

一天数学课上，数学老师给同学们出了一道题目。从 1、2、4、6、8、10 中任意取出几个数，如果取出的是一个数，取出的是几值就是几，如取 2，那么值就是 2；如果取出的是两个数，如取 1、8，那么 1+8=9，值就是 9；如果取出的是三个数，如取 4、6、8，那么 4+6+8=18，值就是 18，依次类推。请问，这种取法能得出多少个不同的整数？

有的同学看到题目无从下手；有的同学用最笨的方法，想从总数中减去重复的，但发现重复得太多，不好计算，就没有了思路。然而聪明的乔治同学，却没用多长时间就给出了答案。

你知道乔治同学用了什么好办法吗？

小八路过桥

222

在八年抗日战争时期，有一次，日本鬼子包围了孙家庄，不让村子里的任何人出去。日本鬼子把通向村子外边的唯一出路——一座小桥封锁了，每一个小时都换人值守。有一天，隐藏在村里的八路决定把这个重要情报报告给邻村的八路军大部队。可是敌人看守得非常严密，根本就出不去这个村子。到底怎样才能把情报顺利传达给大部队呢？村里有一个小八路，非常勇敢，主动承担起了这个重任。他在黄昏的时候，靠着夜色掩护，悄悄地来到了小桥旁边的芦苇地里，藏了起来。他藏好之后，就开始认真观察小桥上的一切动静。他发现不少守关卡的人打起了瞌睡，对于村子外边来的人，总是头也不抬地说："回去，回去，村里不让进。"如此几次，都是这样。小八路想了一会儿，突然灵光一闪，想到了一个好主意。最后，小八路顺利过了桥，把情报传达给了八路军大部队，为大部队取得战争胜利立下了很大的功劳。

亲爱的读者，你知道小八路是怎样安全走出村子的吗？

5 以愚困智

222

南唐的徐铉是一位博学善辩的人，深受南唐后主李煜的器重。有一次，南唐按照惯例向大宋朝进贡，而大宋必须派出一位官员陪同徐铉上朝觐见。朝中的大臣都深知徐铉的名声和才能，都认为自己的辞令比徐铉逊色，因而都不敢承担这件重任。最后，宋太祖赵匡胤知道了这件事，经过深思熟虑，命人找了 10 个侍卫，然后用笔随便点了一个名字，就让这个人去接待徐铉了。在场的大臣都非常吃惊，但谁也不敢质疑皇帝的决定。

徐铉见了侍卫，讲起话来口若悬河，然而侍卫没有回应，只是一直点头。徐铉见状，感到奇怪，可还是讲个不停。一连几天，侍卫都不说话，只是点头。徐铉也感到累了，就不再说话了。

请问，宋太祖的高明之处在哪里？他找的这个侍卫究竟有什么“能耐”呢？

6 一美元贷款

222

有一天，一位老人去外地出差，因为某种原因走进了一家银行。这位老人穿着名贵的西装、高档皮鞋，还拎着一个豪华的皮包。他来到信贷部，与银行工作人员谈了起来。

“我想借 1 美元。”

“您说什么，您借 1 美元？我没听错吧！”

“你没听错，这有什么不可以吗？”

“不是不可以，但是你得抵押一些东西。”

老人听完之后，二话没说，就打开那个豪华的皮包，把大量的债券和股票放在了服务台上。他继续说道：“它们的总价值超过 60 万美元，你觉得用这些作抵押可以吗？”

“当然可以，可是您真的就只借 1 美元吗？”

“对，我只借 1 美元。”

“好吧，我们的年息是 6%。只要您按规定时间付给我们利息，到期后我们就把抵押品退还给您。”

老人很快就办好了手续，拿了 1 美元要离开银行。这个银行的行长一直在观察这个老人，他不明白，为什么有 60 多万美元抵押品的老人，会来银行借 1 美元。于是，他走上前去问老人是怎么回事。老人笑了笑，把其中的奥秘告诉了他。

亲爱的读者，你知道那位老人说了什么吗？

7 牌子上到底写了什么 222

有一天语文课上，语文老师给孩子们讲了一个非常有趣的故事。故事是这样的：英国有一位女高音歌唱家，住在郊外一处大房子里，这里四周风景非常优美。她的房子后面是一个美丽的大花园，大花园没有篱笆，人们很容易进来。每当周末的时候，会有许多人来观看她的大花园。由于众人踩踏，所以这个花园常常是一片狼藉。女歌唱家的管家想了很多办法，但都没有取得显著成效。管家无可奈何，只好向女歌唱家请教。女歌唱家想了想，之后写了一块牌子，竖立在了花园门口。自此以后，人们再也不进入她的花园了。

老师问孩子们：“你们开动脑筋想一想，那位女歌唱家在牌子上写了什么呢？为什么那块小牌子能起到显著的效果呢？”孩子们的答案五花八门，有的说：“进花园罚款。”有的说：“此花园不对外人开放。”还有的孩子说：“请勿进入。”老师一一否定了孩子们的答案，之后把正确答案告诉给了孩子们。孩子们听完之后，都夸赞那位女歌唱家聪明。

亲爱的读者，你能猜到正确答案到底是什么吗？

8 教授儿子巧拼地图

222

在一个周末的早晨，杰克教授正在书房里准备第二天的讲课内容。他的妻子出门买菜去了，家里还有一个儿子。儿子正处在喜欢玩耍的年龄段，吵闹起来没完没了。杰克教授因为受到儿子的干扰，不能安心备课，于是就暂停了下来，随手拿起了一本杂志翻看。杰克教授看到了一张人物头像，其背面是一张世界地图，于是一个好主意涌上了心头。杰克教授把这一页撕了下来，并且把地图撕成了碎片，之后对吵闹的儿子说："儿子啊，如果你能把这张世界地图拼好，那我就给你十元奖励。"儿子想都没想就同意了。杰克教授心想，儿子拼地图肯定会花费很长时间，我可以安心备课了。然而，十几分钟后，他的儿子来到书房，吵着让杰克教授去看已经拼好的地图。杰克教授感到非常惊讶，根本没有料到儿子在短时间内就拼好了地图。他带着疑惑问道："儿子，你怎么这么快就拼好了？"儿子古灵精怪地说道："因为我有一个非常巧妙的办法。"

聪明的读者，你知道杰克教授的儿子是怎样在十几分钟之内就把世界地图拼好的吗？

9 巧测酒容积

222

古代印度有一位非常聪明的国王，由于厌倦了宫里的生活，想去民间走走。有一天，他带着两个侍卫微服私访。来到大街上，国王既感到新鲜，又感到高兴。走着走着，国王被一阵喧闹声打扰了兴致。国王走上前去一看，原来是一群人围在一家酒铺门前，其中买酒的人和卖酒的老板吵了起来。买酒的人拎着一瓶酒，指责卖酒的老板短斤缺两。但是卖酒的老板坚决认为自己卖的酒分量十足，并且让他拿出证据。盛酒的瓶子跟现在的啤酒瓶相似，形状并不很规则，酒的高度已经到了瓶肩处。买酒的人知道酒瓶的容积，从布店借来了一把尺子，但无法量出瓶子里的装酒部分的容积，因而不能提供充足的证据。就在买酒的人一筹莫展的时候，聪明的国王走上前说：“我能帮你测量出酒的容积。”在众目睽睽之下，国王既没有打开瓶子，也没有损坏瓶子，就测量出了酒的容积。

亲爱的读者，你知道这位聪明的国王是怎样做到的吗?

10 特殊的地铁 223

在某个大城市，有一趟到机场的地铁专线。这趟地铁非常特殊，乘客只能在始发站上车，而中途的各个站点只能下人，不能上人。有一次，奥德利乘坐这辆地铁去机场，因为路途较远又感到无聊，所以他就把每一站下车的人数占车上剩余的总人数的比例记录了下来。地铁一共有六站地，奥德利算出前五站依次下车占车上剩余的总人数的比例分别为 1/6、1/5、1/2、3/4、2/3。奥德利还统计出在终点站下车的总共有 3 人。

亲爱的读者，你能根据上面的信息，算出在首发站有多少人上车吗?

11 克里家的鸡蛋 223

克里家开了一个养鸡场，每天都能收许多鸡蛋，然而他的家里人都没有在意到底收了多少个鸡蛋。克里的弟弟叫克森，是一个非常聪明的小家伙儿，对任何事情都感到好奇。有一天，他想知道家里的鸡到底一天产几个鸡蛋，就决定计算一下。克森每次从筐里拿出两个鸡蛋，到最后发现筐里只剩一个鸡蛋。他每次从筐里拿出 3 个鸡蛋，到最后发现筐里还是只剩一个鸡蛋。每次从筐里拿 4 个、5 个、6 个，最后都是上述的那种情况。直到每次拿 7 个，筐里才没有剩余的鸡蛋。克森根据上述情况，很快就推算出了筐里有多少个鸡蛋。

聪明的读者，你推算出来了吗?

12 数学老师的题目

223

有一次，数学老师给同学们出了一道数学题：某个数先扩大5/2倍，再减去2/3，之后乘以1/2，再加上1/4，最后的结果为7/12，请问这个数是多少呢？同学们看完题目，立即算了起来，没一会儿就有许多同学得出了答案。

聪明的读者，你算出来了吗？

13 猜猜硬币面值的大小

223

一天晚饭过后，理查德森和两个女儿玩了一个关于硬币的游戏。理查德森对两个女儿说："我手里有5枚硬币。它们的面值虽然是不一样的，然而却有一定的联系。你们根据我的提示，来猜每枚硬币的面值。谁先猜出来我的问题，我就奖励她一盒巧克力。"两个女儿都赶紧催理查德森出题。理查德森继续说："它们之间的关系是这样的：C的面值是B的面值的1/4，B的面值是A的面值的1/2，D的面值是C的面值的两倍，E的面值是D的面值的两倍。你们猜一猜哪一枚硬币的面值最大，哪一枚硬币的面值最小。"两个女儿听完之后，思考了片刻，便给出了答案。理查德森非常高兴，用巧克力奖励了两个聪明的女儿。

亲爱的读者，你能猜出硬币面值的大小顺序吗？

14 想发财的穷人

223

在美国旧金山市的某个小镇上，有一位非常穷困的人。他平时好吃懒做、从不工作，整天做着发财的美梦。有一天，他在大树下休息，幻想着自己发了大财以后该怎么花这些钱。突然，远方走过来一位老人。这个老人是一位天神，看穿了穷人的心思，就笑着对他说："小伙子，我知道你心里在想什么，我可以帮助你发大财。"那个穷人一听顿时来了精神，高兴地说："如果你真能实现我的美梦，事成之后我一定会报答你的。"老人说："我知道你身上有一些钱，虽然不多，但足够做本儿了。这样吧，你听我的，把身上的钱放进树洞里，我吹口气，你的钱就能变为两倍了。之后你给我 32 美元作为报酬，你觉得怎么样啊？"这个穷人岂肯放过这个好机会，急急忙忙地把钱放了进去，之后果然增长了一倍。他恳求老神仙再来几次。这样四次之后，这个穷人从树洞里取出了 32 美元，交给了老人，可是他发现自己手里没有留下任何钱，于是感到非常沮丧。这个时候，那位老人把钱还给了穷人，还告诫他说要想发财就要靠自己的努力，说完之后就不见了。

请问读者，你知道那个穷人到底有多少钱吗？

15 指纹到底在哪里

224

一天晚上 11 点多，劳森正准备上床睡觉，忽然听到了一阵门铃声。他打开门一看，到访的是自己一直都在躲避的债主奥德赛。奥德赛是一个高瘦的男人，用两只眼睛死死地盯着劳森，让劳森感到非常不舒服。奥德赛推开劳森，走进他的房间，扫视了一下，冷笑着说："你布置得不错啊，是用我的钱买的吧？别以为你能躲过去，快点把借我的钱还给我，否则后果很严重。"劳森心里很惊慌，说道："还，明天我就还你钱。""你可不要骗我。""我怎么敢骗你呢，咱们也好久不见了，喝一杯怎么样？"说完，劳森从冰箱里取出啤酒。就在奥德赛没有防备的时候，劳森用酒瓶狠狠地砸向了奥德赛的头部。奥德赛受了重击，立即倒在了地上，停止了呼吸。

劳森杀死奥德赛之后，把他的尸体运到了郊区的一个公园里，之后回到家进行了大扫除。他把门把手、地板、椅子、桌子、衣服等都擦得非常干净，一直到他认为再也找不到奥德赛留下的痕迹，才放下心来。

第二天一大早，劳森起床没多久，就听到了敲门声。他打开门一看是两个警察。一个警察严肃地问劳森："我们在郊外的公园里发现了奥德赛的尸体，他的口袋里有一个火柴盒，上面写着你的地址。他昨天晚上是不是找过你啊？"劳森否认道："没有啊，昨晚我家没有任何人到访。"这时，另外一个警察指着一个地方说："他昨晚不仅来过，而且还留下了指纹。"劳森顺着警察指的方向看过去，顿时就傻了眼，瘫倒在了地上。

亲爱的读者，请问奥德赛的指纹到底留在了什么地方呢？

16 菲利克斯卖苹果 224

菲利克斯是一个农场主的儿子，家里种植了不少苹果树。每逢乡镇的集市，菲利克斯都会将自己家的苹果拿到集市上去卖。

有一次，他提了一小筐子苹果到了集市上，把所有苹果的一半加上半个苹果卖给了顾客A，将剩下的一半加上半个卖给了顾客B，之后将剩下的一半加上半个卖给了顾客C，把剩下的一半加上半个卖给了顾客D，剩下的一半加上半个又卖给了顾客E，最后的一半加上半个卖给了顾客F。卖完之后，菲利克斯的筐子里一个苹果也没有剩下。

聪明的读者，请问菲利克斯这天一共卖了多少苹果呢？

17 自杀的侏儒 224

美国费城有一个马戏团，里面有两个侏儒，其中一个是瞎子，比另外一个侏儒矮一些。由于马戏团的效益并不是特别好，为了节省开支，马戏团团长决定裁员。因为侏儒表演不可能取消，所以团长决定留下一个侏儒。团长对两个侏儒说，个子矮的那个侏儒可以继续留在马戏团里，而另外一个只能另谋出路了。两个侏儒都不想离开马戏团，于是约定找个时间比比谁的个子更矮，个子高的那个则要自杀。然而，就在他们约好的日子的前一天晚上，那个个子比较矮的侏儒在家里自杀了，地上留下了一些木屑。

请问读者，这个原本可以留在马戏团里的瞎子侏儒为什么选择了自杀呢？

18 胆小的男人真的“胆小”吗

224

有一对情侣在周末的时候，一起划着皮艇在海上游玩。正当他们玩得开心的时候，危险悄悄逼近了。男人看到了鲨鱼，当鲨鱼距离他们还有十几米的时候，男人将女人推进了大海里，并用匕首指着她说：“我们两个人之中只有一个人能够离开。”说完之后，男人拼命地划走了皮艇。女人看着将自己推下水的男友，心里对这个胆小的男人非常失望。可是这个时候责备他也没有了什么意义，只能叹息自己看走了眼。女人默默等待死亡，鲨鱼越来越近了，然而鲨鱼没有吃掉她，而是朝着皮艇冲了过去。没多久，那个男人就被拖下了水，转瞬之间就尸骨无存了。后来女人被一个货船救了下来，女人看到船长正对着皮艇哭泣，觉得非常奇怪，就问他为什么哭。船长回答说：“我看到了伟大的爱情，所以被感动得哭了。”女人愣了一下神，转身看了一下被血染红的海面，眼泪不由得流了下来。

聪明的读者，你知道这个获救的女人为什么又流泪了吗？ 她的男友真的是“胆小”吗？

19 课堂上的抽纸牌游戏

225

在一堂数学课上，布拉德利老师跟同学们玩了一个纸牌游戏。他拿出了9张牌，上面的数值分别为1、2、3、4、5、6、7、8、9。他让甲、乙、丙、丁四个同学来抽牌，每个人只能抽取两张。

抽取的结果如下：甲抽到的两张牌的和是10；乙抽到的两张牌的差为1；

丙抽到的两张的牌的乘积是24；丁抽到的两张的牌的商是3。

布拉德利老师让剩余的同学，根据抽取结果，猜测他们四个同学分别抽到了哪两张牌，剩余的一张牌又是什么。

聪明的读者，你也赶紧转动脑筋猜猜看吧！

20 七个人轮流值班

225

A、B、C、D、E、F、G七个人同在一家工厂上班。根据单位规定，每个人在一周之内都要值一天班。已知员工A的值班日比员工C晚一天；D的值班日比E的值班日的前一天晚三天；B的值班日比C的值班日早三天；F的值班日在B和C的值班日的中间，正好是星期四。请问其余的几个人分别是在哪一天值班？

21 吸尘器制造的假象

225

一天早上，FBI波士顿分局接到了一个小区物业管理员的电话。管理员说小区发生了一起命案，请求警员马上前来调查。接到报案后，FBI警长路易斯赶紧带着手下去了案发现场。经过法医鉴定，死者是一位三十岁左右的女性，是煤气中毒而死。警长发现死者穿着睡衣，躺在床上，完全没有半点挣扎的痕迹。其他警员还发现，死者家里的窗户都关得很严实，就连房门的缝隙也贴上了封条。法医就是通过这个得出，死者是开煤气自杀而亡。因为别人是不可能从门外把封条贴在屋里的，也不可能从外面把里面的窗户关得严严实实。只有死者才能做到这些。

警长并没有急于作出判断，而是从死者的邻居那里了解了一些情况。邻居们说，死者是一家大公司的项目主管，有着大好的前程。她的性格很好，平时跟他们相处得不错。这样的人怎么可能会选择自杀呢？此外，警长又搜查了一下死者的房间，并没有发现遗书。多年的经验告诉他，死者可能是死于他杀，凶手的作案手段很高明。

过了几天，路易斯警长从死者的一个邻居那里获得了一条非常重要的线索。那个邻居说，案发当晚，他在家里听到了死者和她的男友在看电视，有说有笑地聊天。她的男友并不经常来，平时也没有其他访客，因此家里一直都很安静。然而只要她的男友来，家里总会传出打情骂俏的声音。这个邻居还说，那天晚上，他听到楼道里有一种低沉的发动机的声音，听起来像是吹风机，又像是吸尘器发出来的声音，过了几分钟声音才消失。

路易斯警长听了他提供的线索，更加肯定了自己的判断。这不仅仅是一桩谋杀案，而且还是一起高智商的谋杀案。路易斯问邻居："死者家里有没有吸尘器呢？"那个邻居肯定地说："有，我们这里家家户户都有吸尘器。有一次，我家的吸尘器坏了，我还去她家借过。"

后来，路易斯警长在死者家里找了好几遍，但没有发现吸尘器的踪影。又过了两天，FBI 警员将死者的男友抓捕。在路易斯警长的审讯下，他交代了自己的罪行。

亲爱的读者，为什么路易斯警长会认定他是罪犯呢？你知道这个罪犯的高明之处在哪里吗？

22 红绿色盲

225

索菲娅是美国的一位著名音乐剧团的演员，当然，这是她明面上的身份。其实，她真正的身份是毒品走私贩。她经常借助出国演出的机会，走私一些毒品。FBI 盯上了她。可是，没多久 FBI 接到报案说，索菲娅被人杀死在了家里。

FBI 的爱德华警长和几个警员赶到了案发现场，发现屋里的两个大鞋架有问题。索菲娅生前非常喜欢收藏鞋，两个大鞋架上共有一百二十双鞋子。本来爱德华警长认为女演员鞋多并不足为奇，然而他发现了一个问题，那就是在两个鞋架中，标示红色的几十个鞋盒内放着20双绿色鞋子，并且这些鞋子与其他红鞋摆放得非常整齐。同时，在标示绿色的鞋盒内放着36双红色的鞋子，且与绿色的鞋子摆放得也是非常整齐。而黑色、蓝色的鞋子，都跟鞋盒上标示的颜色相符。

爱德华警长判断，凶手肯定是为了毒品才将索菲娅杀死的，他是因为在她的屋子里搜寻毒品，才把众多的鞋盒子里的鞋给弄乱了。经过FBI的一番调查，爱德华警长将与索菲娅关系密切的泰勒和盖尔列为重要嫌疑人。当他们被请到警署之后，爱德华警长问了他们一个问题："你们两个人之间，谁是红绿色盲啊？"只听泰勒自信地回答说："我不是红绿色盲，盖尔才是。"爱德华警长说："盖尔，你可以离开警署了，因为我已经有理由认定泰勒就是杀死索菲娅的凶手了。"

亲爱的读者，你知道警长为什么如此断言吗？

23 儿媳妇的年龄

226

有一天，一位老人过81岁寿辰，亲朋好友都前来祝贺，场面非常热闹。老寿星有一个儿媳妇，不仅漂亮、大方，而且懂得待客之道。在宴席上，有两个女士问了儿媳妇的年龄，然而儿媳妇没有直接回答她们，只是给她们列出了几个条件，让她们自己算一算。

条件是这样的：

（1）儿媳妇有一个儿子和一个女儿，女儿的年龄是儿子年龄的五分之一。

（2）儿媳妇的年龄是丈夫年龄的二分之一。

（3）儿子的年龄是老寿星的儿媳妇年龄的五分之一。

（4）儿媳妇一家四口的年龄加在一起，就是今天的老寿星的年龄。

聪明的读者，你能根据上述条件，推算出这个儿媳妇的年龄吗？其他人的年龄又分别是多少呢？

24 谁才是适婚者

226

古罗马有一位国王，他有一个才貌双全的女儿。周围其他国家的青年才俊都想娶公主为妻，于是前来求婚。在众多的求婚者中，公主看中了英俊潇洒的乔治。虽然国王十分疼爱自己的女儿，可最终还是决定用一种传统的仪式来选驸马。

仪式的具体过程是这样的：公主在众多求婚者中先选出 10 个人，之后让这 10 个人围成一圈。接着，公主以任意一人为起点，按照顺时针方向依次数到 17，而这个第 17 号就要被淘汰出局。然后，公主在剩下的人中，继续从 1 数到 17，再淘汰 17 号。如此，一直到只剩下一个人为止。这个人就是最后的驸马。

公主怎样才能让心爱的乔治成为驸马呢？就在公主一筹莫展的时候，一位智者拿出十枚金币围成了一圈，帮助公主解决了这个难题。最终公主如愿以偿，嫁给了乔治。

读者们，你们知道公主从金币中悟出了什么道理吗？

25 穿高跟鞋的秘书

226

美国有一个研究所，在投入了大量的人力和财力之后，最终研制出了一种新型武器。某一天，总工程师要和研究所的几位专家在会议室举行密谈，时间定为下午两点。因为这个会议十分重要，所以会议的安保工作和会场的布置都非常仔细与严格。两点钟的时候，总工程师和几个专家准时到达会场。然而还是出了一点儿意外，一位安保人员蹲下来系鞋带的时候，发现在墙壁的底端有一个纽扣大小的装置，他断定那就是一个窃听器。他赶紧把情况告诉了总工程师，于是会议暂时延缓。安保人员把窃听器取了下来，之后交给了 FBI。

FBI 的伊戈达拉警长是位经验丰富的警探，一眼就认出那是一个纽扣录音机。伊戈达拉用扬声器扩放了录音机的内容。刚开始，伊戈达拉听到了十分轻微的关门声，一刻钟后，是几个人进入会场的脚步声。他认定这就是总工程师和几个专家进入会议室的声音。在此基础上他推断出，录音机是在会议开始前一刻钟安放在墙壁上的。那么到底是谁安放的呢？

由于这次会议非常机密，除去总工程师和几个专家以及项目负责人之外，还知道这次密谈的只有三个女秘书。伊戈达拉警长很快就找到了三个女秘书，并一一问了她们问题。第一个女秘书说她在会议开始前一刻钟正在帮总工程师打印资料。第二个女秘书说她当时正在茶水间准备茶水。第三个女秘书说她正在给项目负责人打电话，并且项目负责人可以为她做证。

虽然三个女秘书说的话没有任何纰漏，但是经验丰富的伊戈达拉警长还是发现了一丝线索。那就是，第三个女秘书穿的是高跟鞋，其他两个女秘书穿的是平底鞋。伊戈达拉把第三个女秘书列为重大嫌疑人。后来，伊戈达拉得知这个女秘书是项目负责人的情人，并且项目负责人和研究所签了一份协议，如果新型武器在投入生产前泄露的话，那么研究所就要赔偿项目负责人十倍的损失。根据这些信息，伊戈达拉警长更加确认第三个女秘书就是安放窃听器的人。

请问聪明的读者，你知道伊戈达拉是怎样推断出来的吗？

26 车牌照的玄机 226

在一天深夜里，一个男人过马路时候，被一辆急速行驶的卡车撞倒在地上。肇事司机见附近没有摄像头，也没有行人，于是就扔下那个受伤的男人逃跑了。后来，男子被送进了最近的医院，但他只说了“6198”四个数字，便咽下了最后一口气。

FBI 警察接到这个案子后，认为“6198”是肇事司机的车牌号码，于是就顺着这个线索，找到了“6198”轿车的车主。这位车主说自己的轿车出了一些问题，一直放在修理厂修理，已经有一个星期了。在此期间，他根本就没有开过这辆车。此外，车主还说案发当天，他正在跟朋友一起过生日。此时，案情又陷入了困局。如果“6198”不是车牌号，那还会是什么呢？无奈之下，他们只好让警长鲁卡斯出面了。

鲁卡斯了解了整个案情，之后给出了他的答复。后来警察根据他的推论，最终找到了那辆肇事车辆。虽然那辆车已被车主多次擦拭，可是警察还是在车上发现了死者的血迹。在铁证面前，车主只得认罪服法。

亲爱的读者，你知道鲁卡斯是怎样看破车牌照里面的玄机的吗？

27 奇异的梦

227

有一次，克鲁斯乘坐特快车到得克萨斯州办事。他上车后找到自己的卧铺位置，发现车里边的人并不多。安顿好行李之后，他去相邻的车厢闲逛，遇到了一位非常美丽的女子。于是两个人就聊了起来。

中午吃午饭的时候，克鲁斯又遇到了一位年轻人，两人一见如故，喝了许多酒。回到卧铺，克鲁斯躺在床上就睡着了。醒来之后，克鲁斯发现卧铺车厢只有自己一个人，再回到相邻的车厢一看，发现那位美丽的女子已经被人杀死了。克鲁斯正要报警，却被某个硬物击中了后脑勺，晕倒在了地上。

克鲁斯再次醒过来的时候，列车依旧在行驶，他发现自己还在卧铺车厢里。他赶紧去找列车长报案。当他们两人来到车厢的时候，却发现那个死去的女人已经不见了，车厢里只看到了一个老人。老人说车上就他一个人，没有见到什么女人。

克鲁斯感到很纳闷，觉得一切都像是一场梦，他看了一下手表，更是大吃一惊。原来他所坐列车是凌晨三点准时到得克萨斯州，可现在时间却显示为四点半。这趟列车是不会晚点的，可是现在却出现了这种情况。亲爱的读者你知道这是为什么吗？

谁偷走了演讲稿

227

在一艘由英国开往西班牙的豪华游轮上，一位游客急急忙忙地找到乘警说："先生，我刚刚丢失了一份儿非常重要的演讲稿，是关于战舰的。请你们帮我调查一下这个事情。"

这位报案的游客是英国的一个战舰专家，据他回忆当时他正跟几名游客在圆桌上吃饭。其间，他跟其他游客谈到了战舰的事情，还不小心把演讲稿放置的位置说了出来。过了一会儿，一位女服务员端了一盆热汤，不小心将汤洒在了一位夫人的衣服上。之后这位夫人就回去换衣服了，而那位女服务员则因为此事被经理叫到了办公室。后来桌上的一位法国乘客回房间睡觉去了，另外一对夫妇则去找其他人聊天去了。英国专家是最后一个离开的，等他回到自己的房间，发现自己的演讲稿不翼而飞了。

乘警根据英国专家提供的信息，分析得出那几名乘客虽然有嫌疑，但都不是真正的作案者。请问，聪明的读者，演讲稿到底是被谁偷走了呢？

救命的"企鹅肉"

227

艾伯特是一位探险家，曾经到南极进行探险。他在回忆那次探险时说："那一次南极探险，我是跟好友巴里一起去的。在探险过程中我不幸地患上了雪盲，几乎什么东西都看不见，只能依靠巴里的帮忙。我们两个人在冰天雪地里游荡，把身上带的食物全部都吃光了。无奈之下，我们只好用企鹅肉充饥。当然了，企鹅肉都是巴里准备的，我只能在一旁等待他把企鹅肉送过来。那时，我感觉自己就像是一个废人。最后，我的好友巴里没有挺过去，只剩了我一个人独自探险。幸运的是，我被人救了回来。"

艾伯特被救回的第二天，为了缅怀死去的巴里，于是就专门找到了一家出售企鹅肉的饭店，但是吃完之后，他却大哭了起来。接着，艾伯特回到家没多久，就选择了自杀。

请问读者，你知道为什么艾伯特会自杀吗?

30 瘫痪的画家 227

马丁是一位画家，在绘画领域小有名气。有一年，马丁过 70 岁生日，他曾教过的三个学生前来给他庆祝。他们分别是希尔瓦、托比亚斯和科尔塞利。希尔瓦早就不画画了，他转行开了一家面包店，生意还算红火。托比亚斯和科尔塞利则还在从事绘画，托比亚斯在绘画领域取得了比老师还大的成就。但成名的托比亚斯从来没有在公开场合提到过自己的老师，这让马丁很伤心。科尔塞利是马丁最近收的一个学生，因为绘画技艺一直没进步，因而马丁常常不给他好脸色。

三位学生前来的时候，马丁正独自待在画室里绘画。为了不打扰他，马丁的夫人负责招待了这几个学生。午饭准备好之后，马丁夫人去画室请马丁出来吃饭。她正要推门的时候忽然听到了一声惊恐的尖叫声，她赶紧推门，发现马丁右手握着工具刀，划破了左手的动脉，因为流血过多而死了。马丁的夫人报了案，之后对赶来的警察说:“马丁年纪大了，右手已经瘫痪了一段时间了。他用右手划破左手，看来还是不服气他的几个学生比他有名啊。”

警察根据马丁太太提供的信息和三个学生的状况，判定马丁是被人所杀，而凶手就是三个学生中的一个。

请问聪明的读者，你知道谁是杀死马丁的凶手吗?

STEP 8

移植思维——牵线搭桥，由此及彼

1 探险队过江

228

在一个寒冷的冬天，一支探险队来到江边。为了完成探险任务，他们必须渡过这条江。但是，江面上只有一层很薄的冰，冰上还覆盖着一层雪。很显然，这样的江面是不足以让人通过的，探险队员们陷入了困境，他们不知道该怎么办。这个时候，一位老探险队员想出一个妙计。探险队员们在那里只等了一小会儿，就安全通过江面到达彼岸了。

你知道老探险队员想到的是什么妙计吗？

2 给明珠穿线

228

有一天，FBI探员哈里正在和他的几个同事闲聊。聊到最开心的时候，哈里无意间想起桌子上有一颗明珠。这颗明珠不是一般的明珠，是自己的亲戚送给自己的礼物。明珠的中间有一个弯弯曲曲的通道，十分罕见。想到珍珠，哈里想考考那几个同事，于是说："你们看，这颗明珠中间有一个曲折的通道。你们谁有办法把一条细线穿进这个通道，我就把这个心爱的明珠送给他。"几个同事就开始尝试着把细线穿进明珠。可是，费了半天的工夫，没有一个人成功。最后，轮到一个年长的同事了。他拿着明珠和细线走进门口的花园，没多大一会儿的工夫，就拿着穿好线的明珠回来了。

你知道哈里的那位同事用的是什么方法吗？

3 牡丹园的寓意

228

有一位著名的国画大师，非常擅长画牡丹。有一天，一个富人慕名去找他。看到画家的画后，富人非常欣赏，于是花重金买下了一幅牡丹图。富人回去之后，很高兴地把画挂在客厅。有一位朋友看到了富人的画，说那幅画不吉利。他的解释是，牡丹园并没有画完，还缺少了一部分。而牡丹是富贵的象征，画的寓意就成了“富贵不全”。富人的想法则刚好与那位朋友相反，你知道富翁是怎么想的吗?

4 高难度动作

228

在一家动物园中，有一只猴子，爱模仿人的动作。在人们逗它玩的时候，它的姿势简直像一面镜子，模仿得基本上没有半点差别。一个人走到猴子面前，左手摸着自己的下巴，猴子就左手摸着自己的下巴；人闭上右眼，猴子就闭上右眼；人再闭上左眼，猴子也照办了。有人说：“猴子再有能耐，有一个很简单的动作，它永远无法模仿。”

请问，到底是什么高难度动作让猴子难以模仿?

5 如何测量胡夫金字塔的高度

228

埃及金字塔是古埃及法老和王后的陵墓，是世界八大奇迹之一。埃及金字塔中最高的是胡夫金字塔，它的神秘和壮观吸引着无数人驻足瞻望。胡夫金字塔边长 230.6 米，由 230 万块重达 2.5 吨的巨石堆砌而成，但塔身是斜的，一开始，金字塔的高度很难测量，直到后来，有一位数学家解决了这个难题，你知道他是怎么做的吗?

6 巧测莱茵河宽度

228

1805 年，拿破仑率领法军与奥地利联军展开激战。两军驻扎在莱茵河两岸。由于河岸较宽，法国军队很难用炮弹击中目标。奥地利联军未受到任何损失，变得非常张狂，一副誓与法军鏖战到底的阵势。拿破仑气愤不已，心想，必须抓紧时间找到一条较窄的河道攻到对岸去。

拿破仑沿着河边走，终于找到一处相对较窄的河道。他一边向对岸眺望，一边思考着怎样打赢这场仗。他心想：虽然这条河看起来较窄，但现在河的宽度未知。只有知道河的宽度才能用炮攻，可是河的宽度到底是多少呢？想了很久，还是没有什么好方法。突然，他看见河对岸的边线在视线里刚好擦过军帽帽舌边缘，于是灵机一动，想出了一个克敌制胜的办法，你知道这是什么吗？

7 实验室风波

229

李少芳在一个实验室工作。有一天，她的同事向一个水槽注水。水流很急，很快就要满了，于是，那个同事准备去关水龙头。可是，水龙头坏掉了，关不住了。水槽是在实验台上固定的，根本没法拿下来。水一直流的话就会流到实验台上，而实验台上正在工作的仪器是不能停下来的。如果水流到正在工作的仪器上，就有可能引起爆炸。而且，实验室里的易燃易爆物品很多。在万分紧急关头，实验室里的人慌成一团，都不知道该怎么办。有人试图堵住水管，但是无济于事。在这紧急关头，李少芳做出了一个动作，避免了事故发生，你猜她做了什么？

8 摔不碎的瓶子

229

有一次，彭奈蒂托斯做实验的时候不小心碰倒了一个玻璃瓶，令他感到意外的是，瓶子摔在大理石地板上，竟然没有摔碎，仅有一个裂痕。在彭奈蒂托斯的印象中，这种事情是鲜少发生的，所以他惊讶之余又感到十分好奇。强烈的好奇心促使他又拿起一个空瓶子试了一下。结果这次，玻璃瓶被摔得粉碎。

这次，彭奈蒂托斯更加纳闷了，想不出到底是什么原因。

几天后，在看报纸时，他突然看见一条新闻，新闻报道说某路口发生一起车祸，车辆的玻璃片击伤了几位乘客。看到这则新闻后，在为无辜受伤者感到痛惜的时候，他突然又想到了那个没有摔碎的瓶子。直觉告诉他，那个没有摔碎的玻璃瓶一定有蹊跷。他静下心来仔细研究和分析，终于找到了玻璃瓶未摔碎的原因。后来，他开始反复做实验，并研制出了一种广泛应用于汽车上的保护装置，亲爱的读者，你知道这个装置是什么吗？ 它的作用原理又是什么呢？

9 《蓝色多瑙河》

229

奥地利著名作曲家小约翰·施特劳斯一生创作了很多著名的乐曲，《蓝色多瑙河》就是其中最著名的一支。而《蓝色多瑙河》的创作过程也非常有趣。据说，有一次，施特劳斯和朋友一起到河边玩。黄昏的时候，他一个人出来散步，看到梦幻般波浪翻滚的美妙画面，他突然来了灵感，在脑海中涌现出一段美妙的旋律。这样的灵感往往在大脑中惊鸿一现，如果不能及时捕捉，就会任其白白流走。还好，施特劳斯有平时带笔和纸做记录的习惯。这时，他赶紧从口袋里拿出笔，准备把这个精妙的瞬间记录下来。但不巧的是，他搜遍全身没有找到半张纸片。他的纸不知道什么时间弄丢了！ 这可怎么办啊？ 再好的旋律，没有东西记下来也只是徒劳。就在这时，他灵机一动，想到一个办法，然后巧妙地将这段流芳万世的名曲旋律记录了下来。亲爱的读者，你知道施特劳斯是怎样做到的吗？

10 机智的司机

229

爱因斯坦提出相对论后，经常会受邀到许多地方参加演讲，他的司机是一个非常机智的小伙子。小伙子头脑灵活，记忆力特别强，每次都能分毫不差地将爱因斯坦及时送到需要进行演讲的场所，因而深得爱因斯坦的喜爱。

经过多日的奔波忙碌后，爱因斯坦有些难以消受。一天，爱因斯坦要赶往某个大学进行演讲，途中突然感到一阵莫名的难受和头晕，司机看到这种情况，建议他赶紧回家休息，可爱因斯坦坚持要去，并说："就算是中途讲不动了，也应该亲自给大家道个歉。"司机看爱因斯坦脸色不佳，于是试探地问道："要不，这场演讲我替您来讲？"

爱因斯坦听后深感惊讶，问道："这怎么可以，你又没有研究过相对论？"这位聪明的司机嘿嘿一笑，说道："我跟您参加了这么多次演讲，关于相对论的内容早就可以背诵了。您可以让我试试，反正那儿没有人知道您长什么样子。"

爱因斯坦思考了一下，认为这不失为一个好办法，同意了司机的提议。这位司机在讲台上果然讲得精彩至极，台下的听众们听后都激动地报以热烈的掌声。然而，就在司机为自己的超常发挥而感到自豪时，台下有一位教授突然站起身来，向他问了一个非常深奥的问题。这可怎么办？

亲爱的读者，您一定不会想到，这位司机竟优雅地处理了这个尴尬的提问，而且令在场的听众和那位教授都听得目瞪口呆。您知道这位司机是怎么做到的吗？

11 废物利用

229

"二战"期间，在奥斯维辛集中营，一个犹太人教育儿子道："现在，智慧是我们唯一的财富。除此之外，你和别人别无二致。当别人认为一加一等于二的时候，你应该想到比二大。"后来有几十万人在集中营被毒死了，这父子俩却奇迹般地活了下来。

从集中营出来，父子俩凭借精明的经商头脑到美国做起了铜器生意。一天，父亲拿着一磅铜问儿子："一磅铜的价格是多少？"

"35美分。"儿子回答道。

父亲摇头，说道："这里所有的人都知道一磅铜的价格是35美分，但是作为一个犹太人，你要充分发挥自己的头脑，将同样的一磅铜的价值变成 3.5 美元。你试着把这磅铜做成门把看看。”

许多年后，父亲去世了。长大后的儿子牢记父亲的教导，接管了父亲留下来的铜器店。这位犹太青年事必躬亲，并且开始揽各种各样的活儿，比如制作瑞士手表中的弹簧，为别人制作铜鼓、铜制工艺品和奥运会的奖牌，等等。但是，真正让他出名的却是因为纽约州的一堆垃圾。

自由女神像翻新之后，留下一堆废料。当时的联邦政府为清理这堆废料，向社会广泛招标。然而，几个月过去了，没人应标。作为麦考尔公司的董事长，犹太青年听到这个消息后，立刻从法国飞往纽约，过来勘察这些边角料。当看到自由女神像脚下堆积如山的杂乱的螺丝、铜块和木料后，他就立刻和政府签订了协议。

许多运输公司都暗暗嘲笑他的这一做法，认为他很快就会因为这些垃圾的处理不当而遭到当地环保部门的起诉，就在所有人等着看这位犹太青年的笑话时，事情突然变得不像人们想象的那样。

经过犹太青年的一系列处理，这些废料不但未遭到环保部门的起诉，反而使他从中大赚一笔，将 350 万美元现金收入囊中。那么，亲爱的读者，你知道他是怎样做到的吗？

12 爱迪生救母

230

爱迪生是伟大的发明家，被誉为“发明大王”，被传媒授予“门洛帕克的奇才”称号。他一生拥有白炽灯、留声机、电影放映机等一千多项发明专利。其实，这位发明天才在小的时候就已经表现出了异于常人的智商和思维。

在他 11 岁那年，他的母亲突然生了重病，需要立即进行手术，但是，爱迪生的家里实在太穷了，他们没有能力支付高昂的住院费，所以只能将医生请到家里来进行手术。当时天色已晚，爱迪生的家里没有多余的照明设备，只有一盏光亮微弱的煤油灯。爱迪生点燃煤油灯，将其放在母亲的床边。可光线实在太暗，医生根本没有办法进行手术。

这时，爱迪生的母亲在床上疼得直打滚，爸爸和医生一时想不到什么能够增加照明的方法。爱迪生在一旁看着，心里很着急。突然，他看到窗外的月亮，想起白天刚刚玩过的阳光反射的游戏，眼睛一亮，惊叫道："有办法了，有办法了！"

经过爱迪生的一番努力，床上变得光亮起来。医生在充足的光照下，顺利地为爱迪生的母亲做完了手术。亲爱的读者，你知道爱迪生是如何做到的吗？

13 废物变指南针

230

中岛是日本国家情报局一名资深的卧底，他在一个贩毒集团隐藏了好多年，一直没有被发现。最近，中岛在一次偶然的情况下，得到了可以摧毁贩毒集团的情报。中岛激动得想哭，多年来的忍辱负重终于换来了回报。可在他想离开的时候却功亏一篑，被人指出了卧底身份，毒贩们把他重重包围并抓住了他。

中岛被关在阴暗潮湿的地牢里，他的左臂受伤，疼痛欲裂。难道自己就要怀揣着证据死在这里吗？不，那样会死不瞑目的。中岛知道自己必须出去，如果在明天天亮之前还没有跑出去，就必死无疑。毒贩们之所以没有杀他，不过是等着老大回来行刑罢了。

凌晨的时候，看守地牢的匪徒睡着了，也许他们认为中岛是跑不出去的，就放松了警惕。这是个稍纵即逝的机会，中岛当然不会错过。作为一个刑警，中岛训练过怎样快速打开锁、手铐之类的东西。只见中岛一边警惕着外面昏睡的匪徒，一边静悄悄地从自己的皮鞋里抽出一根回形针，他快速地打开手铐脚镣，然后又打开了地牢的锁。中岛沿着地牢后门溜出了贩毒分子的营地。他一路狂奔，也不知道过了多久，才气喘吁吁地停了下来。

这时他发现自己在一片茂密的原始森林里，一丝阳光也看不到。那么，哪里是北面呢？要是找不到北面，他最终还是要饿死在森林里。中岛在苦恼中，翻遍了全身，却找不到一样能指示方位的东西。口袋里只有一个打火机、一块丝织手巾，再加上那根逃生用的回形针，这些东西根本帮不上忙。

突然，中岛看到前面的地上有一摊积水。他灵机一动，马上用手上所有的东西制作了一个指南针，找到了方向，逃出了森林。

请问，如何用一个回形针、一个打火机和一块丝织手巾制作一个指南针呢？

14 趣逗阿呆

230

王若涵的两个朋友来找她玩，三个人聊到了好友阿呆。之所以叫阿呆，顾名思义，就是因为她思维比较呆板。大家每次谈起她时都觉得好笑，把她当成开心果。

这时，一个平时比较喜欢恶作剧的朋友突然心血来潮，兴奋地对王若涵说："我们来做一件有趣的事情好不好？今天你要是能让阿呆'呱、呱、呱'连叫三声，那么晚饭就由我来请。要是做不到，那今天的晚饭就麻烦你来埋单了。"王若涵虽然不喜欢取笑别人，但她好胜心强。别人越是给她出难题，她就越会用力想办法办到。于是她笑着干脆地说道："这有何难，你就等着请客吧！"

虽然答应了朋友的请求，但王若涵很快就开始为自己的冲动和鲁莽行为后悔了，因为她伤透脑筋，也没想出任何办法能让阿呆"呱、呱、呱"连叫三声。眼看着天色将晚，她开始发愁了，难道这顿饭要由自己埋单了吗？这时刚好路过一片西瓜地，她心里马上有了主意。她很快将阿呆找来，并成功地诱使阿呆"呱、呱、呱"连叫了三声。

你知道王若涵是怎么做到的吗？

15 牛皮铺路 230

很久以前，一个国家的人从来不穿鞋子，因为当时还没有鞋子。正因如此，所以国王也像百姓一样光着脚走路。但是，有一位大臣为了讨好国王，就在国王出游的路上铺满牛皮。国王走在上面十分舒服，就和大臣们商议，看看能不能把所有的道路都铺上牛皮。这样一来，大家就不会忍受硌脚之苦了。大臣们全慌了，因为即便把全国的牛全部杀掉，也弄不来那么多牛皮。这个时候，一位大臣想出了一个主意，这个主意能让所有人走到哪里都像在牛皮上走路一样舒服，而且不用在路上铺牛皮。

你知道那位大臣想出的是什么主意吗?

16 聪明的国王 230

古老的文明国家总能以它独特的魅力吸引来自世界各地区的人们。古印度就是这样一个国家，它载誉天下，令人向往，有一段时期，许多波斯人慕名前往，想要到印度去定居。有一天，一群波斯人千里迢迢来到古印度，在进入都城时，被守门的卫兵拦住了去路。

一个像首领模样的人站出来说:“请告诉你们的国王，我们这些人想到这里来定居。”卫兵首领想了一下，就让这群波斯人的首领跟着他们来到皇宫当面向国王请示。

首领见到国王，再次阐述了他们的意愿，国王听后略作思考，然后命人端出满满一碗牛奶放在桌子上，说:“这就是我的意思。”这个充满智慧的首领也让人拿来一样东西，然后将它慢慢地洒在牛奶之中，说道:“这是我的看法。”

国王很快就明白了这位波斯首领的意思，竟然哈哈大笑起来，并且同意让这群波斯人在此定居。那么，这两个人之间的对话到底藏着什么玄机呢?

17 马克·吐温的智慧

230

马克·吐温在报社当雇员的时候，独特的思维方式引起了主编的不满。主编给他写了封解雇通知信。通知的内容写得很潦草，只有签名很清晰。马克·吐温看到以后，什么话也没有说，就离开了报社。多年之后，他出版了自己的第一本书，成为了美国批判现实主义的作家。那个主编很后悔当初解雇马克·吐温，所以一直想寻找机会向他道歉。令人意想不到的是，马克·吐温主动回到了报社，直接进了主编的办公室。

“主编，我是来向您道谢的。”马克·吐温十分高兴的样子。

“道谢？”主编不知道马克·吐温是什么意思，心里很不安，就问道，“我知道自己的行为给你造成了很大的伤害。你离开以后能凭自己的努力走到今天这种地步，我欣慰多了。”

“我有今天，多亏你的那封推荐信。”马克·吐温高兴地说，“离开以后，我找到了一个更好的工作。”

“推荐信？”主编说，“那是我写给你的解雇通知啊。”

到底是怎么回事儿？

18 弱女子半夜捉小偷

231

一天半夜，张女士从工厂下班回来。到家后发现丈夫已经睡了，就没有打扰他。她一边轻轻脱大衣，一边对着镜子照了起来。正照着，她通过镜子看见床底下有四只脚。张女士立即想到是小偷。她心想：夜深人静了，就算把丈夫叫醒，也不一定能制伏两个心狠手辣的坏蛋。这下该怎么办呢？

这时，张女士看见桌子上有个热水瓶，她就做出一个想要倒开水的样子。她摇摇水瓶是空的，就发火了，把热水瓶扔在地上摔得粉碎。这个时候，丈夫被惊醒了。张女士大声说道："让你烧开水你不烧，才结婚多长时间啊，你就这样对我？"

丈夫被妻子搞得莫名其妙，因为那个热水瓶本来就只是一件装饰品，不是装开水的，而厨房里有开水。丈夫对着厨房指了指，强烈的睡意促使他又躺下睡着了。

张女士见丈夫没有反应，又摔了一个杯子，并拎着皮箱就往外走，边走边说："让你睡，我走行了吧？"

丈夫一看事情弄僵了，就赶紧爬起来，追了出去。追到门口的时候，张女士又不走了，又开始闹着离婚。

你知道张女士这样做的好处吗？

19 安全炸药的发明

231

诺贝尔年轻时，和几个人建立了一个实验室，其中就有他的弟弟。他们一起研究液体炸药硝酸甘油，希望把它应用在矿山和隧道的施工中。但硝酸甘油性能太过活泼，非常容易爆炸。结果在一次实验中，他的弟弟和另外 4 个助手全被炸死了，实验室也被炸成一片废墟。

经历了这次不幸的事件，诺贝尔的亲友都劝他，不要再试下去了。但诺贝尔意志坚定地说："在驯服野马时，野马可能会把骑手摔伤、摔死，但不要害怕，只要坚持下去，野马总有一天会为人所用。"他为弟弟和同事料理完后事之后，便重新开始实验。为了不再危及家人及邻居，他把实验室搬到郊区一个湖泊的船上，继续寻找减少硝酸甘油因为震动而轻易发生爆炸的方法。

为制造出安全炸药，诺贝尔做了很多努力，但仍然毫无进展。正当他愁眉不展时，突然有了一个意外收获。一天，诺贝尔正在斯德哥尔摩市郊散步，一个老头赶着一辆马车，摇摇晃晃地从他身旁路过，马车上装着许多有硝酸甘油的罐子。有几个罐子已破碎，硝酸甘油流到了马车上。诺贝尔看到了，立刻喊道："危险，快停下！"赶车的老头吓了一跳，赶忙勒住马缰绳，莫名其妙地看着诺贝尔。诺贝尔指着流出来的硝酸甘油着急地说道："这会引起爆炸，非常危险！"马车夫却笑着说："不碍事，我已运了几百次了。你看，我用沙土塞在罐子之间，能防止罐子碰撞。"诺贝尔仔细地观察马车上的罐子，看到有几个罐子已破了，流出的硝酸甘油则被沙土吸收了，不会继续流淌，也不会爆炸。诺贝尔犹如发现珍宝一样，兴奋地对赶车的老头说了声谢谢，就飞奔回实验室。

回到实验室后，经过一次次实验，诺贝尔终于发明出了安全炸药。你知道诺贝尔是怎样制造出安全炸药的吗？

20 笛卡尔与苍蝇的故事

231

17世纪法国著名的数学家笛卡尔，被誉为"解析几何之父"。其实，在解析几何学创立之前，笛卡尔在很长一段时间内都在思考能否把几何图形与代数方程统一在一起。几何图形是形象的，代数方程是抽象的，如果能用几何图形来表示代数方程，用代数方程来解决几何问题，那就既可以避免几何学的过分注重证明的方法、技巧，不利于提高想象力的缺点，又可以避免代数过分受法则和公式的束缚，影响思维灵活性的弊端。笛卡尔日思夜想地思考着要把代数和几何结合起来，使二者互相取长补短。

一天中午，笛卡尔躺在床上休息，发现天花板上有一只苍蝇在爬动。他盯着那只爬动的苍蝇，脑子里突然冒出一个念头：这只来回爬动的苍蝇就像是一个移动的"点"，而墙和天花板就是"面"，墙和天花板相连接的缝就是"线"。苍蝇与这些"线"和"面"的距离显然是能计算出来的呀。想到这里，笛卡尔兴奋得腾地一跃而起，因为他终于找到将代数和几何结合起来的方法了。就这样，一门新的数学分支科学——解析几何便诞生了。那么，你知道笛卡尔是如何在数与形之间建立联系的吗？

钱币消失之谜

231

《昆虫记》是生物学史上的一部力作，为后世所津津乐道。它的作者是近代著名的生物学家法布尔先生，他知识渊博，闻名世界。可是很少有人知道，当年法布尔先生曾用自己的知识帮助警察破了一起奇异的盗窃案。

事情是这样的，当年，法布尔在法国南部的舍尼安村埋头于《昆虫记》的写作时，村里发生了一件事。

村里有个葡萄园主叫加尔托，是个钱币收藏家，这个家伙是个非常古怪的人，专门收集不能使用的外国古钱币，他还在书房里养了一只猫头鹰。有一天早上那只猫头鹰居然被杀了，肚子也被残忍地割开。还有另外一件奇怪的事。就在猫头鹰被杀的前一天晚上，加尔托的家里住进了一位从马赛来的客人，叫卢卡。他也是钱币收藏家，来给加尔托看日本古钱币。两人在书房里互相观看引以为豪的收藏品时，卢卡先生发现他带来的日本古钱币丢了三个。

警察介入此案，展开调查。可是令警察头疼的是，在案发现场，警察竟没有搜查到一点儿的蛛丝马迹，只好询问当事人。

据卢卡所说，当天晚上，自己正用放大镜一个个地观赏收藏品，完全没注意。而加尔托正在喂猫头鹰。当发现古货币不见了时，他找遍了书房，仍然没有找到。因此他怀疑加尔托，而且加尔托完全有作案动机，他是那么痴迷于古货币。加尔托为了证明自己的清白，当场脱去衣服，自愿接受搜身，不用说，卢卡没有找到钱币。而且那段时间加尔托一步也没有离开书房，窗户也关着，不可能把偷的钱币藏到书房外面。三个日本古货币就这样离奇地消失了。

最后，警察也束手无策，实在是找不到丝毫的线索。就在这时，法布尔先生自告奋勇，帮助警察破了这件离奇的案件。

请问，你知道法布尔先生是怎样破的案吗?

22 高明的易容师

231

有一位易容师，技术相当高明。他既能使四五十岁的男演员变成二十多岁的“奶油小生”，也能够将妙龄美女变成丑陋的老太太。

一天，他家里来了一位不速之客，是一个刚刚越狱的逃犯。逃犯一进门就拿着枪逼着易容师道：“现在警察正在到处搜捕我，我要立刻离开这座城市。你既然懂得易容，那么化装对你来说一定是小事一桩。现在你就把我化装成另外一副模样。只要你老老实实地为我化装，我就不会伤害你，否则要你的命！”

易容师心想，这个逃犯手里有枪，不能硬来，但也不能让他轻易逃跑。他一边想着对付的办法，一边装着很顺从的样子说：“你想化装成什么样子？化装成女人怎么样？”

“不行，化装成女人行动不方便，你只要给我换个长相就行了。”

易容师答应了，不一会儿的工夫，易容师果然将他变成了一个脸色黝黑，和他完全不像的中年男子。逃犯照了照镜子，觉得现在一点儿也不像自己了，非常满意。为安全起见，他临走时，把那易容师绑了个结实，以防他去报案。可出乎意料的是，这人刚刚来到大街上，就立即被警察逮捕了。

这是怎么回事呢？

23 偷运橡胶

231

在一家管理不严格的提炼橡胶的工厂，经常发生工人偷运橡胶倒卖的事件。工厂的老板发现后，为了防止橡胶被偷运，不得不雇用了保安人员，对所有进出工厂的车辆和工人进行严格检查。

这一天，保安人员接到举报电话，说今天会有大批量的橡胶被偷运出橡胶厂。保安人员不敢怠慢，他们对来往行人车辆十分认真地进行检查。这时，一辆满载货物的货车准备驶出工厂大门。保安人员检查时，发现车上装的是一些空桶。由于并没有发现橡胶，保安人员就准予货车驶出工厂。但没有多长时间，举报人又打来电话，说："橡胶已经被运出厂了，就是刚才出去的那辆车。"保安人员十分不解，他们明明对那辆货车进行了全面检查的，没有发现橡胶。你知道橡胶是怎么被这辆车偷运出去的吗？

24 金表与皮箱

231

民国时代的香港是英国的殖民地，英国人在此处飞扬跋扈，嚣张不已。一次，一个英国商人和香港的一位皮箱制造厂的厂主签订了一批皮箱的合同。但当厂主按合同规定按时交货之后，这个狡诈的英国商人却以厂主给自己的皮箱之中有部件不是真皮的材料为借口，认为这并不是"皮箱"，并状告厂主有欺诈行为，要求对方赔偿自己的损失。

厂主心中窝火，他知道英国商人是故意为难自己，所以他找了当时非常著名的大律师来为自己打这场官司。律师听完事情的详情，表示自己绝对能打赢这场官司，还能让对方赔厂主一笔钱。厂主疑惑，什么办法这么神奇？律师笑了笑拿出一块金表来，说，想要打赢这场官司全靠它。

结果，律师果真凭借出众的口才，有理有据地打赢了这场官司，并且让那个狡诈的英国商人赔了厂主 1000 元钱，请问律师是如何打赢这场官司的？

25 华盛顿造势

232

美国的第一任总统华盛顿一直是美国人民的骄傲。他从小就天资过人，少年时期所做的一些事情至今还在被家乡的人们传颂着。

有一次，华盛顿的邻居家被人偷了，损失了很多衣服和粮食。村长知道这件事情之后，就召集村民开会，讨论破案的方法。华盛顿悄悄对村长说："小偷一定是本村人。你按我说的做，就能把案子破了。”

晚上，村长把村民都召集起来，说是听华盛顿讲故事。人都到齐后，华盛顿开讲了。他说：“黄蜂是上帝的特使，它的大眼睛能辨别人的真善，趁着月光飞到人间……”华盛顿突然停了一下，猛然喊道：“小偷就是他，黄蜂正在他头顶打转，就要落下来了。”

人们纷扰起来，大家都相互观望起来。华盛顿突然指着一个人，说：“小偷就是他。”小偷想否认，但是在事实面前没有办法否认，他只得认罪。

你知道小偷是怎么暴露的吗？

26 高明的医术

232

一位农民正在用木锨扬场。突然来了一阵旋风，使扬起的麦粒改变了方向，向农民迎面飞了过来，不幸的是竟然有一粒麦子进入了农民的耳朵。农民觉得很难受，就用手去抠，可是无论如何也抠不出来，只好去了医院。一位年轻医生弄了半天也没有弄出来，痛得农民龇牙咧嘴。这时，一个老医生笑着说：“这样折腾不管用，弄不好会把耳膜弄破，变成聋子。”

农民急了，想不到一粒麦子居然带来这么多麻烦，就求老医生想办法。老医生说：“你每天早上在耳朵里滴一滴水，过不了几天就能解决问题。你要有耐心，过几天再来找我。”

两天以后，农民觉得耳朵更痒，很不安心，就去找老医生。老医生观察了一会儿，让农民过两天再来。到了第四天，老医生轻松地把麦粒从农民耳朵里取了出来。

你能猜到是怎么回事吗？

27 头发杀人

232

这是台风过后的第一个早晨，探长接到报警，说有一名女子死在了一所房子里。探长接到报警后，立刻赶赴现场。

探长和助手赶到现场后，看到一个睡在床上的女人被子弹击中了头部，已死亡。尸检报告证实，死者生前服用了大量安眠药，并一直处于熟睡状态。

凶器是一把固定在床头的手枪，扳机上系着一束长长的呈辫状的金发，另一端固定在一根柱子上。

后来警探长根据头发上的指纹，抓到了一名嫌疑犯，但在死者被害之前他一直都在外地，且他是在死者死后的第三天返回本市的。

请问：枪是怎样开的呢？

28 巧妙托运行李

232

一位工程师要带一根钢管坐飞机出差。可直到工程师要登机的时候，才知道航空公司规定随身携带的行李长、宽、高都不准超过1米。而这位工程师所带的这根钢管直径虽然只有2厘米，但长度却有1.7米，是超过航空公司规定的物品。这可怎么办呢？工程师很着急，眼看着飞机就要起飞了。工程师突然想到了一条妙计，顺利地把这根钢管带到飞机上，而且既没有损坏钢管，又没有违反航空公司的有关规定。那么，这位工程师想到了一条什么样的妙计呢？

29 陋室生财

232

有位从事市场营销的年轻人乘火车去某地出差。火车长时间地行驶在一片荒无人烟的山野之中，人们一个个百无聊赖地望着窗外。到了前面的一个拐弯处时，火车开始减速行驶，突然一座简陋的平房缓缓地进入人们的视野。也就在这时，几乎所有乘客都睁大眼睛“欣赏”起寂寞枯燥的旅途中这道特别的风景。有的乘客还开始窃窃私语地议论起这座房子来。年轻人当然也看到了，但他注意到了更多的东西。

在年轻人办完事情返回时，他在离那座房子最近的一站下了车，不辞辛苦地找到了那座房子的主人。主人告诉他，火车每天都要从门前驶过，巨大的噪声使他们难以忍受，很想以低价卖掉这房屋，但多年来一直都没有人问津。年轻人听到这儿，很是开心，他毫不犹豫地花了 3 万元买下了那座平房。

许多人惊讶于年轻人的举动，无不叹惜年轻人做了一件蠢事。因为在他们眼里，这座偏远地区的破屋实在没有任何利用价值。但后来，人们又无不向年轻人竖起大拇指，因为在几个月后，年轻人用这座平房一下子赚了 15 万元。

那么，年轻人的精明之处在哪里？ 他是如何通过“陋室”生财的呢？

30 汽车故障

233

思锐终于学会了开车。一天，他开着新买的车出门办事。由于是新手，思锐非常仔细认真，不敢有丝毫大意。可天有不测风云，当他开着车刚出城，轮胎就爆了。无奈之下，他只好将备用轮胎拿出来，进行安装。然而，当把爆裂的轮胎拆下来后，4 个拆卸螺丝却不见了。他无法安装新的轮胎，只好打电话给维修公司。没想到，电话占线，而最近的汽修厂离此地有 5 公里。

接二连三的差错和故障让他气愤不已。假如你是思锐，这时你会怎样将轿车安全地开到 5 公里外的汽修厂呢？

STEP 9

联想思维——开动脑筋，创造奇迹

巧猜成语

233

下面每个数字中均隐含着一个成语，请大家将它们找出来。

3.5（ ）;

1256789（ ）;

9 寸 +1 寸 =1 尺（ ）;

333 和 555（ ）;

2+3（ ）;

12345609（ ）;

2 短语里的数学名词

233

数学谜语不仅是一种娱乐，同时也可以加深我们对数学概念、数学名词的理解。这里先给出几种猜数学名词的思考方法。

1. 讨价还价。（打一数学名词）

买东西讨价还价，要经过反复协商，才能达成双方都同意的钱数。这种协商钱数的过程，可以戏称为“商数”。谜底是商数。

2. 你盼着我，我盼着你。（打一数学名词）

“你盼着我”，是你在等候我；“我盼着你”，是我在等候你。两人互相等候，可谓“相等”。谜底是相等。

3. 成绩是多少？（打两个数学名词）

学习成绩是用分数计算的。问“成绩是多少”，可以换一个说法，改为“几何？”在中国古代数学书里，问一种物品有多少个，总是问“物有几何？”直到现在，有些地区的方言里，买东西问价钱，还是说“几何？”所以，问“成绩多少”，等于是问“分数几何？”谜底是两个数学名词：分数、几何。

根据上述猜数学名词的思考方法，联想思想，猜出下列短语所表示的一个数学名词。

1. 找根据（　）　　2. 垂钓（　）

3. 彻底消灭（　）　　4. 一视同仁（　）

5. 我先走（　）　　6. 医生提笔（　）

3 一百一十一座庙

233

春秋时期，有一个著名的建筑工匠，姓公输，名般，鲁国人。因般与班同音，人们都叫他鲁班。

鲁班十几岁时就投师学艺。有一天，他跟师父到山上游览，走到了一棵古柏和一块巨大的怪石跟前。师父说："古树怪石连在一起，还真是少见。"鲁班说："若是在这石上建一座庙，景色就更美了。"师父听了认真而又严肃地对鲁班说："好！你就在这里建一百一十一座庙吧！"听师父这么一说，鲁班愣住了，心想：这儿的怪石固然巨大，但哪里能容下这么多的庙宇啊？

一连几天，鲁班一直在琢磨师父关于建庙的话。鲁班想，师父说话从来不随便乱说，这句话必然另有含义，就看怎么处理了。一天早晨，他又到了古柏下，对着那怪石静静思索。忽然他眼睛一亮，脱口一声"有了"，立即跑回问师父："您说的一百一十一座庙，意思是'×××××××'吧？"师父笑着回答："对。我这是用谐音说的隐语，你能动脑筋，很好。无论做什么事都要多动脑筋才会成功。"

师父说的"一百一十一座庙"究竟是什么意思呢？

四幅图画的真正含义

233

做买卖的张五刚刚新婚不久，就出远门去做生意了。不幸的是恰逢兵荒马乱，回家的路途险恶，张五被迫在外漂泊好多年。他天天想念着家里的妻子，而妻子也一直在急切地等着张五早日归来。

一次，张五结识了一个作战的士兵，正好他所在的军队要去对抗外敌并路过他的家乡，于是他想让这个士兵朋友为他带一封书信给妻子，以解思念之苦，并报个平安。那士兵爽快地答应了他。张五虽是生意人，却性格腼腆。他想如果在信中写儿女之情必让朋友见笑。后来，他灵机一动，写了一封甚是特别的信交给了这个士兵。

士兵很讲信用，在来到张五的家乡后，便把信送到了张五妻子的手里。妻子拿到信后连忙打开，只见上面有四幅图画。第一幅是七只鸭子，第二幅是空酒瓶，第三幅是一头大象，第四幅是一个人骑着马，正往一间房子飞奔。看完信，妻子擦了擦眼泪，笑了。

那么，你知道这四幅图画的含义吗?

5 猜中国地名 233

根据下面的短语，运用联想思维，猜中国地名。

1. 四季花开——（ ）　2. 双喜临门——（ ）
3. 千里戈壁——（ ）　4. 拿枪的兵——（ ）
5. 夏天盖棉被——（ ）　6. 漂亮的长河——（ ）
7. 金银铜铁——（ ）　8. 大江东去——（ ）
9. 胖子开会——（ ）　10. 空中霸王——（ ）
11. 初次见面——（ ）　12. 空中码头——（ ）
13. 银河渡口——（ ）　14. 基本一样——（ ）
15. 大家都笑你——（ ）　16 . 船出长江口——（ ）
17. 东西北三面堵塞 ——（ ）　18. 夸夸其谈——（ ）
19. 一路平安——（ ）　20. 海中绿洲——（ ）
21. 蓝色之洋——（ ）　22. 碧波万顷 ——（ ）

23. 风平浪静——（　）　24. 井水醉人——（　）

25. 天无三日晴——（　）　26. 重男轻女——（　）

27. 东方有战事——（　）　28. 圆规画蛋——（　）

29. 日近黄昏——（　）　30. 拆信——（　）

31. 冰河解冻——（　）　32. 八月飘香香满园——（　）

33. 永久太平——（　）　34. 兵强马壮——（　）

35. 春城无处不飞花——（　）　36. 围巾裹脑袋——（　）

37. 滚滚江水——（　）　38. 不冷不热的地方——（　）

39. 北风吹——（　）　40. 航空信——（　）

41. 飞流直下三千尺——（　）　42. 鸟歇彩云间——（　）

43. 长昼——（　）　44. 牵羊上法庭——（　）

45. 全部溶解——（　）　46. 水陆要塞——（　）

6 东方朔巧答谜题 233

东方朔是汉代有名的人物，博闻善辩，精通诗文，并擅长谜语，汉武帝很赏识他。宫中有位郭舍人也很得武帝的宠信。武帝很喜欢猜谜取乐，所以经常让东方朔和郭舍人猜谜比胜负。东方朔总是取胜，郭舍人心中很不服气，总想找机会捞回面子。于是他私下请制谜巧手制了一个谜语，准备伺机难倒东方朔。

有一天，武帝又令二人进行猜谜比赛。郭舍人一看机会来了，对武帝说："我已有一谜，可否让我先说？" 武帝准许了。郭舍人就把事先准备的谜语说了出来："客从东方，且歌且行。不从门入，逾我垣墙。游戏中庭，上入殿堂。击之拍拍，死者攘攘（多的样子）。格斗而死，主人不伤。"说完，便得意扬扬地看着东方朔。

东方朔略一思索，便猜到了谜底，但他不直接说出，而是用谜语作答："利啄细身，昼匿出昏（黄昏）。嗜肉恶烟，指掌所扪。”

郭舍人一听，知道自己精心准备的谜语被东方朔瞬间猜到了，不得不甘拜下风。

他们所咏的是同一谜底，你能猜中吗？

7 联想游戏 233

提示一：五行；

提示二：朝代；

提示三：撤兵；

提示四：星星。

你知道与上面四个提示有关的事物或概念吗？

8 第 19 个小房子用了多少块小石子 233

下图是某同学在沙滩上用石子摆成的小房子。观察图形的变化规律，写出第 19 个小房子用了多少块小石子。

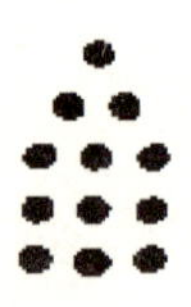

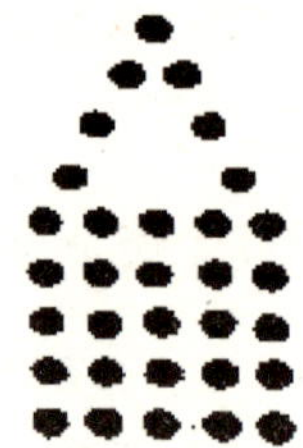

9 蚂蚁狭路相逢

233

在一个非常狭窄的地下通道里，两只蚂蚁相遇了。它们不能同时通过，只能让一个先过去。幸好，通道的旁边有一个凹处，刚好能容得下一只蚂蚁。可是不巧的是，凹处里面有一个沙粒。如果把沙粒移出来，原本狭窄的通道又会被堵住。这样一来，两只蚂蚁还是不能通过。

请你想一想，怎样才能让两只蚂蚁全部顺利通过呢？

10 大伙儿点菜

234

小赵考上了重点中学，他的好友小马、小朱、小宋、小黄和小魏前来祝贺。赵大妈很高兴，硬要留他们吃饭。小马调皮地说："要让我们在你家吃饭，有个条件。"赵大妈说："啥条件？""我们每个人都用谜语说出自己喜欢吃的菜，大妈做对了，我们就吃，做错了我们就不吃。"赵大妈同意了。

小马先说他喜欢吃："不是葱，不是蒜，一层一层裹紫缎，像葱却又比葱粗，像蒜却又不分瓣。"

小朱说："生根不落地，有叶不开花，都说它是菜，菜园不种它。"

小宋说："土里生，水里捞，石头缝里走一遭，摇身一变白又净，没有骨头营养高。"

小黄说要吃："圆圆脸儿像苹果，又酸又甜营养多，既能做菜吃，又可当水果。"

小魏说："身体白又胖，常在泥中藏，浑身像蜂窝，生熟都能吃。"

最后，大家要求小赵也点个莱，小赵沉思一会儿说："生来像大桃，无核又无毛，一颗黄金心，皮儿需扔掉。"

赵大妈一一记下，就在厨房里忙起来。一会儿工夫，她就按每人的要求把菜做出来了。大伙儿一见都满意地笑了。

大伙儿都点了些什么菜呢?

11 苹果派的暗示

234

法国数学家伽罗瓦，在数学领域的成就很高。由于伽罗瓦对数学的痴迷，还在第一时间内帮警察找到了害死友人的罪犯。

那是一天早晨，伽罗瓦听说自己的朋友鲁柏被人刺死，家里的钱财也被洗劫一空。他在震惊之中赶到鲁柏所住的公寓，当时警方已经调查完现场离开。但很多天过去了，警方那边还迟迟找不到嫌疑犯。

伽罗瓦再次来到朋友生前居住的公寓，这次他遇到一个尽职尽责的女管理员。她告诉伽罗瓦，警察勘查现场时，发现鲁柏手里紧紧捏着一块完整的苹果派，不知是为了什么。女管理员还说，凶手可能就在这所公寓里面，因为出事前后她一直在值班室，没有看见有人进公寓。但是这所公寓有四层楼，每层有 15 个房间，居住着 100 多人。

伽罗瓦听了女管理员的一番话后，便独自从公寓一层走到四层。他边走，边看每一家的大门，同时脑子里一直在想着刚才女管理员说的话。当走到第 314 号房间时，伽罗瓦突然停下来，他想到了女管理员说朋友鲁柏死时手里紧紧捏的那个苹果派。这个苹果派或许在暗示着什么。伽罗瓦看着眼前门上的门牌号“314”，若有所思。他通知了警察，让警方去调查 314 号房间的人。警方根据伽罗瓦给出的线索断定 314 号房间的主人就是凶手，最终将其绳之以法。

那么你知道伽罗瓦是如何推断出凶手是住在 314 号房间里的人吗?

12 翻硬币游戏

234

戴小明是科学游戏的爱好者，他在全体同学中寻找能解决疑难问题的高手，与他一道去解决一个游戏的难题。

黄磊知道消息后，心想："我也是个科学游戏的爱好者，就喜欢高难度的游戏。何不去见识一下呢？"于是，他就找到了戴小明。

"我这个游戏是这样的，"戴小明解释说，"在一个相当平滑的桌面上，平放着一枚硬币，如何将硬币翻一个身呢？"

"把硬币动手翻过来不就行了吗？"黄磊随口说道。

"怎么会这么简单呀？"戴小明说，"不能用手或别的东西去触碰硬币，只能想别的办法呀。"

"哦，只能想个巧妙的方法使硬币翻身。"黄磊自言自语地说。过了一会儿，他高兴地说，"我有办法啦！"

你认为黄磊的办法是什么呢？

13 如何将他们分开 234

在一次聚会中，诺曼和妮薇如图中所示被两条绳子缠绕在一起。请大家试着把他们两个分开，但不可以解开绳结或把绳子剪断。

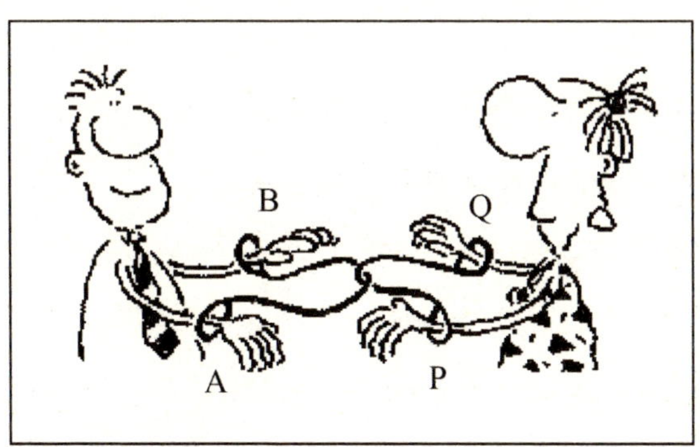

现在将他们两人的处境说得更清楚一点，首先绳子的一端绕在诺曼的右手腕A上，另一端绕着他的左手腕B。另一条绳子的一端绕在妮薇的左手腕P上，另一端穿过诺曼的绳子后系在她的右手腕Q上。

乍看之下似乎不太可能分得开，事实上有一个相当巧妙的方法可以使你把他们分开而且不需使用任何特殊技巧。

14 有趣的对联

234

郑板桥出身于书香门第，于康熙末年中秀才，雍正十年中举人，乾隆元年中进士，五十岁起先后任山东范县、潍县知县十二年。“得志加泽于民”的思想，使得他在仕途对连年灾荒的平民百姓采取了“开仓赈贷”“捐廉代输”等政策。这引起了贪官污吏、恶豪劣绅的不满，导致他最后被贬官。之后，他靠卖画维持生活。郑板桥的一生，经历了坎坷，饱尝了酸甜苦辣，看透了世态炎凉，他把这一切都融入他的作品中。下面是一个关于他同情百姓疾苦的故事。

有一年春节，他和朋友一道出门办事。两人走在路上有说有笑，忽然，他们看到一户人家的门上贴着一副很有意思的对联。

那对联上联是“二三四五”，下联是“六七八九”。郑板桥和他的朋友停下来看。就在他朋友还在想这是什么意思的时候，郑板桥跟朋友说等他一会儿，马上回来。朋友很纳闷儿，不知道他要去干啥。过了好一会儿，只见郑板桥拿着一包旧衣服和一袋子粮食匆匆赶来。他们敲开那户人家的门，屋里是一个穷书生，正在为饥寒发愁。郑板桥把东西给了那书生，然后就和朋友离开了。

朋友问他：“你怎么知道他缺衣服和粮食呢？”郑板桥说：“是那副对联告诉我的！”

猜猜看，那副对联是什么意思呢？

15 联想填字

234

发挥你的联想力，根据下面这些提示，将下图中空格的字填满。

横向：

1. 由湖南卫视与天娱传媒合作打造的一场电视选秀活动。

2. 比喻胡乱模仿，效果极坏。

3. 一种滋补之物，古代用来象征祥瑞。

4. 世界最高大的山系，位于西藏高原和印度次大陆之间。

5. 大众汽车的一款经典车型。

6. 一位男歌手，代表作有《2002 年的第一场雪》《冲动的惩罚》等。

7. 李白《庐山遥寄卢侍御虚舟》中“我本楚狂人”的下句。

8. 排球比赛中“快攻”战术的一种。

9. 比喻真相败露。

10. 一位女歌手，作品有《再见，我爱你》等。

11. 美国一位总统，也是著名的汽车品牌。

12. 足弓反常而使整个足底都着地的病症。

13. 一个词牌名。

纵向：

一、世界著名科幻人物。

二、《天龙八部》中段誉的母亲。

三、日本一位著名的音乐大师。

四、成语，边歌边舞，庆祝太平，有粉饰太平的意思。

五、黄梅戏著名曲目，据其改编的电视剧由黄奕主演。

六、古代罗马人所用的文字，它曾是科学和文学的国际语言。

七、曾进入伊拉克战地的凤凰卫视女记者。

八、坐落于无锡小灵山麓的一尊佛像，是迄今为止我国最高的巨型佛像。

九、一个著名的电器品牌。

十、周润发、王祖贤、利智等主演的一部经典爱情片。

十一、装有武器和拥有防护装甲的一种军用车辆。

十二、《水浒传》中施恩开的酒店。

十三、一味中药，虫草菌与蝙蝠蛾幼虫在特殊生态条件下形成的菌虫结合体。

16 唐伯虎问路 234

有一次，唐伯虎去看望一个多年未见的朋友。他走到一个岔路口的时候，发现有左、中、右三条路，于是不知道该怎么走了。这时候，他看见前面走来一个小姑娘，他想去问路可又不好意思。见四周没人，他只好问那个小姑娘。小姑娘在地上写了个“句”字就走了。唐伯虎以为小姑娘是自己写着玩呢，但仔细一看，原来小姑娘已经回答了自己的问路。于是，他就按照小姑娘的指点走，很快找到了朋友的家。

你知道小姑娘给唐伯虎指点的是哪一条路吗?

17 六位新会员都姓什么 234

一个体育俱乐部新加入了六位会员。俱乐部要求在新会员相互作自我介绍时，不可以直接说出自己的姓氏，要以游戏演示的方式来向大家介绍。

其中一位篮球爱好者指着两棵并排的树说:“我姓它。”一位跳高运动爱好者顺手把一根木杆往土堆旁一插，说："我姓这个。"而一位射箭选手把手上的弓使劲一拉，说道："这便是我的姓。"一位围棋爱好者捡起一些棋子放在一个瓷盆上，开口道："这是我的姓。"一位田径会员取来一本《作文选》，放在足球场的球门下，笑着讲："这里藏着我的姓。"最后一位武术爱好者走上前拿过这本《作文选》，把手中的一把单刀和书并排放着，笑呵呵地说道："大家看，我就姓这个。"

请问，你都猜到这六位新会员姓什么了吗？

18 百担榆柴

235

战国时期，齐国有一个叫孙膑的人，曾与庞涓一起向鬼谷子学习兵法。

有一次鬼谷子出了一道难题，考察孙膑和庞涓哪个人脑子灵活。鬼谷子说："你们明天每人砍回百担榆柴。谁先完成任务，谁就取胜。"

第二天一大早，庞涓就扛起扁担拿着柴刀上山去了。孙膑则从容不迫地吃了早饭，带上斧头和几本书，找了个僻静的地方读起书来。

庞涓想：我身强力壮，砍柴又是老手，这次比赛我非赢孙膑不可。他拼命地砍呀，捆呀，挑呀，等到太阳落山的时候，数一数还差一担才够一百担。孙膑在太阳西斜时收起书，砍了一根较粗的柏树枝做扁担，又砍了两捆榆柴，挑着下山了。

庞涓见孙孙膑只砍了一担榆柴，心里暗暗高兴：我虽不到一百担，但九十九担总比你一担多得多。孙膑把榆柴放下，等待师父评判，鬼谷子看了两人砍来的榆柴说："孙膑胜了！"

原来，"百担榆柴"可通过谐音理解为其他的意思。

你能猜到究竟是什么意思吗？

19 猜茶名

235

1964 年 4 月的一天，风和日丽，陈毅元帅回到阔别多年的四川，健步攀登峨眉山。一路上春风送暖，雾霭缭绕。陈毅兴致勃勃。他经报国寺，过伏虎寺，游清音阁，观白龙洞，信步走入万年寺，尽情地欣赏着这座建造于东晋的古刹。

“陈老总，休息一下，品品峨眉山上的龙井茶。”陪同前往的四川省委书记说。

“峨眉山啥时采来了这个宝啰？”陈老总哈哈大笑，“是不是白娘子从西湖带来的茶种哟？”

说话间，一行人进入休息室，寺里的和尚忙献上香茶。只见沸水落处，顿时香气四溢，茶叶则翩翩起舞，如片片竹叶错落有致。陈老总仔细地观察着，自言自语道：“该给这茶起个名字嘛！”“老总，你就给起一个吧！”有人请求道。

陈老总爽快地答应：“要得！要得！起个啥名呢？”他略一思索便说，“我就用‘幽篁叠翠’命个题，大家猜猜看嘛。”

陈毅元帅给这种茶起的啥名呢？

20 信封的秘密

235

《科学游戏》杂志社收到了一封特殊的来信。编辑打开一看，上面只有两行字：

红彤彤，一大蓬，见风它就逞狂凶。

无嘴能吹天下物，单怕雨水不怕风。

“我看不像恶作剧。”一位戴着老花镜的编辑推敲起来，“上面两行字的谜底是‘火’，是不是暗示着读信要用火呀？”

于是，编辑们点燃一根蜡烛，在火焰上烤信。果然，纸上出现了黑褐色的字。

编辑叔叔阿姨：

你们好！

我是一个科学游戏的爱好者，也是贵刊的忠实读者。贵刊非常精彩，我每期必读，受益匪浅。非常感谢你们为此付出的心血！我想，既然贵刊叫《科学游戏》，我就用个科学游戏的方法投稿，你们不会见怪吧？

祝贵刊越办越好。

忠实读者马肖桃

你知道这封信的秘密吗？

21 门上“活”字的用意 235

东汉建安十三年，曹操被封为丞相，之后他的相国府便开始动工修建。修建这个相国府动用了当地的大批能工巧匠，整整修建一年才基本完工。

这天，曹操亲自来到相国府查看，看着那雄伟而又气势非凡的建筑，他不住地点头称赞。随后他进入了后花园，站在门前仔细端详了一番，觉得有什么地方不对劲。他找人拿来笔，在门上写了一个“活”字，然后没说什么就走了。大家都不明白曹操在门上题此“活”字是什么意思，又不敢去问曹操。

大家都知道主簿杨修聪慧过人，就去把他请了来，让他分析一下。杨修站在后花园门口看了看，笑着说：“你们把门拆掉，重新改小一点儿就行了。”大家听后都不明白，问杨修为什么要这样改。杨修笑着回答：“这正是丞相的意思，你们改建就是了。”大家听了后只好按照他的意思重新改小了门。几天以后，曹操又来到这里，看到门已按自己的意思整修好，很满意。他问手下人：“这是谁猜出了我的意思啊？”下面人回答：“是杨主簿告诉我们的。”曹操对着众人大大称赞了杨修一番。

那么，你知道杨修是如何猜到曹操在门上写的这个“活”字用意的吗？

22 数字游戏

235

这是两个人玩的数字游戏，只需要具备简单的加法能力就可以开始了。第一个人首先喊出一个介于1到10之间的数字，接着第2个人再将这个数字加上一个介于1到10之间的数字。

依照这种方法，双方轮流将原数累加上一个1到10之间的数字，最先喊到100的人获胜。

你有办法设计出一种必胜的策略吗?

23 年轻主管的建议

235

有一家宾馆的经理，对宾馆内的一些物品经常被住宿的旅客顺手牵羊的事情感到头疼，却一直想不出很有效的对策来。

他嘱咐属下在客人最后离开宾馆到柜台结账时，要迅速派人去房内查看是否有什么本属于宾馆的东西不见了。结果客人都要在柜台等候检查完毕才能离开，这样不仅耽误了客人的时间，而且让客人在面子上也挂不住。有些客人决定再也不选择这家宾馆了，而有些人直接向宾馆经理投诉。

宾馆经理觉得这样下去不是办法，会影响到宾馆的效益和口碑，于是他召集了各部门主管，希望集思广益找个更好的办法，来制止客人们的顺手牵羊行为。

有人分析道：我们的宾馆房间价位在同行里并不算低，能选择到我们这里来的客人做一些顺手牵羊的事情，可能并非蓄意偷窃，而是喜欢房间内的物品。他们下意识觉得，既然付了这么贵的房费，为什么不能带走些东西做纪念品，于是就故意装糊涂拿走了一些东西。

大家听后，纷纷赞成这人的分析。但是并不能因此让宾馆受到不必要的损失，大家再次陷入沉默。突然一位刚上任不久的年轻主管说："既然客人们喜欢，那为什么不让他们光明正大地带走呢？"

宾馆经理一听瞪大眼睛，这是什么意思？

年轻主管急忙做出了解释，大家听后，觉得他的建议可行。结果，这家宾馆的生意由于年轻主管的这项建议越来越好了。

你能想到这位年轻主管给出的是什么建议吗？

24 两个谜底到底是什么

235

隋朝的侯白，诙谐善辩，朋友们都很喜欢和他在一起谈笑。有一次猜谜取闹，他对朋友们说："拿出来猜的物，必须是实物，且要贴切，不能自以为是，胡编乱造。亮出谜底后，如果解释不通，则罚酒三杯。"接着，侯白首先出一谜："背共屋许大，肚共碗许大，口共盏许大。"

众人听了，很长时间也未猜出。大家议论纷纷："天下哪会有背像屋那么大，而且肚子像碗那么小，口像酒盏那么小的东西呢？一定是你拿我们开心。快说出来，我们大家都见过这样东西才算你赢。"

于是，侯白和大家打赌。然后，他指着屋檐下的一样东西说："你们看，这样东西是不是呢？"大家抬头一看，感到十分意外，又无可挑剔，只好甘愿受罚。

又有一次聚会，大家要侯白出谜助兴，并要求所出的谜必须是大家常见而又熟悉的东西。侯白略一思索，就说出谜来："有物大如狗，面貌极似牛。"

大家听后，竞相猜测。有猜獐子的，有猜鹿的，一时众说纷纭，但无人猜中。侯白解释道："这谜底，按大家提出的要求，可以说再通俗不过了。是什么？就是你们常见而又熟悉的东西。"大家听罢，都忍不住笑了！

你知道这两个谜底吗？

25 塑料管里的滚珠

235

一个周末，小明和爸爸一起做游戏。爸爸找来一个两端开口的塑料软管，然后在里面塞入 11 个大小相同的滚珠，滚珠的直径刚好可以塞进软管中。其中有 5 个滚珠是黑色的，其他 6 个滚珠是白色的。并且，它们的顺序从左到右是 3 个白滚珠、5 个黑滚珠，然后又是 3 个白滚珠。现在，爸爸让小明想法把黑滚珠先取出来，而且不能切断塑料软管，也不能让白滚珠先出来。

你知道该怎样取吗?

26 最佳的人行道设计方案

235

有一家开发商在城市新开发区规划兴建一片商业写字楼。当所有楼宇按照设计师的规划盖成以后，设计师发现这些楼与楼之间没有人行道。

在当初设计布局时，设计师刻意让写字楼呈现出一种无规则排列，相互交错，参差不齐，而且楼与楼之间也比较密集。将来这里会是一些上班族工作的区域，每个人都会匆匆忙忙地赶时间，因此，楼与楼之间的人行道要设计得合情合理，才能使人在最短距离内到达自己的目的地。由于楼群布局得不规则，想要找到一个方便合理的人行道设计方案并不容易。于是设计师开始在这些楼宇之间观察思考。

这一天，一位市容管理员来办事，看见这位愁眉苦脸的设计师正面对着楼群发呆。管理员就上前询问，得知设计师的问题后，就说道:“这个很好办啊，你先让人在楼群之间的空地上种上草坪，等夏季过去以后，您的人行道的设计方案就出来了。”年轻的建筑师不明白为什么种草坪就能找到设计方案，于是那个市容管理员解释给他听。听了管理员的一番话后，设计师不由得赞叹他的聪明。

那么，你知道为什么种草坪就能找到最佳的人行道设计方案吗？

27 “缩小”技术的应用 235

日本索尼公司一向以产品创新为特色在其领域内占据领先位置。比如索尼推出的一种超小型复印机，有别于市面上的传统复印机的“大身躯”。它只有笔记本那么大，随身携带，可以方便地复印报刊文章。这种新产品就如同袖珍电子计算器走入市场那样，给消费者带来了极大的方便和实用性。

像这种“缩小”初始性的再创技能，易学易懂，方便了人们的生活。“缩小”技术不仅仅是减小了物件的体积，更主要的是节约了人们有效利用的空间，提高了产品的实用价值。现实生活中很多东西都是利用“缩小”技术，制造出了新的产品，比如把热水瓶的体积缩小，就成了保温杯；把钟的体积缩小，就制造出了手表。

你能联想出 5 种通过“缩小”成了另一种东西的物品吗？

28 月历问题 235

一般我们所看到的月历的设计是按一周有 7 天而分成 7 列来排列日期。依据月历的格式，我们可以开发出多种有趣的游戏。

日	一	二	三	四	五	六
1	2	3				
4	5	6	7	8	9	10
11	12	13	14	15	16	17
18	19	20	21	22	23	24
25	26	27	28	29	30	31

请你的朋友将某一列中任意 3 个相连的数字相加，你只要知道总数就能得知该 3 个数目所指示的日期。例如，相加后的总数为 45，则位于这 3 数中间的数字必为 45 的 1/3，也就是 15，且其余的两个日期为该数各加、减 7，也

就是8和22。

请问当总和为57时，该3个数所指示的日期分别为几号?

如果给你一列中5个日期的总和，那么你该如何找出是哪5个日期呢?

在月历中的某一列，其5个日期的总和为85，是哪一列呢? 你并不需要将每列的总和都算出来。

当你仔细观察月历时，将会发现不论是哪一年的哪一个月份，会出现在同一列中的日期总是固定的那几个。比如说18位于11的下面，而25总是在18之下。

为什么以6为开头的那一列不可能拥有5个数字呢?

如果已知一列中相连的4个数字的总和，你可以设计出一种方法将该4个日期找出来吗?

29 美军用的什么办法

236

“二战”时期，美军和日军因太平洋的一个岛屿的归属，展开了激烈的争夺战。日本人为这次战役在岛屿上修建了大片地堡群。由于位置很低，设置巧妙，外加日军将这些地堡群修建得坚固无比，所以易守难攻。美军投入大量的兵力也没有办法彻底铲除这些地堡群。消灭不掉地堡群，美军就无法进一步攻打日军。

就在大家束手无策时，美军指挥官召集高层军官开会，要求大家集思广益，共谋良策。一位工程技术人员出身的军官献计说:“这些地堡是连环堡，出口处非常狭小，既然日本人的这些地堡很难攻克，我们何不反过来想一想。”

这位军官的一番话，起到了抛砖引玉的作用，给了大家一个很好的启示。最终美军想到了一个绝妙的方法，基本没有投入什么兵力，就攻克下了日军的坚固的地堡群。

你能想到美军是用的什么方法吗?

30 “加法”创造出来的东西 236

生活中很多事物通过增添扩充的再创造，使原本事物的性能更为完备，功用更具有特色。

比如铅笔和橡皮擦原来是分开的两件东西，后来，美国人威廉将橡皮加在铅笔一端，发明了橡皮头铅笔，使用起来更方便。再比如我国的一家铝制品厂，针对烧水的水壶倒开水的时候容易掉盖子烫伤人的缺点，在水壶盖子的后部增设了一个小档片，这样一来，人们进行操作的时候，就不怕翻盖烫人了。这种一个小小的改进，居然就使产品销售量翻了一番。

而现实中我们的日常生活用品中有许多东西都是这样通过“加法”而创造出来的，你还能列举 5 种以上的这类产品吗?

STEP 10

系统思维——运筹帷幄，全力击破

1 微妙的变化可以拯救一个工厂 236

一家大型牙膏公司生产的一种牙膏的市场反响一直很好，营业额连续五年递增，每年的增长率都在 10%至 20%。到第六年时，因为这家企业的产品市场基本饱和，其牙膏业绩增长停滞了下来，接下来的两年也不见有所提升，销售额保持在原来的水平。

于是，公司的领导人决定召开高层会议，商讨对策。在会议上，董事长许诺说：谁能想出解决办法，让今年销售业绩增长 10%，就给他 10 万元重奖。大家开始纷纷发表自己的建议，但是没有一个建议让董事长觉得满意。就在大家一筹莫展之时，一位刚刚上任的部门经理站起来，递给董事长一张纸条。董事长打开纸条，看完后，非常兴奋，并马上签了一张 10 万元的支票给了这位经理。第二天，这家牙膏公司的工厂就立即按照那位年轻经理给出的办法进行改革。到了年底，这家企业的销售额增长了 20%以上。那张小小的纸条上究竟写了什么？为什么这个建议能如此有效地提高工厂的营业额？

2 希尔顿巧卖地毯 236

希尔顿是美国著名的酒店业大亨，他年轻时曾去阿拉伯推销过地毯。众所周知，阿拉伯地毯业在全球首屈一指，希尔顿想要跟阿拉伯地毯叫板，几乎注定是会失败的。所以，当时他的朋友都劝他不要去做傻事。

希尔顿怎么也不听劝告，他还是带着自己的地毯来到了阿拉伯。正如朋友所料，刚开始他赔得一干二净。但希尔顿并没有就此罢休，他决定从头再来。希尔顿开始认真观察阿拉伯当地人的风俗。他发现当地人大多是穆斯林教徒，每天都要跪在地毯上，朝着麦加的方向祷告。于是，他想到一个主意。巧妙地设计出了一种能帮助穆斯林教徒朝着麦加方向祷告的地毯。正是这个小小的创新改进，使希尔顿不但卖完了所有积压的地毯，而且从此还在阿拉伯的地毯市场上占据了一席之地。那么，你知道希尔顿对地毯做了哪些改进吗?

3 马克·吐温的罗曼史

236

马克·吐温年轻时，曾在密苏里州办报。在那里，他对一位姑娘一见钟情。那是一位金发碧眼的美丽姑娘，她在一家商场收款处工作。当顾客们到收款处排队付款时，她会用她甜美的声音说出商品名称和价格。站在旁边的马克·吐温会着迷地享受这美妙的声音。这一天，马克·吐温又来这里买东西。他排在付款的队伍里，陶醉地听着那位收银姑娘的声音。

"一瓶番茄酱和一磅香肠，27 美元。"多么悦耳的声音啊!

"一包泡菜和一罐烤蚕豆，请您付 14 美元。"

"一磅香肠和一罐蜂蜜，请付 35.5 美元。"

"一罐烤蚕豆和一瓶番茄酱，15.5 美元。"

"一罐蜂蜜和一包泡菜，一共 28 美元。"

轮到马克·吐温付钱了。但他只顾欣赏那位姑娘，完全没有听到她要自己付多少钱。姑娘又亲切地重复了一遍说:"24 美元，先生。"马克·吐温这才回过神来，赶紧举帽向她致意。然后，他伸手在口袋里乱摸。随后，他又把找回的零钱掉在了地上。当他摇摇晃晃、匆匆忙忙地向门口走去时，还被前面的一位胖太太撞了一下。"等一下，先生!"那悦耳的、天使般的声音又响起来，"您忘记拿您买的两样东西了。""呃，我买的两样东西?"马克·吐温喃喃自语道。这时，他才想起他买了两样东西。其实马克·吐温买的两样食品就是上面那些东西中的两样。聪明的读者，你知道他买了什么吗?

4 哥伦布用月亮换粮食 237

1493年，哥伦布率领船队出海，不幸的是天气突变，他们在大西洋遭到了风暴的袭击，有几条船被大浪打翻，幸存的几条船顺水漂到了牙买加岛一个偏僻的码头。由于他们的食物都已被冲走了，所以只好向当地的印第安人求救。但是这里的居民们被海盗洗劫过多次，防备心很强，所以坚决不肯支援他们。

哥伦布看着自己落魄的船员们，心急如焚，却又无可奈何。他心烦地随手翻阅着身旁的一本天文书。突然，他想到了一个好主意，于是跑去找印第安首领。哥伦布来到印第安首领面前，又一次请求借点粮食给他们。这一次，首领没有了耐心，大发雷霆。可哥伦布心平气和地说道："如果您不答应，我就夺走你们的月亮。"印第安人听了当然不信，还嘲讽哥伦布，把他赶出了首领的房间。

当晚，印第安人像往常一样，在月下歌舞。但不一会儿，明亮的天空突然暗了下来，圆月不见了。这时，他们害怕了，于是所有的印第安人跟着首领来找哥伦布，希望他把月亮还给他们，不管提什么要求他们都会答应他。哥伦布得意地说道："好吧，既然这样那我就把月亮还给你们吧。明天你们就可以看到你们的月亮了。"而印第安人也兑现了他们的承诺，给了哥伦布船队足够的粮食和淡水。第二天，哥伦布带着他的船队离开了这里。晚上，印第安人也看到了他们的圆月。你知道哥伦布是如何"抢走"印第安人的月亮的吗?

5 亚里士多德巧辨谎言 237

亚里士多德的一个朋友在一所监狱里做看守。一天，朋友向亚里士多德来求教。

"我真发愁啊，"他的朋友说道，"我们监狱长请假了，我今天早上看到他给我留了个纸条，上面说昨天晚上他逮捕了两个武士打扮的流氓，可我今早上班时却发现一共有三个武士打扮的人。看来其中只有一个是真正的武士，他是来监狱探望这两个误入歧途的人的。可另外两个人也说自己是真正的武士，要求我放他们。我现在是难分真假呀。”

亚里士多德建议说:“想办法问问他们吧，真正的武士是会讲实话的。”

“我这么想过，可如果我问的人正好是那个骗子呢？”他的朋友说，“其中一个是骗子，他是撒谎的老手，从不讲真话。而另一个是赌棍，也是个见风使舵的家伙，他撒不撒谎要看情形对他是否有利。”亚里士多德想了想，决定陪同他的朋友一起前往牢房分辨真假。来到监狱后，亚里士多德先问一号牢房里的人:“你是谁？”“我是个赌棍。”这个人答道。亚里士多德又走到二号牢房前问:“一号牢房里的那个人是谁？”二号牢房的人说:“他是个大骗子！”亚里士多德又问三号牢房里的人:“你说一号牢房里的那个人是谁？”三号牢房的人回答:“他是武士。”这时，亚里士多德转向他的朋友，说道:“情况已经很明了了，你现在应该知道释放谁了吧？”听了这些描述，你知道应该释放哪个牢房里的人吗?

6 鸡生蛋，蛋生鸡

237

有一天，一家旅馆的老板控告一位农民欠他 500 元钱。原来，两年前，这位农民吃了旅馆老板一只价值 10 元的烧鸡。老板狡辩说，如果这只鸡现在还活着的话，肯定会下很多蛋，而且这些蛋又可以孵化出很多小鸡……“鸡生蛋，蛋生鸡”地循环下去，这只被农民吃下去的烧鸡两年后的价值就应该是 500 元。于是，旅店老板到法院控告农民。在一般人看来，这就是旅店老板想讹诈，但是法官拿不出理由不受理这件案子。这时一位好心的律师站出来，表示愿意免费为这位遭到讹诈的农民辩护。当法官传讯时，律师故意来迟，法官问道:“你为什么来迟？”律师答道:“我去炒麦种去了。”法官不解，问道:“为什么要炒麦种？”律师说:“我得到一种神奇的麦种，今天播种，明天就可以收获。但是，必须炒熟了才能结出果实。”法官听了，大声斥责道：“纯属胡言，自古以来，谁见过炒熟了的麦种还能长出小麦来的。”律师接着说了一句话，使在场的旅馆老板听了顿时面红耳赤，哑口无言。你知道这个律师接下来说了一句什么话吗？

7 王子求婚记

237

一位王子向美丽又聪明的公主求婚。聪明的公主为了考验王子的智慧，让仆人端来两个盆，其中一个装着 10 枚金币，另一个装着 10 枚同样大小的银币。仆人把王子的眼睛蒙上，并把两个盆的位置随意调换，请王子选一个盆，从里面挑选出 1 枚硬币。如果选中的是金币，公主就嫁给他；如果选中的是银币，那么，王子就没机会娶她了。王子说：“能不能在蒙上眼睛之前，任意调换盆里的硬币组合呢？”公主想了一下，同意了王子的要求。你知道王子如何调换硬币才更有可能娶到公主吗？

8 大智若愚的猫主人

237

古玩商老李热衷于收集古董，他在闲暇之余几乎搜遍了城里的古玩店。感觉很难再发现什么好东西后，他来到了乡下，想碰碰运气。这一天，他经过一户人家，看见其屋前卧着一只小猫，猫的旁边放着一个非常别致的碟子，这碟子看样子是用来喂猫的。老李以他多年的淘货经验马上看出，这个碟子是个宝物，而且价值连城。可这愚蠢的主人却拿它来喂猫，可见不识货。老李克制了一下自己心中的狂喜，然后装得很随意地走过去，问小猫的主人：“这只小猫真可爱啊！我儿子很喜欢小猫，他刚刚丢了一只，能不能把这只猫卖给我呢？我愿意出双倍的价钱。”猫的主人想也没想，回答道：“可以啊。既然你想送给你儿子，那就卖给你啦。”老李很激动地继续说道：“那把这个碟子附带送给我吧，我想这只猫应该已经习惯用它吃饭了。”老李心想他一定会同意的，可他做梦也没想到，那位猫主人说出了一句话，让他的美梦瞬间化为了泡影。你知道那位猫主人说了怎样的一句话吗?

9 租房子的聪明孩子 237

有一家三口要租房住。这天夫妻两人带着5岁的孩子去找房子。他们跑了一天，好不容易看到一张公寓出租的广告，于是兴奋地赶紧跑去看房子。

接待他们的是房东太太。那房东太太看上去不是很友好，对这三位客人从上到下地打量了一番。丈夫很期待地问道："这房屋出租吗？" 房东太太遗憾地说："啊，实在对不起，我们公寓不招有孩子的租户。" 丈夫和妻子听了，一时不知如何是好，于是，他们默默地走开了。那5岁的孩子在一旁安静地听着他们的谈话，看到自己爸爸妈妈失望的神情，心里在想：真的就没办法了？ 当父母带着他离开了那栋房子后，他挣脱掉爸爸的手说："我有办法。" 于是转身跑了回去，又去敲房东的大门。门开了，这次是房东开的门，那孩子跟房东说了几句话，房东听了之后，大笑起来，把房子租给他们住了。你知道这个5岁的小孩说了些什么吗?

10 农夫的哪几个儿子有钱 237

有个农夫，他的五个儿子都已成家立业。农夫晚年后，没有了收入来源，生活变得很窘迫，不得不求助于他的儿子们。他不知道哪个儿子有钱，但是他知道，兄弟之间彼此知道底细，且有钱的说的都是假话，没钱的才都说真话。

老大说："老三说过，我的四个兄弟中，有一个有钱。"

老二说："老五说过，我的四个兄弟中，有两个有钱。"

老三说："老四说过，我们兄弟五个都没钱。"

老四说："老大和老二都有钱。"

老五说："老三有钱，另外老大承认他有钱。"

你能否帮农夫分析一下，他的儿子中哪几个有钱吗？

11 鲍勃分苹果 238

杰克是爱心志愿者，他经常带礼物去看孤儿院的孩子们。这一天他带了 24 个苹果给孩子们。孤儿院院长按他们 3 年前的岁数把苹果分给了库克、凯特和鲍勃 3 个孩子，正好分完所有的苹果。其中库克最大，鲍勃最小。然而最小的鲍勃很聪明，觉得这样分不公平，他说："我只留一半，另一半送他们两个平分，然后凯特也拿出一半让我和库克平分，最后库克也拿出一半让我和凯特平分。"院长同意了，结果 3 人的苹果就一样多了。那么你知道他们 3 人之前各有几个苹果吗？ 他们今年又都分别几岁了呢？

12 自私的船长 238

A 国和 B 国之间的战争一直持续了数百年，战乱使两国的百姓都不得安宁。为了终止战乱，不再让黎民百姓受苦，经过协商，两国国王签署了一项法令，明确规定所有来往于两国之间的商船上，都必须同时有来自两国的船员，而且其人数必须相等。

这一天，第一艘来往于两国之间的商船终于开始航行了。这艘商船上共有船员 30 人，15 个 A 国人和 15 个 B 国人，船长是强壮而冷酷无情的 B 国人。出航没多久，船就遇上了风暴，受到了严重的损坏。风暴过去后，船已经无法载那么多人了。船长表示，唯一的办法，就是一半的船员下海游泳游到目的地，以便减轻船的负荷。为了公平起见，船长让所有人都站成一排，由自己读数，每数到第九的船员就跳下海。大家都同意了这个办法。奇怪的是，用这种办法而被选出跳下海的船员，全是 A 国的人，没有一个 B 国的人。你知道船长是怎么将船员进行排列的吗？

13 平面魔方

238

图中的数字排列是有一定规律的，现在让你将图中的方格分成 6 个完全相同的部分，并且每一部分中，所有数字之和都为 100，你能做到吗？你知道其中的原理吗？

18	6	4	30	47	29
45	30	6	18	17	2
1	21	1	42	23	5
3	28	7	17	1	6
44	4	32	43	30	40

14 贵妇人的钻石项链

238

从前，有一个贵妇人有一条非常名贵的钻石项链，她经常将它戴在脖子上。项链的挂坠上镶有 25 颗呈十字排列的钻石，贵妇人平日里最喜欢清点挂坠上的钻石。无论是从上往下数，还是从左往上数或者从右向上数，钻石的数量都是 13。无意中，一个和贵妇人很熟的工匠师知道了贵妇人数钻石的习惯和方式。一天，那条钻石项链坏了，于是，贵妇人拿着项链去找工匠师。工匠师将这条项链修好之后，还给了贵妇人。她当面清点完挂坠上的钻石才走。而站在一边的工匠师，则握着从挂坠上取下的钻石偷着乐。你知道工匠师在项链的哪个地方动了手脚吗？

15 巧填九宫格

238

下面的方块内，横向和纵向都由九个方格组成。填数字的规则是：格子里的每一行，每一列都必须包含 1—9 这几个数字，并且不能重复，同时还要保证每一个小九宫格内的数字也包含 1—9 这几个数。（如图）

					4		2	
		1	2	3		5	7	8
		4		6				
3		7	8	9				5
1								7
8				1	2	3		6
				4		6		
6	3	2		7	8	9		
4		5						

16 狗的性别

238

吉米家的狗生下来四只小狗。吉米和他的伙伴凯莉讨论小狗的性别。吉米说：“四只狗每一只都可能是公的，也可能是母的。所以出现的情况可能是：四只全都是公的；四只全都是母的；有三只是公的，一只是母的；有三只是母的，一只是公的；有两只是公的，两只是母的。”凯莉说：“它们两公两母的概率是 50%，因为每只是公是母的概率都是 50%。”凯莉的说法对吗？如果你认为是错误的，你能找出反驳的理由吗？

17 火中逃生记

238

宾克斯火灾逃命器获得了美国专利，然而，它的构造其实很简单，就是在滑轮两边用绳索吊着两个大篮子，把一个篮子放下去的时候，另一个篮子就会升上来，如果在其中的一个篮子里放一个物体作为平衡物，则另一个较重的物体就可以放在另外的篮子里往下送。一家度假旅馆的窗外就安装了这样一架宾克斯火灾逃命器。假如一只篮子空着，另一只篮子里放的东西不超过30磅，则下降时可保证安全无恙；假如两只篮子里都放着重物，则二者的重量之差不超过30磅才能保证安全逃生。

这天夜里，旅馆突然发生火灾，除了夜间值班员和他的家属之外，所有旅客全都安全脱险。值班员试图带着家人逃出去，但他发现除了窗外的那个宾克斯升降装置可以利用之外，其他的通路全都被大火封死。值班员体重90磅，他老婆重210磅，一只狗重60磅，婴儿重30磅。现在不论升、降，只能利用与逃命直接有关的男人、女人、狗和婴儿，别的东西都不能放在篮子里。假定狗和婴儿如果没有值班员或他老婆的帮助，自己不会爬进或爬出篮子。

请问，用什么办法能尽快使这三个人和一只狗安全地脱离险境？

18 巧克力中隐藏的谎言 239

在一个气温高达35℃的炎炎夏日的正午，女侦探琼斯站在月台接人。一列火车刚刚到站，琼斯就听到背后有人在叫她："嗨，琼斯，你怎么在这里？"琼斯扭过头看到了梅丽尔，梅丽尔跟琼斯正在侦查的一件案子有关。"我是来接人的，你怎么也在这儿？"琼斯问道。"真巧，我也是来接人的。"梅丽尔答道。说着，她从手提包里掏出一块巧克力，掰了一半递给琼斯："还没吃午饭吧？先吃点巧克力。"琼斯也不客气，接过来放到嘴里。她使劲嚼着硬邦邦的巧克力。这时，琼斯突然察觉到了什么，厉声对梅丽尔说："你为什么要撒谎，你分明刚刚从火车上下来，为什么要骗我说你也是来接人的？"梅丽尔被她这么一问，有点儿慌了，脸也变红了。但她仍想抵赖，所以反问道："你怎么知道我刚下火车？你看见了吗？""不，我没看见，但我知道你在撒谎。"琼斯肯定地说道。你知道为什么琼斯断定梅丽尔在撒谎吗？

19 郁金香里的秘密

239

诺丁汉郡有一位英俊的艺术家名叫威廉，他在卖唱时偶遇了当地有名的美人莫妮卡。莫妮卡的美貌与气质深深地吸引了威廉。他打听到了莫妮卡的住所后，就经常在莫妮卡的窗下弹唱，倾诉自己对她的爱慕之情。美丽的莫妮卡起初并没把这位冒失的年轻人放在眼里，但威廉的坚持打动了她，威廉赢得了这位美丽姑娘的芳心。但是，莫妮卡的父亲得知此事后，非常生气，他不愿意让自己的宝贝女儿跟威廉这种人混在一起。可是莫妮卡和威廉相处了一段时间后，已被他的才华深深吸引。她觉得自己和威廉在一起很快乐，坚决要和威廉在一起。

莫妮卡的父亲没有办法，只好出了一道难题来考威廉。他找来了两个身材与自己的女儿极其相似的邻家少女，同莫妮卡一起用纱巾蒙住全身，然后让她们都站在布帘后面。接着，莫妮卡的父亲找来月季花、玫瑰花和郁金香，让三位少女各选择一朵。然后每人都伸出一只手，拿着一朵鲜花。莫妮卡的父亲要威廉来猜，哪一位是莫妮卡。如果威廉猜对了，他就答应女儿和威廉在一起。

此时，莫妮卡无法与威廉沟通。看着眼前的三朵鲜花，她灵机一动，挑了一朵郁金香，把月季花和玫瑰花给了另外两个少女。然后，莫妮卡的父亲叫威廉开始来猜。站在布帘另一侧的威廉看着眼前的三只小手拿着的三朵不同的花，沉思片刻后，便对莫妮卡的父亲说："我已经认出来了，拿郁金香的就是您的千金莫妮卡小姐。"当威廉拉着莫妮卡走到她的父亲面前时，老人再也无话可说了。请问，威廉为什么断定拿郁金香的就是莫妮卡呢？

20 精明的贩马人

239

从前，有一个贩马的商人，专门以倒卖马匹获取差价赚钱。一天下来他买卖马匹的情况是这样的：先用 60 两银子买一匹马，又用 70 两银子卖这匹马，再用 80 两银子买这匹马，最后又用 90 两银子卖了这匹马。他的老婆抱怨道："辛辛苦苦，折腾了一天，只赚 10 两银子！"那贩马商笑道："可不止 10 两银子哦！"那么请你算一算，商人在这匹马的交易中赚了多少钱？

21 四人过桥 239

四个人结伴出去玩儿，回去时天已经漆黑，他们中只有一人带了手电筒。他们要经过一座很窄而且没有护栏的小桥。由于这天的天气不好，没有月光，周围也漆黑一片，如果没有手电筒的照明，是根本无法走过这座小桥的。而且这座桥只能承受两个人的重量。如果他们各自单独过桥的话，需要的时间分别是 3、4、6、9 分钟；如果两个人同时过桥，那所需要的时间就是比较慢的那个人单独过桥所需要的时间。你能帮这四个人设计出一个完美的方案，让他们用最短的时间过桥吗？

22 神秘的走私犯 239

老李在海关工作，他是位经验丰富的海关人员，常年负责检查走私货物。由于工作要求，海关人员每天都要对进出关口的人进行例行检查。最近老李发现一个年轻人经常骑着自行车，带着一大包干草出入关口。老李凭着自己的职业直觉，觉得此人非常可疑。这一天，老李拦住了骑车人，要对他仔细检查。不过，他和别的海关人员一样，什么也没有发现。干草包里除了干草外什么也没有装，他只好将此人放行。可是凭借自己多年的工作经验，他断定这个人一定是走私犯，无奈却找不到任何证据。就这样，这个"走私嫌疑犯"每天骑着自行车带着一大包干草过境，海关人员每天都搜查他，却始终一无所获。后来据可靠线报，这个人确实是个走私犯。你知道他走私的是什么东西吗？

23 智选公司

239

王先生是个高级工程师，有甲、乙两家公司出高薪聘请他去工作。甲公司与乙公司给出的待遇，除了以下两项略有不同外，其余方面是完全相同的。甲公司开出的条件是：半年工资 50 万元，每半年工资增加 5 万元。乙公司开出的条件是：年工资 100 万元，工资每年增加 20 万元。王先生想去待遇比较丰厚的公司就职，你知道他会选择哪家公司吗？他去该公司工作将比他去另一个公司每年多收入多少钱呢？

24 谁是最后的赢家

239

有两个人做游戏，他们往桌子上放了 15 枚硬币，然后轮流去取，一次至少要取 1 枚，最多只能取 5 枚，如果谁拿到最后 1 枚硬币，那么这 15 枚硬币就全部归他所有。如果让你来玩这个游戏，你知道怎么去取才能保证最后 1 枚一定是自己的吗？

25 家有四兄弟

239

张先生有四个儿子，老大、老二、老三性格都很调皮、顽劣，只有最小的弟弟为人实在，不会撒谎。不过老二有时也会说实话。下面是四个兄弟关于年龄的对话。

A："B 比 C 年龄小。"

B："我比 A 小。"

C："B 不是老三。"

D："我是长兄。"

根据以上的信息，你能判断 A、B、C、D 的年龄顺序吗？

26 青铜像上的玄机

240

汤姆和汉克是同事，有一天两人扭打着到了派出所。汤姆向警官告状："昨天晚上，家里熄灯之后，我突然听到一阵扭打声。于是，我就跳下床去看个究竟，刚好撞上一个人从我妻子房里跑出来，蹿下楼梯去了。我跟在他后面猛追。当那个人跑到后门走廊时，我借着门口的灯光，认出他就是汉克。他大约跑了 100 米，扔掉了一件什么东西。那东西在乱石上碰撞几下之后滚进深沟，在黑暗中撞击出一串火花。我没有追上汉克，回到住所一看，老婆被钝器击中，已经死在了床上。"警方按照汤姆说的地点，找到了一尊青铜像。经过化验，铜像底座的血迹和头发都是汤姆老婆的。而且，警察还在青铜像上取到一个清晰的指纹，是汉克的。汉克说："指纹可能是自己前天在汤姆家中把玩铜像时留下的。"当夜，警察把两人的话和现场所见转述给了警长。警长沉思片刻之后，肯定地说："汤姆是重大嫌疑人，他诬陷了汉克。"你知道警长是如何得出这个结论的吗？

27 湖中的水草

240

曾经有一个男孩带着自己的女友在河边散步，不会游泳的女友不慎掉入了河里。男孩二话没说就跳入河中，但是他没有找到自己的女友，最终只好悲痛地离开了这个让自己伤心的地方。几年之后，男孩再一次来到这条河边，他看到一个老人正在河边钓鱼，他就走了过去。看了一会儿，他发现鱼的身上一点儿水草都没有。他感到非常奇怪，于是就问老人，为什么这些鱼的身上一点儿水草也没有。老人转头奇怪地看了男孩一眼说:“谁告诉你这条河里有水草的?我从小就在这条河里游泳,到现在都没见过里面长水草。”老人的话刚说完,男孩就愣住了。他呆站了一会儿,突然捶胸顿足、失声痛哭。你知道这个男孩为什么会突然这样吗?

28 怪异的报案信

240

这天,一位警员收到一封报案信。奇怪的是,这封信自始至终都没有提因什么而报案。它看起来像是报案人的一篇描写自己惊恐心情的日记:那一刻我害怕极了,我从来没有遇到过这样的事情。现在,我被完全孤立了。我孤独地坐在车里,双手紧握方向盘,不知道如何是好。但是,车子太破旧了,发动机很快停止了运转。周围一片漆黑,我感觉到阵阵寒意。我试图往外看,可是什么也看不见。此刻,速度对我来说太重要了。我必须脱掉衣服。为了争取每一秒的时间,我艰难地脱掉了衣服。然后,我打碎了车窗玻璃,终于离开了汽车。惊恐的我用尽全力向前移动。不知道移动了多远的距离,我终于看到夜晚城市的灯光。在那一刻,我激动万分。接着,我找了最近的一家警署,报了案。

拿着这封不知所谓的报案信,警员一脸的茫然。这封信到底要表达什么意思呢?

29 自杀还是他杀

240

一天夜里 9 点,有人报案称一个男人在公寓内将他的情人给枪杀了,然后自杀身亡。当 FBI 的警员赶到案发现场后,公寓内一片漆黑,空气中有一股强烈的血腥味儿。警长好不容易才找到墙壁上的开关。灯打开后,映入眼帘的两具尸体,死相十分悲惨,他们都圆睁着眼睛,满脸鲜血。男子身旁的手枪,显然就是凶器。办案警员小心翼翼地在案发现场搜集证据。这时，一名男子表情痛苦地走入了公寓，他是女死者的丈夫，是他打电话报的警。“你们可来了，我老婆被那个浑蛋杀死了。是我报的案，我亲眼看见那个浑蛋开枪自杀了。而我老婆躺在他的旁边，已经死了。他是我老婆的情夫，一定是他杀死了我的老婆，然后畏罪自杀。”男子情绪激动地说。

“你为什么不阻止他？”FBI 警长疑惑地问。

“来不及了，我刚到公寓门口，就听到了一声枪响。我拼命敲门，也没人来开。之后我透过花园窗户看见那个浑蛋开枪自杀了。当我打碎玻璃进入公寓后，他们两个已经死了。你看，这是他写的遗书。”

“你进来后，有没有动过房间的东西？”FBI 警长问道。

“我都吓傻了，赶紧跑出去打电话报警，没有动任何东西。哦，不对，我看过了那封遗书，剩下的东西都没碰。案发现场和我进来时基本一致。”

“先生，你在说谎。”接着，警长命人逮捕了他。亲爱的读者，你知道这是怎么回事吗？

30 女明星之死 240

近日某女星跳楼自杀的消息在纽约闹得沸沸扬扬，有人说她是为情自杀，有人说她和黑社会结怨，走投无路而选择了自杀，还有人说她欠了一大笔债，因无法偿还而选择了自杀……当 FBI 的警员来到案发现场时，他们确定了死者跳楼的阳台和窗户，不过没有在死者家中找到遗书或录好的遗言，亦没有从死者的家中找到任何打斗的痕迹。总的来说，死者自杀而死的可能性很大。而当他们再次仔细勘查现场时，死者跳楼的窗台引起了他们的注意。

这是一个比一般窗台都要宽两倍的窗台，但是窗台上却没有任何盆栽或物品。奇怪，这么宽的窗台，为什么不加以利用呢？之后 FBI 的警员们在死者家中的客厅发现了两盆名贵的盆栽。喜欢养绿植的人都知道，女星养的这两盆绿植都是喜阳植物。纽约本来阴天就较多，而死者家中的客厅光线也比较暗，所以为什么死者不把这两盆盆栽放在阳台的窗台上呢？显然这是一处很大的疑点。经验丰富的警长仿佛想到了什么，他让体形比较瘦小的比尔去窗台上躺一下。当比尔安安稳稳地躺在了窗台上时，警长拉开了窗户的纱窗，在场的警员一下子清楚了。聪明的读者，你知道这是怎么回事吗？

答 案

Step1
类推排除——比较论证，掌握规律

1. 四楼有多少盏红灯

答案： 其实这道题目是一个等比数列求和的问题。一般的解法是，已知本题的项数为 7，公比为 2，和为 381。根据求和公式求出第 1 项，再求出第 4 项，就可以选出答案。然而这种做法需要花费一些时间。

这道题目简单的做法就是利用排除法。我们可以这样想，第一层的红灯数量肯定是整数；第二层的红灯数量是第一层的两倍，所以就是 2 的倍数；第三层的红灯数量是第二层的两倍，所以就是 4 的倍数；第四层的红灯数量是第三层的两倍，所以就是 8 的倍数。

再结合四个选项，可以发现 B、C、D 都不是 8 的倍数，所以可以排除这三项，余下的 A 选项正好是 8 的倍数，就是正确的选项。

2. 挑选异类图形

答案： 观察所有的图形，会发现一个规律，那就是：圆周围的辐条数是奇数时，那么圆形就是实心的；当圆周围的辐条数是偶数时，那么圆形就是空心的。只有 E 选项的图形不符合这个规律，所以答案是 E。

3. 找出合适的图案

答案：此题需要用排除法解决。首先，观察第一幅图，会发现黑色小球的数量呈递增等差数列，逐步增加。而相应的白色小球的数量则是呈递减等差数列，逐步减少。所以可以先排除A、C。其次，再看白色小球，会发现白色小球的整体位置按逆时针方向旋转。所以可以排除D。因此，正确的答案为B。

4. 寻找缺失的图形

答案：这道题目需用到排除法。观察已知的图形，会发现无论是横排还是竖排，每格在菱形的内外都增加了1个圆点。一直到内外圆点都是4个之后，圆点开始减少。

根据这个规律可以排除A、C和D，B选项是正确的答案。

5. 图形对应

答案：根据图形1和图形2是对应的，可以发现其中的规律。那就是小直角顺时针旋转了90度，大直角逆时针旋转了90度，而中间的直角保持不变。

首先，根据小直角顺时针旋转90度，可以排除B、D、E。其次，根据中间的直角保持不变，可以排除A。所以，正确的选项是C。

6. 对号入座

答案：要想选出正确的图，就要运用类推的思维方式，先找出已知图案的规律。

观察前两行图，可以发现，最后一幅图案是由第一幅与第二幅图叠加得到的。由此，可以类推第三行的最后一幅图也应该是这样得到的。所以，正确的选项是B。

7. 找规律选图

答案：要想选出正确的图，就要运用类推的思维方式，先找出已知图案的规律。

通过观察可知图案的规律是：立方体的面数与三菱锥的面数之比为3:2。所以根据类推可以得知下图中三角形的边数与后面的图形的边数也应该是3:2。

从四个选项来看，只有A选项符合，故是正确的答案。

8. 找出合适的汉字

答案：解答这道题目需要运用类推思维。首先，通过观察可以发现左图中的三个汉字的笔画分别为4、5、6，呈现递增的趋势，是等差数列。

其次，通过上述的规律可以类推，第二幅图中的汉字笔画也是这个规律。第一个字“人”有2画，第二个字“工”有3画，所以第三个字应该有4画。

最后，观察选项，我们可以发现只有B选项的“止”是4画，完全符合上述规律。所以B是正确的答案。

9. 图形类推

答案：首先，通过观察可以发现左图的规律：第一幅图案的两个三角形有一条共同边，并且左边的三角形以共同边为轴旋转180度，就可以得到第二幅图案。

根据这个规律可以类推出第二个图形的左边的带小圆的圆弧，以基座为轴旋转180度，就是问号处的图形。

所以，从四个选项来看，只有C选项符合，是正确的。

10. 情报专家巧解数字暗号

答案： 从表面来看，7、8、9、10、11 这五个阿拉伯数字就是纯粹的数字，但实际上它指代具体的事物。我们可以通过类推法，把这五个阿拉伯数字跟英文字母进行对照，可以得到 K、L、M、N、O 这五个英文字母。但是这五个英文字母组合并没有实际的意义。如果我们继续类推，把这五个阿拉伯数字跟月份对照，就会得到 July、August、September、October 和 November 五个单词。之后把每个单词的首字母提取出来组合，就能得到“Jason”。这无疑是一个英文名字。因此，可以断定那位恐怖分子头目叫 Jason。罗伯森就是通过类推的方式得出结果的。

11. 墙上的血迹

答案： 一个人站立时，在自己所面对的墙壁上书写，通常都会选择与自己目光平行的位置。克里特目测出自己的视线高度与血字中心高度的距离，然后以自己的身高为基础，通过类比计算出了凶手的身高。

12. 判断外套的颜色

答案： 我们可以用排除法来解答这道题目。首先，根据买黑色外套的人说的话，可以推出买黑色外套的人不是黄种人甲，就是白种人乙；买黑色外套的肯定不是黑种人丙。可以排除丙。

其次，根据黄种人甲的话，可以推出黄种人甲一定没有买黑色的外套。所以可以排除。那么如此一来，就可以确定白种人乙买了黑色的外套。

综合上述，黄种人甲买了白色外套；白种人乙买了黑色外套；黑种人丙买了黄色外套。

13. 语言与国籍

答案： 这道题目可以运用排除法解答。首先，根据条件（5），四个人之中没有人同时会说法语和日语，可以排除 b、d。

其次，再看 a 和 c 选项，都锁定 A 游客会日语和德语，再根据条件（3），可以推出 A 和 D 只能通过德语进行交流。也就是说，D 是会说德语的。所以可以排除 a。

综合上述，这道题目的正确答案就是 c。

14. 吉格斯的先见之明

答案： 用类推透射事情的真伪，不失为一种好的方法。吉格斯的先见之明就在于他利用了类推这种思维方式。

吉格斯是这样说的：“就拿卖牛肉来说吧，我的牛肉质量好，并且分量足，那么顾客就会非常满意，付了钱拿货就走。可是当我的牛肉质量不好的时候，我虽然给顾客多加一点儿肉，少要点儿钱，他们依然不会要。如此一来，我的牛肉就难以卖出去。如今，议员要把女儿嫁给我一个卖牛肉的，并且还有丰厚的嫁妆，我猜想他的女儿一定不漂亮。”因此，吉格斯没有答应娶议员的女儿。

15. 奇妙的倒置数字金字塔

答案： 这道题目需要运用类推法解决。首先，通过观察会发现，第二排的数字比第一排少 2 个，第三排的数字比第二排少 2 个，因此可以类推出第四排的数字比第三排少 2 个，应该是 3 个。而第五排则应该是 1 个。

其次，第二排比第一排少了数字1和9，这两个数分别是第一排之中的最小数和最大数。第三排比第二排少了数字2和8，这两个数字分别是第二排之中的最小数和最大数。因此可以类推出第四排的数字之中没有第三排之中的最小数和最大数。也就可以确定第四排的数字是4、5、6。同理，第五排的数字就是5。

最后，每一排的数字排列是有一定顺序的。第一排去掉1和9之后，剩余的数字从右到左排序，正好是第二排数字的顺序。第二排去掉2和8之后，剩余的数字从右到左排序，正好是第三排数字的顺序。因此可以类推出，第四排的数字顺序应该就是第三排去掉3和7之后余下的数字从右到左排列的顺序。所以第四排的数字从左到右依次为5、6、4，最后一排数字是5。

16. 阿基米德称量皇冠

答案：阿基米德之所以能够解决皇冠问题，是因为他通过类推方式找到了方案。阿基米德进入盛满水的水盆之中，刚进入的时候，水溢出来的很少，但随着他往下沉，水溢出的会越来越多。

根据类推术，可以得知任何一种物体进入水中的时候，都会引起水位的变化。如果皇冠和同等重量的黄金放入水中之后，溢出来的水是一样多的，那么就证明皇冠是纯金的。如果皇冠放入水中之后溢出来的水比同等重量的黄金放入水中所溢出来的水要多，那就说明皇冠之中掺杂了比黄金密度小的物质。我们知道同样重量的黄金和白银，黄金的体积要小一些，白银的体积要大一些。阿基米德就是利用这个方法证明了那个工匠私吞了一些黄金，并在皇冠里掺杂了白银。

17. 珍珠项链被谁偷走了

答案：此题需要用到排除法，一步一步地排除不可能作案的人。首先，根据条件（5）可以知道，贝鲁奇没有偷珍珠项链。既然贝鲁奇打了麻将，那么（1）中的另一位女客人就一定是希尔顿。由条件（1）、（2）可知，叶莲娜的丈夫和希尔顿的丈夫一定不是盗贼，可以先排除他们两位。

其次，从条件（3）和（6）可知，贝鲁奇的丈夫只有一条手臂，因而不能打网球。他也不是盗贼，可以排除。如此一来，剩下的叶莲娜和希尔顿中的一个可能就是偷走珍珠项链的人。

最后，根据条件（4）可知，叶莲娜的丈夫是第一次认识希尔顿，所以他们是不可能一起打网球的。因此，可以排除希尔顿。

综合上述，叶莲娜最有可能偷走了珍珠项链。

18. 该追哪个嫌疑人

答案：这道题目的答案在监听到的声音里。在开门之前，纳什听到走廊里有笃笃笃的脚步声，他想到只有皮鞋跟部与地面触碰才可以发出这种声音。而另外那个穿休闲鞋的人，在走廊里走时是不会发出这种声音的。纳什通过类推认定那个穿西装的人是非法交易的买家，因而与伙伴一起开车追踪他。

19. 聪明的飞贼

答案：从门窗的情况看来，犯人是不可能进入室内，也不可能在窗口使用工具盗窃。犯人使用了让自己不必亲自到场的盗窃工具——鸟类。训练鸟类采集光闪闪的宝石的能力，然后由鸟类穿过防护栏，衔取宝石饰品。火柴是让鸟类衔住，使其不致发声的，而之所以锁定黑格斯，是因为夜里只有猫头鹰能够自由飞行。

20. 停了多长时间的电

答案：这道题目用常规的算法也可以计算出来，但是需要花费时间。此时我们不妨试一试排除法。如果停电30分钟，那么就说明细蜡烛燃烧了一半，刚好是粗蜡烛没有点燃之前的长度。在这段时间内，粗蜡烛燃烧了1/4，所以来电的时候，两支蜡烛的长度是不一样的。

如果停电60分钟，那么就说明细蜡烛燃烧完了，粗蜡烛燃烧了一半。如果停电10分钟，那么两支蜡烛燃烧后的长度也是不一样的。

由上面的假设验证，可以估算出停电时间应该在30分钟到60分钟之间。所以A、B、D三个选项都可以排除。剩下的C选项才是正确的答案。

21. 猜猜谁是副经理

答案：本题可以运用排除法来解答。首先，根据题意可以判定乙说的肯定不对，因为乙说的要是正确的话，那么丙就是副经理，这跟已知条件相矛盾。所以，丙不是副经理。

其次，丙说的话也不对，如此一来可以判定丁的职业就是销售员。所以可以排除乙、丙、丁，那么剩下的甲一定是副经理。根据甲所说，乙不是副经理助理，也不是销售员，那么他肯定就是会计。而丙就是副经理助理。

综上所述，甲、乙、丙、丁四人的职业分别是：副经理、会计、副经理助理、销售员。

22. 打靶子游戏

答案：此题可以运用排除法来解答。首先，根据题意和已知条件（3）、（4），可以推出A、B两人各打了3靶。其次，根据已知条件（1）和（2），可以推出B打了3个奇数靶。所以，剩下的1个奇数靶，不是A就是C来打的。因而可以首先排除a、b、d三个选项。c选项无法根据已知条件直接推出，所以也要排除。正确的答案就是e。

23. 过山车分组

答案：这道题目可以用排除法来解答。首先，根据条件A，性别相同的大人不能分在同一个组，那就说明每一组都有一位妇女。两位成年男士分别在两个组里，剩下的孩子在分配时，定会有两个孩子被分在一组，并且这两个孩子是和一位女士分在一组。所以，（2）、（4）、（5）三个选项不能判定是否正确，可以排除。

其次，根据题意可知（3）完全不正确，可以排除。所以，正确的答案是（1）。

24. 歌唱比赛名次排名

答案：这道题目可以用排除法来解答，一步一步地确定谁到底是第一名。首先，因为B不是第一名，也不是最后一名，所以他的名次可能是第二名、第三名或第四名。当B为第三名或是第四名的时候，推出来的结果跟题意矛盾。所以可以断定B不是第三名，也不是第四名。当B是第二名的时候，A不是第一名，也不是最后一名，那么A可能是第三名或者第四名。当A是第三名时，C是第四名。此时，D不是第二名也不是最后一名，只能是第一名。如此一来，排在D之后两名的E与A发生了矛盾。所以可以排除A是第三名，那他只能是第四名。

如此一来，D是第一名，A是第四名，C是第五名，B是第二名，E是第三名，这才符合题意。所以，这就是五位选手的最终名次排名。

25. 括号里的数字

答案：解答此题，需要用纵向延伸的思维方式。我们先不考虑前项与后项之间的运算关系，而是先将数字本身转化成另外一种表达方式，如此一来，$1/9=9^{-1}$,$1=8^0$,$7=7^1$,$36=6^2$。于是上面的题目就可以转化为 9^{-1}、8^0、7^1、6^2 这样一个数列。这时，我们不难发现其中的规律：底数是递减数列，而指数是递增数列。所以，括号里面应该是 $5^3=125$。

26. 揭开神秘数字“732”的面纱

答案：警长之所以能够揭开神秘数字“732”的面纱，是因为他进行了类比推理。在五线谱中，音符对应的字母通常是从CDE开始，一直到FGAB为止。把它转换成数字形式就是1234567。因此，数字与字母就产生了对应关系。也就不难看出，7对应B，3对应E，2对应D。这三个字母组合起来就是“BED”，也就是床的意思。果不其然，警长在毒贩的床内搜出了毒品。

27. 真假郁金香

答案：贵妇人自以为做得天衣无缝，实际上还是有破绽的。那就是她忽略了植物的生理节律。郁金香的花朵在夜间会合拢，而假花自然没有这种功能。盗贼是晚上入室行窃，当他发现其他的郁金香都合拢了，就会类推出这株假的郁金香也应该会合拢这样的结论。然而事实上，这株假郁金香并没有合拢。如此一来，盗贼就开始怀疑这株没有合拢的郁金香是否有什么秘密呢！于是他拔出假花，刨出泥土，就发现了藏在花盆里的珠宝。

28. 有多少场新员工培训

答案：这道题目需要用到排除法。甲教室有5排座位，每排可坐10人，每次培训均座无虚席，所以甲教室每次坐 $10\times5=50$ 人。乙教室也有5排座位，每排可坐9人，每次培训座无虚席，所以每次坐 $9\times5=45$ 人。

先看A选项，甲教室举办该培训8次，共有 50×8 人次；故乙教室举办该培训 $27-8=19$ 次，共 45×19 人次。因而甲乙两教室共培训 $50\times8+45\times19$ 人次。

再看B选项，甲教室举办该培训10次，共 50×10 人次；故乙教室举办该培训 $27-10=17$ 次，共 45×17 人次。所以甲乙两教室共培训 $50\times10+45\times17$ 人次。

接着看C选项，甲教室举办该培训12次，共 50×12 人次；故乙教室举办该培训 $27-12=15$ 次，共 45×15 人次。所以两教室共培训 $50\times12+45\times15$ 人次。

最后看D选项，甲教室举办该培训15次，共50×15人次；故乙教室举办该培训27−15=12次，共45×12人次。因而甲乙两教室共培训50×15+45×12人次。

综合上述，A、B、C得出来的人次总数都是奇数，而实际上当月培训1290人次，是偶数，因此可以排除A、B、C三个选项，故正确的答案就是D。

29. 辨别供词真伪

答案：这道题目可以运用排除法进行推理。首先，甲和乙都说“我没有偷走文件”可知这两句不可能全是实话。如果这两句都是实话，那么丙就是作案者。根据题意，六句供词中只有两句是正确的。既然甲和乙的话都是实话，那么丙的话就一定是假话。而当丙说假话时又跟已知条件相矛盾，所以，甲和乙的话只有一句是实话。可以确定丙不是作案者，因而先排除丙。

其次，因为三名嫌疑人之中只有一个人不会破译密码，所以甲的“我不会破译密码”、乙的“我会破译密码”和丙的“我不会破译密码”中不可能只有一句实话。而根据题意这三句话中最多只有一句实话，所以这三句话应该都是假话。至于丙说的“是会破译密码的人作的案”则是实话。由此可以确定乙不会破译密码，因而犯罪嫌疑人可以排除乙。故此，甲才是作案者。

30. 两条车辙印

答案：要想判断走哪边才能抓到盗贼，需要运用类推方法。首先，当两个人用一根木棍抬东西的时候，重物偏向某人一边，那么这个人就会承受更多的重量。正常情况下，人骑在自行车上，人的位置要偏后，也就是说后面的轮胎要承受更多的重量。如此一来，前轮和后轮分别产生的车辙的深度是不同的。但是在上坡的时候，人的重心会向前移动，这样一来两个轮胎承受的重量就相同了，所以前后轮车辙印的深度是相同的。

在这个案例中，由于盗贼是骑自行车向远处逃走，必须走上坡土路。而上坡的前后轮车辙印的深度应该一样，所以，这个警察应该沿着车辙印一样深的方向追赶盗贼。

Step2
迂回思维——绕开障碍，曲径通幽

1. 列车上的女诈骗者

答案：皮特面对无礼的女诈骗者，不是随着她的思路下去，而是采用一种迂回的办法。他点着一支香烟，慢慢地吸上几分钟，这样就会有一段长长的烟蒂，为自己留下辩护的证据。列车上的乘警过来，见到皮特的烟上留有一段长长的烟蒂，说明在此之前皮特没有对女诈骗者动手动脚，更谈不上什么性骚扰，因此乘警断定那个女人是个诈骗犯。

2. 丢失的邮票

答案： 警长福尔斯看到柜子上的几处撬痕，就明白了整个事件的原委。小偷或者盗贼在作案时，一定不会去做浪费时间的事，行动越是缓慢越有可能被抓住。所以如果盗贼想要盗走玻璃柜里的邮票，一定会选择一种简单直接的方法——直接敲碎玻璃，而不是花时间去撬玻璃柜。只有邮票的主人卡特会用撬玻璃柜的方式，因为他怕用击碎玻璃的方式会损坏其他的珍贵邮票。

3. 可疑的血手印

答案： 墙壁上的血手印的确是凶手伪造的。五个手指的指纹全部正面紧贴墙壁，手掌的纹路也很清晰，这是最大的疑点。因为当手掌贴在墙上时，拇指和其他四个手指不同，是侧面贴着墙的，所以正常情况下，拇指的指纹不会全在墙上印出来的。而且手掌心里的纹路一般很难印出来。因为在自然情况下，掌心是向里凹的，不可能那么清晰地印在墙上。所以，这只能是凶手伪造的。

4. 穿睡衣的女死者

答案： 由于门是自动锁的，而且上面还有猫眼，所以凶手杀死女教师前一定是经过女教师的同意才进入房内的，再加上女教师死前穿着睡衣，由此可见凶手和死者的关系一定不一般。如果是学生来访，那她一定会换掉睡衣，穿上待客的衣服；但如果是男朋友来访，那她就没有必要换衣服了。所以，女教师的男朋友嫌疑最大。

5. 宾馆里的命案

答案： 女秘书声称自己在电话里听到慌乱的脚步声，这一点引起了警长的怀疑。宾馆的走廊和客房里到处铺有厚厚的羊毛地毯，女秘书不可能从话筒里听见凶手逃跑时的脚步声。所以这个女秘书在说谎。

6. 地上的碎玻璃

答案： 玻璃碎片满地都是，这让探长福尔斯怀疑起保安说的话。这位保安说他在玻璃被打碎前拉上了窗帘，如果真的是那样，小偷打碎玻璃时，碎玻璃被窗帘挡住，就不会落得满地都是了。所以福尔斯判断这名保安在说谎。

7. 请帮我拿回我的笔

答案： 福尔斯让杰克替自己拿笔，目的就是要试探杰克。如果他不是凶手，那他一定不会知道丽莎被杀的地点。但杰克去旅馆取回了金笔，而不是直接去丽莎所住的公寓，因此他就是杀害丽莎的凶手。

8. 被盗的钞票

答案： 在第一次银行抢劫案中，虽然没有当场捕获盗贼，但警察已经将丢失的钞票的号码记录下来。盗贼玛格尔交罚款的 20 欧元的钞票，是被抢劫的 10 万欧元中的一张。

9. 无线熨斗上的蓄电池

答案： 松下公司根据家庭妇女熨衣服时一会儿放下一会儿拿起熨斗，给熨斗设计了一个充电接口。让她们每次放下熨斗时直接把熨斗放在充电接口上充电，这样蓄电池里的电量会及时补充上。

10. 阅读《圣经》的方式

答案： 亚当斯知道国王对《圣经》很崇拜，而且国王的话说出去了就驷马难追，于是亚当斯告诉了狱卒自己阅读《圣经》的计划——每天只读一行字。《圣经》可是一部巨著，按照一天读一行字的速度，亚当斯一辈子也读不完。

11. 讨回银筷子

答案： 客人偷了银筷子，这是一件很羞耻的事。这种事情肯定不能大张旗鼓地说，也不能直接跟客人说，不然可能会跟客人发生口角。最好的办法就是让客人自知，而且要给他一个台阶下。于是这个服务员拿着装筷子的盒子对客人说："我们发现您用餐时对那双银筷子很感兴趣，为此酒店决定以原价卖给您。这是装筷子的盒子，请您收下。"这样，客人趁机下了台阶，把筷子还给了酒店。

12. 究竟是谁赢

答案： 马克明白警察不可能在明天会长出尾巴来。但他还有另外一个计划。他跑到警察家里，跟警察的家人打赌说自己能让警察脱裤子。警察的家人听了怎么也不信，所以就跟马克打赌，如果马克能让警察脱下裤子就一人给他 100 元。所以马克最后还是赢了钱。

13. 麻雀点火

答案： 薛礼的麻雀不是一批放完的，而是分了两批。第一批麻雀放出去后，将硫黄和火药撒在草垛上；第二批麻雀的爪子上拴着点燃的香头，当第二批麻雀带着香头落在处处是硫黄和火药的草垛上时，便把硫黄和火药点燃了，引起城内的火灾。薛礼趁城内混乱，立即下令攻城，轻松拿下岩洲城。

14. 样品和家具的颜色

答案： 油漆工的儿子知道财主肯定会像上次一样用家具颜色不同于样品来拒绝付工钱，把家具漆得再好，财主也有说辞。所以油漆工的儿子将样品也一起漆了。当财主再次拿样品说事儿时，油漆工的儿子回答说："我漆家具的时候，连同你的样品一起漆过了，怎么会不一样呢？"

15. 维纳斯金像重见天日

答案： 普斯顿见蒙面人喜出望外，便趁机说道："不要动我酒柜里的威士忌！"这样那个蒙面人一听就从酒柜里拿出酒来喝。而酒里面放了安眠药，蒙面人很快晕了过去。普斯顿立刻报了警。

16. 找回小毛驴

答案： 盗贼骗走老者的驴时，把自己家的狗丢下了，而狗能知道回自家的路。所以知县把狗放回到老人丢驴的地方，那条狗就沿着原路返回家中。这时，只要派人跟着那条狗就可以找到骗驴的那个人。

17. 纪晓岚开门捉贼

答案： 神偷进入皇宫偷东西时，会按习惯侦察地形和巡逻士兵的行动规律，然后再选择合适的地方进行偷盗行动。当纪晓岚把巡逻士兵撤走，大门也打开后，小偷反而不知所措。进入皇宫发现环境变了，他就不能按往常的经验进行偷盗了。在犹豫之际，埋伏在暗处的卫兵很容易抓住他。

18. 宋慈巧辨田产权

答案： 宋慈给兄弟俩下了一个圈套。用这样便宜的价格卖出，田产的真正主人肯定不同意，而另一个人则会很高兴地答应。这样一来，谁是田产的真正主人自然就明了了。

19. 奇怪的画

答案：画中的人头发蓬乱，帽子很多，意思是冠（官）多发（法）乱。刘伯温以此来向朱元璋进谏，用一种隐晦的方式说明封的官员多了会让国法混乱。

20. 失火得官印

答案：当知县把官印盒交给李狱官后，李狱官不得不把盗走的官印放回去，不然就会背上偷官印的罪名。

21. 裴明礼智埋大坑

答案：裴明礼很清楚，如果运土填坑，不光花钱，也会浪费大量的时间。他把一个长杆竖在大坑边，悬一个竹筐设立奖品，是用大家的力量，把大坑填满。人们为了得到奖品，纷纷从各处捡来土块向篮子里投。这样大坑会因人们所投的土块而慢慢地被填满。

22. 等重的面包和黄油

答案：卖黄油的说："我卖给他的黄油和我买他的面包每次都是等重的，每次我都是用自己的秤称完面包再用自己的秤称相同重量的黄油给他。"

23. 让间谍自己现形

答案：情报人员故意将抓捕行动泄露给巴宾顿，这样巴宾顿会通知其他六个人逃离王宫。负责抓捕行动的人只要一查名单，看谁离开了王宫就知道谁是同谋了，便可以立即展开搜捕。

24. 向本方篮内投球

答案：保加利亚队要想不被淘汰，必须再赢3分，可是时间不够了。所以要延长比赛时间，进入加时赛。那就要在终场前把比分拉平，而要在终场前把比分拉平，那就只有现在向本方篮内投进一个球。果然，这个队员刚一投进这个球，裁判就宣布进行加时比赛。在随后的比赛中，保加利亚队士气高涨，最终赢得了比赛的胜利。

25. 卖花生米的计策

答案：哈利的花生米放了盐，人们吃完花生后会感到口渴，于是就会去买汽水喝，而哈利就是提供汽水的人。

26. 高仿的赝品画

答案：秀才知道骗子肯定不会再回来赎回假画，于是他故意请来所有的同行，当着他们的面将画烧毁，当然烧毁的那幅画不是骗子所当的那幅。当骗子得知这个消息后，就会到秀才那赎画，目的是得到高额的赔偿。这样一来，秀才等到骗子来敲诈的时候，就可以把那幅赝品拿出来让骗子赎回去。

27. 范西屏"输棋"

答案：一个月后，范西屏探访朋友，回到店里，布店老板见到范西屏便摆开棋局。这次范西屏不会像上次那样故意输给布店老板了，所以他又赢回了自己的毛驴。而布店主人免费为他看了一个月的驴。

28. 周总理智取九龙杯

答案：晚上，根据安排，魔术师给外宾们表演了一个魔术。魔术师在台上摆了3只金光闪烁的九龙杯，右手高举一把魔术"手枪"。枪声一响，台上的三个九龙杯只剩下两只，另一只九龙杯"不翼而飞"。然后魔术师对台下说："那一只九龙杯已经被我变到了某位先生的公文包里。”只见魔术师走下舞台来到前排贵宾席前，彬彬有礼地请求那位偷了九龙杯的外宾把公文包打开。这样工作人员轻而易举地取回了那只珍奇的九龙杯。

29. 钟表上的密码

答案： 9 点 35 分 15 秒还可以是 21 点 35 分 15 秒，密码就是 213515。

30. 隐藏开往前线的火车

答案： 苏军把火车头换到列车后方，德军的轰炸机就会误认为那是开往内地的列车，不会对其进行轰炸。通过这种方式苏军把大量的物资送到了前线。

Step3
发散思维——驱动想象，打破僵局

1. 金钱不是万能的

答案： 这是一道典型的发散思维能力训练题。金钱能买到药品，但是买不到健康；金钱能买到房屋，但是买不到家庭；金钱能买到玩具，但是买不到快乐；金钱能买到地位，但是买不到尊重；金钱能买到血液，但是买不到生命；金钱能买到钟表，但是买不到时间；金钱能买到爪牙，但是买不到朋友。

2. 零的断想

答案： 零是一片荒地，任由你开垦。零是一个烟圈，在烟雾中虚度年华。零是一个铁环，与相邻的铁环一起组成一条坚韧的铁链。

3. 特殊的算式

答案： ① 10+10=10：一双手有十个手指，戴上十指手套，仍是十个手指。② 6+6=1：6 个月加上 6 个月是 12 个月，12 个月刚好是 1 年。③ 4+4=1：星期四再过四天就是星期一了。④ 4−1=5：4 角形的方桌锯下 1 个角，就变成 5 个角了。⑤ 7+7=2：自上午 7 点再过 7 个小时就是下午 2 点了。⑥ 3+3=0.5：3 个月加 3 个月是 6 个月，刚好是半年。

4. 巧驱毒虫

答案： 毒虫是循着室内的光爬进来的，可见这只毒虫是有趋光性的。那位女士可以利用毒虫的这一特点，将其引出来。她可以拿一个透明的玻璃杯，杯口对准洞口，扣在上面。然后用手电筒将光透过玻璃杯底部照进洞里。这样毒虫就会像之前那样循着灯光爬出来，爬进玻璃杯里面。当毒虫进入玻璃杯之后，那位女士就可以用一张硬纸将杯口盖住，这样就既可以捉住毒虫，又不用杀生了。

5. 满脸尘土的孩子

答案： 脸上没有被弄脏的孩子是双脚着地，所以，脸没沾上尘土。但是，他看到自己的小伙伴脸上沾满尘土，脏兮兮的，他就以为自己的脸上也是如此。而那位脸上被弄脏的孩子看到自己的小伙伴脸上很干净，便认为自己的脸也是干净的。

因为当时没有镜子，两个孩子就通过对方的情况来判断自己的状况。于是就出现该洗脸的不洗脸，不该洗脸的反倒跑回家洗脸的情况了。

6. 轰动性的新闻

答案： 对于一个每天都有新闻发生的小国家来说，忽然有一天没有任何新闻发生，这本身就是一件具有轰动性的新闻。所以，记者以此为切入点发表了一篇新闻稿。当天的新闻头条应该是：今天国内没有任何新闻发生！

7. 巧装棋子

答案： 老板的这道题其实是典型的发散思维训练题。将 100 枚棋子放入 12 个盒子中，平均下来，每个盒子中放入的棋子数量不到 10 个。因为每个盒子的棋子数中必须含有数字“3”。所以，大部分盒子中的棋子数应该是“3”或“13”。缩小范围之后，开动脑筋，我们就可以得到这样一个答案：第 1、2、3 个盒子中各放 13 枚棋子，第 4 到 11 个盒子中各放 3 枚棋子，在第 12 个盒子放入 37 枚棋子，这样刚好将 100 枚棋子放完。

8. 用发散思维解题

答案： 不只是小明，很多人在做这道题的时候都会埋头苦思，却又百思不得其解。其实，做这道题的关键就是打破常规思维，不要固执地认为右边是整数，左边就一定不能出现分数。很多人在做的时候，会想到在“6”和“5”之间加一个除号，但是，一看会出现一个分数，就会马上否决自己的观点。其实，不是此路不通，只是我们不懂得发散思维，迂回地去抵达终点。$(6-6\div5)\times5=24$ 正是这道题的正确答案。由此可见，“6”和“5”之间必须用到除号。

9. 让人困惑的遗嘱

答案： 这道题乍一看是要杀一头牛才能解决问题，其实不然，其玄机隐藏在“剩下总数的 1/18 头牛”中。现在，我们就要思考，为什么按照遗嘱分完牛之后会剩下“1/18”。我们是不是可以把它设想为别人的？这样一想，就找到解决问题的方向了——老人为什么要留“1/18”的财产给别人？只有一个解释，这“1/18”本来就是别人的。如此一来，事情就解决了。按照智多星说的，从邻居那里借一头牛，然后，按照遗嘱将 18 头牛中的 1/2、1/3、1/9 分别分给大儿子、二儿子和三儿子。也就是说，大儿子得到 9 头牛，二儿子得到 6 头牛，三儿子得到 2 头牛，刚好一共是 17 头牛。剩下的 1 头牛，也就是之前说的“1/18”，当然是要还给邻居的。

10. 北极探险

答案： 其实探险家已经想到了一个思路，那便是造船。只不过，一般的船是用木料造的，这艘船却是用冰块造的。冰块的密度本来就比水小，会漂浮在水上面，所以用冰块造的船，只要结构合理，肯定能承载两个人的重量。

11. 推广“鬼苹果”

答案： 帕耳曼切先生请求国王派一支卫队去守护“鬼苹果”的真实意图，是将土豆的种植逐渐地推广开来。他让全副武装的卫队站在地边看守试验田里的土豆，这种异常的举动，必然会引起周围人们强烈的好奇心——大家都想知道那块土地上究竟种的是什么。当夜幕降临的时候，一些胆大的人就会潜入这块地里偷窃，然后，把它种在自己的园子里，这样土豆的种植就会逐渐地推广开来，而最终人们也会发现，土豆没那么可怕，而且很美味。

12. 倒水

答案：这是一道典型的训练发散思维的题目。约翰要求两个杯子最后都要刚好是 100ml 水，所以，这就需要精确的测量。表面看起来，现场没有量器，但是，我们把思路变一下，就不难发现现场的三个道具其实都是量器。因此这道题的具体操作步骤如下：先将两个杯子都倒满水，然后将水壶里剩下的水倒掉。接着将 300ml 杯子内的水倒回水壶，把 500ml 杯子里的 300ml 的水倒满小杯子，再把小杯子里的 300ml 水倒回壶。这时，再把大杯子中剩下的 200ml 水倒进小杯子里。然后，再把壶里的水注入 500ml 大杯子，将大杯子注满。这样，水壶里只剩 100ml 水。从大杯子往小杯子倒入 100ml 水，注满小杯子，然后把小杯子里的水倒掉。再从大杯子往小杯子倒 300ml 水，大杯子里剩 100ml 水。最后，将小杯子里的水倒掉，将水壶里剩的 100ml 水倒入小杯子，这样，每个杯子就都有 100ml 水了。

13. 扩建三角形鱼塘

答案：从之前的鱼塘图纸中我们不难看出，鱼塘的形状是一个标准的等边三角形。这样的话，只要过三角形的三个顶点，分别作它们所对的边的平行线，两两相交，形成一个大三角形，这个大三角形的面积正好是原三角形面积的 4 倍，而且也不用移动原来的三棵大柳树。

14. 画中谜

答案：道士画中的“黑狗”，也可以叫“黑犬”。“黑”与“犬”合成一字，就是“默”字。所以老人自始至终默不作声。这个故事告诉我们不管面对什么题目或状况，都不能一直停留在原有的认知中。很多时候，只有打破常规，才能更快地找出准确的结果。

15. 直立在桌子上的鸡蛋

答案：哥伦布拿起那个煮熟的鸡蛋，把大的一头往桌上用力“啪”地一放。蛋壳碎了点，但底部也因此变平从而使鸡蛋稳稳当当地直立在了桌面上。

16. 钻石哪里去了

答案：钻石的比重大，因此藏有钻石的那个冰块会沉入水下，而其他的冰块会浮在水面上。山崎一共往杯子里放了四块冰块，如果中田侦探只在他杯子中看到三块冰块，当然会联想到钻石的藏处应该就在另一块冰块里。

17. 谎言被拆穿

答案：拆穿这个谎言的是那盆植物。弗洛伊德在离开密室之前在画像前放了一盆植物，如果五天内没有人移动它，根据植物向阳生长的原理，植物的叶片应该倾向窗外的阳光。可是，弗洛伊德看到植物的叶片都倾向了画像一侧，这就说明植物肯定被人移动过，放回的时候没有按照植物原先的朝向的方式摆放。

18. “整一整”的结果

答案：“整一整”其实就是考察读者在观察生活、整合信息、发散思维创新事物的能力。“整一整”之后，生活会变得更加便利。附加整合：晚上，上洗手间的时候，如果没有灯光照明，很难一下子找到马桶的位置。我们可以在马桶上涂上荧光料，将马桶和荧光料“整”在一起。这样一来，晚上上厕所的时候，即使不开灯也能准确地找到马桶的位置。配对整合：剃须刀本来是男士专用的，但是，有一些爱美的女士，夏天穿无袖的衣服的时候，想要将腋毛剃掉，就可以用到男士的剃须刀。所以，我们可以把男士剃须刀与女士剃腋毛的需求整合在一起，起一个受女性欢迎的名字。这样就可以创造出一款“腋毛刀”了。

19.“移一移”的结果

答案：①现有的东西，即使保持原有状态，也是可以扩充用途的。例如，吹风机可以用来烘干被褥。②将一个事物的属性转嫁到另一个事物上，当然可以扩充用途。例如，大排档因为在室外，所以冬天的时候让大家不太方便。这时，店家就可以将伞遮雨遮雪的功能转嫁到“开放式的房子”上，这样就有了伞状的大排档“营业房”。③有些事物属性改变了，其使用空间也是可以转移的。例如，在浴池泡澡的时候有些人喜欢看书。但是，在这种情况下，书很容易被打湿。如果能研制出来一种塑料质的书，人们就可以在泡澡的时候放心地阅读了。

20. 伽利略的故事

答案：这个模型是钟摆的雏形。它的作用原理如下：当振摆摆回来的时候，弹簧就会扣在第二个齿轮上，然后轮子又会把弹簧弹出去，弹簧会一个接一个地扣在每一个齿轮上。这样，轮子就会慢慢转动。因为振摆每次摆动的时间是一样的，所以轮子的转速也是均匀的，这样时钟就能走得很准。

21. 几何谜语

答案：1. 半径；2. 曲线；3. 直径；4. 顶角；5. 半角；6 圆心；7. 线段；8. 平行。

22. 谷底脱险

答案：一个人先顺着软梯向上爬，另一个人待水齐到肩部时再开始攀升。向上爬的速度与水涨的速度尽量保持相等，使水的高度始终在人的肩部。借助水的浮力，软梯就可以负担两个人的重量了。

23. 侦察员招收考试

答案：他说：“我不考了！”守门人只好放他出去了。

24. 空杯子与满杯子

答案：这道题看起来很难解答，因为，面对这道题我们的一般想法就是将第二个满杯子和第三个空杯子对调。但是，题目规定了只能动一个杯子，这就给解题增加了难度。其实，原先的大思路还是不变的。在不动其他杯子的前提下，我们最应该动的当然是第二个满杯子。但是第二个满杯子应该怎样动呢？要想解决这个“怎样动”的问题，就要打开思路，发散思维。其实杯子里的水是可以动的。只要想通了这一点，所有的问题就迎刃而解了。如图所示，将前三只装满水杯子的中间那只中的水，倒入后面空杯子的中间那只里即可。

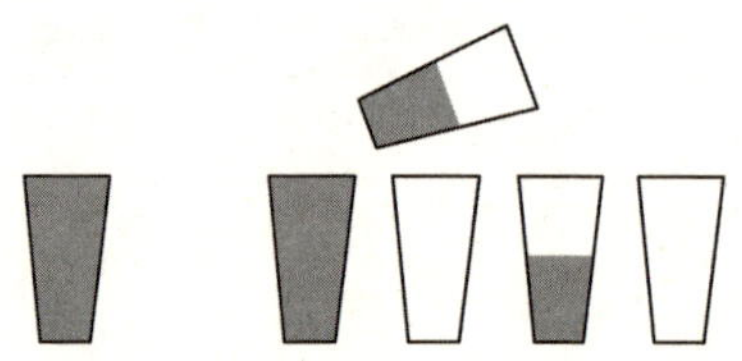

25.U 形管的水位

答案：只要用大拇指封住 U 形管的一个开口，然后小心地倾斜 U 形管，使其中的水碰到你的大拇指。然后压紧大拇指，使管的这端密封。当你重新把 U 形管直立起来后，水面还将保持与你的大拇指接触。这样大拇指阻止了空气从 U 形管这端流入，而开口的一端有空气流入，会把水面往下压，大气压把水面压了下去，阻碍水面回升，就会使 U 形管中的水位不在一个水平面了。

26. 少了一个围观者

答案：探长根据现场的情况，判断出这可能是一起连环杀人案。但是，他的思维还是过于局限，并没有想到，当时围观的除了照片上的人，还有拍照的人。就是这个疏忽，才导致了拍照者被杀。

27. 可怜的打猎人

答案：要想解开打猎人死亡的真相，必须要用到发散思维。这名男子在山间打猎，不幸被野兽攻击。待到天黑，男子都没有找到下山的路。终于他找到了一条小路，且看到山顶仿佛有个住家，遂决定爬上去，借宿一晚。这时他没想到，农夫家的门是向外开的，也就是说，农夫听见敲门声，来开门，一开门，就把男子给推到了山腰上，男子好不容易又爬上来敲门，农夫一开门又把男子给推到了山下。就这样，一来一回，原本受伤的男子活活被推到山下摔死了。

28. 没有司机的事故轿车

答案：按照常理，八辆小轿车是应该有司机的。不然，谁把它们开到桥上？但是，我们把思维发散一下，整理现场线索不难发现一个疑点：为什么八辆小轿车会乱七八糟地砸在大卡车上？“乱七八糟”是因为从上面摔下来时受力不均。如果在同一个时间，桥上的同一个地点，八辆小轿车都“砸在大卡车上”，那么原因只有一个，那就是卡车本来就在八辆小轿车的下面。这样一来，问题就迎刃而解了，大卡车是拉轿车的车。也就是说，八辆小轿车是被卡车载着上桥的。它们根本就不需要司机。

29. 一场离奇的死亡

答案：从案例中，我们可以看出，凯利对女儿的死并没有释怀，所以，凯利是有杀害丈夫的动机的。但是，凯利送来的食物中并没有毒，那么唯一可以将丈夫毒死的只有凯利送来的衣服了。凯利将毒撒在衣服上，毒浸透皮肤，直接进入血液毒死了她的丈夫。

30. 是自杀还是他杀

答案：从案例中我们可以判断，死者死于深冬季节。那时，此处肯定有厚厚的积雪。那时，积雪本来就厚，她又在厚厚的积雪上堆起了一个雪堆，死者吊死处正下方的小雪堆就是置她于死地的“踏台”。当她站在小雪堆上时，够到树枝应该没有什么问题。所以，可由此判断死者死于自杀。

Step4
集束思维——紧盯目标，抽丝剥茧

1. 诚实族与说谎族开会

答案：已知在座的人都说自己左边的人是说谎族的，因而在座的人数必为偶数，而且诚实族的人与说谎族的人座位交替。既知出席人数为偶数，那么说出席人数为41人的会议主持就是说谎族的了，与他相邻的副主持自然就是诚实族。所以，除了亚里士多德之外，出席会议的人数是诚实族的副主持说的48人。

2. “忠诚”的保镖

答案：从案例中我们可以看出，这名富豪是十分严苛的，而且十分在乎自己的生命安全。这名保镖既然负责巡夜看守，那么他怎么可以睡觉？可见他并不是很负责任的保镖，所以，富豪才要解雇他。

3. 谍报员送文件

答案：案例中提到一个信息，三辆有问题的汽车油箱中都装上了刚好够来回使用的汽油。既然这样，迈克尔就可以将刹车不灵的那辆车子里的汽油抽出一半，驾驶该车向B镇开去。到达B镇时，汽油刚好耗尽，汽车停了下来。迈克尔再下车将信交给另外一个谍报员，然后走着去A镇，这样就可以按时完成任务了。

4. 重复出现的图形

答案：出现了两次的是空圆。一个图形要么出现一次，要么出现两次。如果空圆只出现一次，则图1和图2中的空圆是同一个侧面上的空圆。这样，和空圆相邻的四个侧面上，是四个互相不同并且与空圆也不同的图案。因此，图1中位于底部的图案一定出现了两次，这和条件矛盾。所以，图1和图2中的空圆是两个不同的侧面上的空圆，出现两次。

5. “活门”与“死门”

答案：这是一道逻辑性很强的题目，要想得到正确的答案，就必须弄清其中的逻辑关系。虽然我们弄不清哪个守卫是说真话的，哪个守卫是说假话的，但是我们知道他们中有一个是说真话，有一个是说假话。按照“负负得正，正负得负”的原则，如果我们将他们两个人的话结合起来判断，就能得出正确的答案。所以，我们可以随便指着其中一位守卫，问另一位守卫：“请问，如果我问他，哪一道门是‘活门’，他会告诉我是哪一道门？”这样不论你问的这位守卫告诉你哪个是“活门”，都不是真的“活门”。因为，你的问句中，包含了一个转述的关系，不论你问哪个守卫，最后的结果都会受到说假话的那个守卫的影响，而使得答案变成假话。所以，不管你问的那个守卫是说真话的还是说假话的，最后的结果都是假话。所以，无论守卫指的是哪一道门，你都从另一道门出去，门外肯定会有大餐等待着你。

6. 是根是梢

答案： 圆木被投入水中，等河面平静后，就能看到100根圆木都有一头吃水深些，一头吃水浅些，每根都在水里倾斜着。而吃水深的一头是根，吃水浅的一头则是梢。

7. 盲人巧辨黑、白罐

答案： 从案例背景中我们看出，当时是晴朗的夏日，那时阳光充足，天气很热。因为黑色比白色更容易吸收紫外线升温，在这种情况下，白罐、黑罐在受日晒后，白罐的温度当然要比黑罐的温度低一些。

8. 新几内亚的家庭餐

答案： 这道题虽然也是考察的集束思维能力，但是相对简单一些。虽然每人需要的蛋的蒸煮的时间不同，想喝的汤的熬煮时间也不同，但是，蛋还是可以在一起煮。只不过捞出来的时间不同。所以，只需要取其中需要蒸煮时间中最长的一个时间即可。也就是说，只要15分钟就可以完成这顿餐饭。这家人全部所需的蛋为15个，先把这些蛋一起放入锅中煮，在各人所希望的时间中，分别夹取蛋和舀汤汁食用即可。直到女儿最后吃上她煮的15分钟的蛋。

9. 七人聚餐

答案： 7个人要隔许多天才能在餐厅里相聚一次，相隔天数加1需能被1—7之间的所有自然数整除。1—7之间的所有自然数的最小公倍数是420，也就是说，他们每隔419天才能在餐厅相聚一次。因为这一次聚会是在2月29日，可知这一年是闰年，那么第二年2月就只有28天。由此可推，他们下一次相聚在这家餐厅的时间应该是在第二年的4月24日。

10. 成语迷宫

答案： 在做这道题的时候需要从整体把握，从细微处入手，正确答案如下图：

天	经	天	冲	**飞**	一	鸣	惊
人	地	义	**走**	**沙**	鬼	神	人
不	义	达	**石**	**破**	**天**	共	灾
容	辞	不	道	乐	**惊**	怒	**苦**
久	**治**	**长**	安	贫	**天**	**心**	**良**
安	国	**天**	**久**	**地**	**动**	**用**	天
居	乐	手	**勤**	**工**	**以**	**致**	涯
事	**业**	**精**	**于**	**俭**	**学**	海	无

11. 画家施计卖画

答案： 财主既然是因为猫对画家画的鱼不感兴趣，就认为画家的画不值五两银子，那么画家就可以以其人之道还治其人之身。如果猫对画家的画感兴趣了，那么财主就必须付五两银子。猫虽然不能看懂画，却能闻见味道。于是，画家拿起那幅画，去了厨房，把鱼汁涂在了画的鱼上面，然后回来放到财主的猫跟前，对财主说："可能你的猫刚才没有看清我画的鱼，这次再让它看一下。"结果，那猫闻到画上鲜美的鱼味之后，上去就舔。财主看到这情景，只好兑现了之前所说的话，付给了画家五两银子。

12. 电梯方案

答案： 条件要求是：六部电梯要使

不论哪层的人，随便要到哪一层去都可找到直达电梯。答案如图所示，其中的圆圈表示此层要停，箭头表示此层不停。

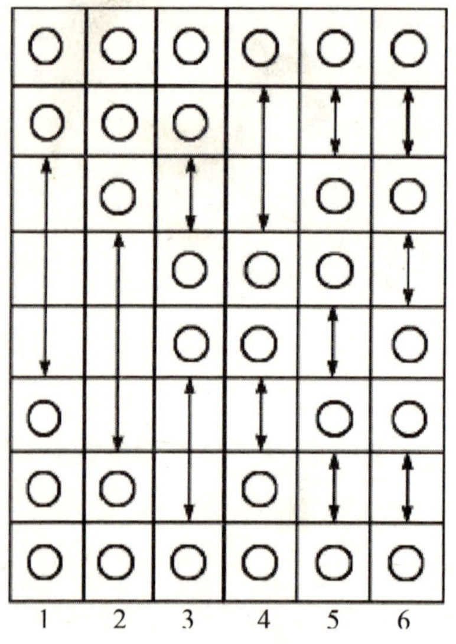

13. 真的是公平交易

答案： 假设天平左右两臂的长度分别是a和b，而且a不等于b。按照店主的称法，也就是用砝码去称花生米，先把0.5千克花生米放在右面的盘里，根据天平平衡的条件，左面盘里砝码的重量必定是0.5b/a千克，这是由于1×b=a×b/a的缘故。同理可知，他把0.5千克花生米放在左面的盘里，则右盘砝码的重必定是0.5a/b千克，所以砝码所表示的数是0.5×(b/a+a/b)。但根据不等式原理，当a与b不相等时，必有0.5×(b/a+a/b)>1。这意味着，砝码所表示的重超过店主实际出售的花生米重，因此店主占了便宜。反过来，按照顾客的称法(用花生米去迁就砝码)，店主实际售给顾客的花生米不止1千克，因此这种称法是店主吃了亏。

14. 约翰巧过河

答案： 第一，约翰先把猫带过河，将猫拴在对岸；第二，约翰独自返回；第三，约翰再把狗带过河；第四，约翰将狗留在对岸，把猫带回去；第五，把鱼送到对岸；第六，约翰独自返回；第七，约翰把猫送到对岸。这样约翰就把狗、猫和鱼都带过河去了。

15. 旅途遇女贼

答案： 詹姆斯只是不停地“啊、啊”叫着，指着耳朵，装成了聋哑人，表示自己不知道那个女贼在说什么。而那个女贼并没有就此罢休，拼命打手势，詹姆斯仍然摇头假装不理解，并拿出随身带的纸笔，递给她，示意她把意思写在上面。那女贼便真的在纸上写道：“把你的戒指和钱给我，要不然，我就喊人，说你侮辱我！”写完后，詹姆斯收回了那张纸，抓住那个女贼，说：“你犯了抢劫罪，这就是证据。”

16. 谁打死了秃鹰

答案： 秃鹰在天上飞，必然是胸部朝下。兄弟二人站在地上，向上打秃鹰，一枪打去必然先打在胸膛上。而哥哥不认输，在秃鹰落在地上后，又在背上补了一枪。所以老伯的女儿判断打死秃鹰的人是弟弟，而哥哥在撒谎。

17. 烟袋的主人

答案： 烟袋是老李的。因为老陈在抽烟时，总是在地上敲击，如果经常这样敲打，这烟袋肯定不会那么精细光滑。而案例中提到这个烟袋很是“精细光滑”，可见这烟袋不是老陈的。

18. 谁是莫妮卡的白马王子

答案：根据 (1)，有三位男士是高个子，则另一位不是高个子；然后根据 (4)，比尔和卡尔都是高个子；再根据 (5)，戴维不是高个子；根据 (2)，戴维至少符合一个条件，既然他不是高个子，那他一定是黑皮肤；根据 (1)，只有两位男士是黑皮肤，于是根据 (3)，亚历克和比尔要么都是黑皮肤，要么都不是黑皮肤。由于戴维是黑皮肤，所以亚历克和比尔都不是黑皮肤，否则就有三位男士是黑皮肤了。根据 (1) 以及戴维是黑皮肤的事实，卡尔一定是黑皮肤；由于戴维不是高个子，亚力克和比尔都不是黑皮肤，而卡尔既是高个子又是黑皮肤，所以卡尔是唯一能符合莫妮卡全部条件的人。

19. 排球赛中的配合

答案：已知 7 号是必须上场的队员，那么根据②可推知 4 号不上场；4 号不上场，根据④推知 10 号必上场；10 号上场，根据⑤、⑧可推断 3 号应上场，6 号不能上场；而①要求"1 号和 3 号要么都上场，要么都不上场"，既然 3 号上场，1 号自然也跟着上场；1 号上场，根据⑥，不难推出 8 号就不能上场；而③要求"8 号不上场，11 号就不上场"，且⑦又规定"11 号不上场，12 号和 9 号也不得上场"；另外，2 号和 5 号是不受原则约束应该上场的队员，所以，这场比赛，上场的应该是 1、2、3、5、7、10 号这 6 名队员。

20. 有趣的职位调动预言

答案：这道逻辑思维题相对来说比较复杂，但是我们静下心来细细推敲，其实也不难解决。先来推算改组后的名次。升级者的预言正确，降级者的预言中有错误但并非全错。A、E 和 F 都预言自己降级，他们就不能成为升级者，且因无一官居原位，所以他们都是降级者，其预言中的另一内容必定错误。从 A、E 和 F 的语言分别可推得：改组后 B 升级，A 高于 C，C 降级。又由于升级者至少有 2 名，余下的 D 必是升级者。由 D 的预言可知 D 升了一级。由降级的 C 的预言可推知 F 高于 D。再由 B 的预言一并推知：E 高于 F，F 高于 D，D 非最高位者。由于 D 只升一级，且 D 低于 F，可见，改组后名列首位的必为 B。同时可知，在改组前，B 应处在末位，不然降级者 A、E、F 或 C 中的某一个人就无法降级。名列末位的必为降级者，应为 C，因 A>C，E>F>D。现在已可列出 A 以外的 5 人名次为 B、E、D、C。那么，余下的 A 应该排在哪里呢？根据 C 是改组前的第三位，D 只升了一级，以及 E、F、A 都是降级者这三个条件的限制，推知 A 应为第五位，并可一举推出改组前的名次。改组前和改组后的顺序为：

改组前：E、F、C、A、D、B

改组后：B、E、F、D、A、C

21. 消失的一元钱

答案：3 个人每人 9 元是指他们花出去的钱，共 27 元，他们现在自己手里有 3 元，这两者之和为 30 元。在他们花出去的 27 元中，老板拿了 25 元，服务生拿了 2 元。

22. 水池里有几桶水

答案：小孩对皇上说："我想知道皇上要用多大的桶来装这水池里的水。如果桶与这水池同样大，那么这水池就能装 1 桶水；如果桶只有这水池一半大，那么这个水池就有2桶水；如果这水桶只有水池的1/3大，那么，这水池里就有3桶水……”皇上听到这个回答，哈哈大笑，觉得这孩子很聪明，重重地奖赏了他。

23. 单身女郎与金发男子

答案：因为那天晚上大雪纷飞，现场的暖气很足，在这种情况下，室内有热气，玻璃就会蒙上一层湿气，因而变得朦胧不明。透过朦胧的玻璃，顶多能看见里面一个轮廓而已，怎么能看出他是金发，而且蓄有胡须呢？

24. 议员枪杀案

答案：从安保人员的叙述中得知，凶手掩藏在演讲台右边的草垛附近。如此重要的犯罪地点，FBI警员一定会进行认真的检查。当警长到达草垛时发现，如果凶手想要在最短的时间内完成枪杀，必须一边隐蔽自己的身体，一边从草垛右边，也就是凶手本人的左边进行射击，才有可能一次性成功。由此可以断定，凶手一定是个左撇子。但是，他还没来得及和同事说明他的推测，就看见四个嫌疑犯动手打起了架。结果，警长一眼就识别出了那个左撇子。因为他正用他的左手拿起一个椅子，准备砸向另一个人。

25. 两瓶过期的牛奶

答案：凶手是送奶工。因为邮递员不知道汤姆和杰米的奶奶已经被人杀害了，所以他一如既往地送报纸。因为敲不开门，所以他把报纸都放在了门外的台阶上。那么送奶工为什么只送了两瓶牛奶就不继续送了呢？显然他已经知道老人家死了，所以就无须再送了。因此，送奶工是最大的犯罪嫌疑人。

26. 失踪的邮票

答案：嫌疑犯开了空调，但忽略了关窗。这是因为在FBI警员进门那一刻，他满脑子里想的都是怎样掩盖邮票的“藏身之处”。以至于对关窗这样再平常不过的生活细节都忽略了。这也从反面证明了他并不是一个细心周到的人。开空调只是一个让他镇定，也能让FBI警员感觉到他很镇定的一个举动。当刘易斯看到窗台上的绿植以及没有关闭的窗子后，他的思维再也无法停止转动，一系列的联想、推测以及试探，最终为大家解开了谜底。

27. 猴子身上隐藏的玄机

答案：年轻的FBI警员之所以轻易判定死者是死于自杀，是因为“公寓内的所有的窗子都是关着的，而且门也是从里面反锁着的”。但是，警长从死者旁边眼神落寞的猴子身上觉得此事有蹊跷。窗户有可能是凶手作案后关闭的，也有可能不是他关闭的，但是凶手无论如何，都无法从外面将门反锁。那么，从里面将门反锁的，很可能就是猴子。可是，猴子为什么会听凶手的话，反锁门呢？因为凶手很可能也是猴子的主人。只有猴子的主人能指使猴子锁门，但指使猴子杀死另一位主人，却不太可能。当警长站在那片密集的脚印旁边，向窗内望去时，他确定了自己的推测。那片脚印正是凶手在指使猴子反锁门时留下的。那时的他，很焦急。在窗外拼命地给猴子比画，甚至还给猴子扔了根香蕉，然后再指使猴子反锁窗子。

28. 风扇与遗书

答案：当FBI警长约翰森将风扇的

插头插在墙壁插座上时，风扇开始转动。这一点在常人看来，并不足为奇。但如果打开思维，进行集束式的联想，你就会发现，这一细节十分关键。风扇通电后，如果不拧风扇上的开关，或是时间盘的话，它是不会转动的。当约翰森警长给风扇通电后发现，风扇居然是转动的，这就说明风扇在艾伦先生死前也一直是转动的，直到他死时身体扑倒在地上，压在了风扇的电线上，继而使风扇的插头与墙壁开关分离时，才停止了转动。如果是这样，事先写好的遗书，又怎么会安然无恙地放在书桌上呢？当 FBI 警员来到案发现场后，那封遗书确实安安稳稳地放在书桌上，并且没有东西压着。由此可以得出：遗书一定是艾伦先生死后，风扇停止转动后，被放在了书桌上。因此，艾伦先生是死于谋杀，而非自杀。当艾伦先生死亡后，由于凶手急于逃离案发现场，所以忽略了那根被艾伦先生压在身体下面的风扇线。而这根风扇线，也成了 FBI 破案的最重要线索。

29. 一句话暴露的凶手

答案：医生视财如命，并且毫无顾忌地在警长面前抱怨，这非常不符合医生的职业准则。即使他说的没错，但面对 FBI 警长，还是要收敛一些才对。但医生仿佛已经对不同的人说了千百次这种话，早已经麻木了。而且从医生的口气和话语中警长感觉，好像拖欠医生诊费的并不只是死者一人，可能会有很多人。否则，他不会这么随便絮叨。想到拖欠，警长立马联系到了医生所谓的“生意人”身份。根据这些情况，警长脑中有了一个大胆的假设：医生可能就是毒贩经常往来的生意伙伴。如果是这样，毒贩的“饮弹”也可以理解为在看牙的时候被牙科医生枪杀。

30. 被冲走的桥墩

答案：老船工让工人们先把船开到岸边，装满了沙土，然后把船划到桥墩上方，用绳子将桥墩套牢后，再卸掉两条船上的沙土，借助水的浮力，就可以把桥墩从河底的泥沙中拔出来了，再把桥墩拖到上游就可以了。

Step5
假设思维——系统判断，推定结论

1. 骑士与无赖

答案：如果“我们两人中至少有一个是无赖”是句假话，则 A 和 B 都不是无赖，因而都讲真话，这是矛盾的。因而 A 说的是真话，可知 A 是骑士,B 是无赖（因为两人中至少有一个是无赖）。

假设 C 说的话是假话，则事实上 C 是骑士，D 是无赖，这和 C 说假话的假设矛盾，因此C说的是真话。

因为 C 说的是真话，所以事实上要么 C 是无赖，要么 D 是骑士。由于C说真话，不是无赖，所以 D 是骑士。只要 D 是骑士，则不论C是骑士还是无赖，“要么C是无赖，要么D是骑士”这句话总是真的。

因此，C和D都是骑士。

2. 他们都是做什么的

答案：小张是商人，小赵是大学生，小王是士兵。假设小赵是士兵，那么就与题目中“小赵的年龄比士兵的大”这一条件矛盾了。因此，小赵不是士兵。假设小张是大学生，那就与题目中“大学生的年龄比小张小”矛盾了。因此，小张不是大学生。假设小王是大学生，那么，就与题目中“小王的年龄和大学生的年龄不一样”这一条件矛盾了。因此，小王也不是大学生。所以，小赵是大学生。由条件小赵的年龄比士兵的大，大学生的年龄比小张小得出，小王是士兵，小张是商人。

3. 如何凭借小船摆渡

答案：首先，由两个小孩划船到西岸。然后，其中一个小孩留在西岸，另一个小孩把船划回东岸。接着，由一个大人把船划到西岸，然后留在西岸，再由留在西岸的那个小孩把船划回东岸。接着，再由两个小孩把船划到西岸，重复以上的过程，直至所有的人都摆渡到西岸。

4. 到底什么涨价了

答案：假设大米涨价的话，那么，按照三位女士的说法，食用油、鸡蛋、牛奶统统会涨价，不符合事实。然后依次类推，我们看出，只有杨女士的说法成立，才能符合事实。所以，最后的答案是“鸡蛋和牛奶”涨价了。

5. 甲到底是哪个部落的人

答案：假设他是B部落的，与他不认识的乙则为A部落的，则甲说假话。那么甲回来说的“他说他是A部落的”这句话应该反过来理解为“乙是B部落的”，这就矛盾了。假定甲是A部落的，则他的话为真，并且与他不认识的乙应该是B部落的，那么乙说的就是假话。所以甲回来说“他说他是A部落的”，正好证明乙是B部落的，因此这个假设成立。所以甲是A部落的。

6. 这张牌到底是什么

答案：方块5。

16张牌如下

红桃：A，Q，4

黑桃：J，8，7，4，3，2

草花：K，Q，6，5，4

方块：A，5。

（1）注意，P先生只知道点数。根据P先生的话，可知这张牌肯定有点数一样的另外N张牌（N＝1，2），因此可知这张牌可能为：A，Q，5，4。

（2）注意，Q先生只知道花色，根据Q先生的话，可知就算P先生不讲话，Q先生也知道P先生猜不出。因此可以推断出：这张牌所在的花色中任何一张牌在其他花色中都有重复出现过。因此，可排除花色“黑桃和草花”。

（3）P先生听了Q先生的话，说“我现在知道这张牌了”，说明这张牌的点数在红桃和方块中的点数是唯一的。因此，可排除A的可能。

（4）注意，Q先生的第二句话是重点。Q先生听了P先生的话后说“我也知道这张牌了”。这说明：这张牌所在的花色里，有且只有两张牌的点数在其他花色中有重复，且其中一张一定为A，否则不能确定。而红桃中除了A之外，还有Q和4两张，均有重复不能排除。因此我们可以推知：这张牌一定不在红桃内。

（5）在方块中，根据（3）中的结论，可以很明显得出答案——方块5。

7. 今天是星期几

答案：首先分析，兄弟两个必定有一个人说真话。其次如果两个人都说真话，那么今天就是星期日。但这是不可能的，因为如果是星期日，那么两个人都说真话，哥哥就说谎了。

假设哥哥说了真话，那么今天一定就是星期四。因为如果是星期四以前的任一天，他都得在今天再撒一次谎。如果今天星期三，那么昨天就是星期二。他昨天确实撒谎了，但今天也撒谎了，与假设不符，所以不可能是星期一、二、三。依此类推，今天也不会是星期五以后的日子，也不是星期日。

弟弟是星期四、五、六说谎。假设弟弟说了真话，那么先假设今天是星期一。如此，昨天就是星期日，他说谎，与题设矛盾。今天星期二，昨天就是星期一，不合题意。用同样的方法可以去掉星期三的可能性。如果今天星期四，那么他今天就该撒谎了。他说昨天他撒谎，这是真话，符合题意。假设今天星期五，他原本应该撒谎但他却说真话。由“昨天我撒谎了”就知道不存在星期五、六、日的情况。综上所述，两个结论都是星期四，所以今天是星期四。

8. 刻在保险箱上面的句子

答案：（1）此箱是巧手张所制。

如果此箱是巧手张之子所制，则“此箱非巧手张之子所制”就是句假话，不可能被他刻于箱面。

如果此箱是巧手李或其子所制，则“此箱非巧手张之子所制”就是句真话，同样不可能被他们刻于箱面。

(2) 刻在箱子上的句子是：“此箱乃巧手李之子所制。”

如果此箱是巧手张或其子所制，则“此箱乃巧手李之子所制”就是句假话，不可能被他们刻于箱面。

如果此箱是巧手李之子所制，则“此箱乃巧手李之子所制”就是句真话，同样不可能被他刻于箱面。

如果此箱是巧手李所制，则“此箱乃巧手李之子所制”是句假话，可以被他刻于箱面。

9. 头上帽子的颜色

答案：如果B和C的帽子都是黑色的，则A立即能猜出自己的帽子是白色，而A不能确定自己帽子的颜色，这就告诉B和C，他们两人的帽子或是一黑一白，或两顶都是白色。如果C的帽子是黑色，B立即能确定自己的帽子是白色，而B不能确定自己帽子的颜色，这就告诉C，他头上的帽子不是黑色，因而是白色。

10. 哪个国家是冠军

答案：若冠军是美国或德国，则韩克、张乐、李锋的看法都是对的；若冠军是巴西，则韩克、张乐的看法是错的，李锋的看法是对的；若冠军是西班牙或法国，则韩克、李锋的看法是错的，张乐的看法是对的；若冠军是英国，则韩克的看法是错的，张乐、李锋是对的，符合题目要求。所以英国是冠军。

11. 鹿死谁手

答案：八位将军所说的话中，有六位将军是互相矛盾的。周将军和王将军互相矛盾显而易见。赵将军断言在王、吴两将军中至少有一个人射中，而吴将军说自己同王将军没有射中，这两个判断是对立的，因而也互相矛盾。钱将军与李将军的话也互相矛盾。互相矛盾的判断不能同真，不能同假，必有一真、一假。因而，以上六位将军有三人猜对，三人猜错。如果八位将军有三位将军猜对，那么孙将军与郑将军猜错了，可推出鹿是孙将军射中的。如果八位将军有五位将军猜对，那么孙将军与郑将军猜对了，可推出鹿是郑将军射的。

12. 土耳其商人选助手

答案：A 是这样推理的：如果我戴的也是红帽子，那么，B 就马上可以猜到自己戴的是黑帽子（因为红帽子只有两顶）；而现在 B 并没有立刻猜到，可见，我戴的不是红帽子。A 因为反应更快些，被土耳其商人雇用了。

13. 究竟哪位女士怀疑丈夫有外遇

答案：C 女士。

设 8 点时，大厅里的小组的数目为 x，则总人数为 5 x 。

这样，从 8 点过后的某一刻（即 B 女士和她的丈夫到达的一刻）到 9 点，总人数为 5x ＋ 2。

从 9 点过后的某一刻到 10 点，总人数为 5x ＋ 4。

从 10 点过后的某一刻到 11 点，总人数为 5x ＋ 6。

如果 A 女士未到，则这段时间的人数变为 5x−1。当 x ＝ 2 时，人数为 9 人，可以分为三组，每组 3 人；

如果 B 女士未到，则这段时间的人数变为 5 x ＋ 1 。当 x ＝ 3 时，人数为 16 人，可以分为四组，每组 4 人；

如果 C 女士未到，则这段时间的人数变为 5x ＋ 3。则不论 x 取何值，其尾数或是 3，或是 8，不能成为任何数的平方的尾数。因此，这时的与会者分成小组交谈时，小组的数目和每个小组的人数不可能都相同。

因此，C 女士就是那个怀疑丈夫不忠的妻子。

我们尚未分析 D 女士的情况，你可以自己尝试一下。

14. 谁是凶手

答案：根据上述中的假设，（1）和（2）中能适用于实际情况的只有一个。同样，（3）和（4），（5）和（6），也是一样的情况。

根据上述中的结论，（2）和（5）适用于实际情况的可能性不太大。因此，能适用于实际的情况，有以下几组中的一组或多组：

A.（1）、（4）和（5）

B.（1）、（3）和（5）

C.（1）、（4）和（6）

D.（1）、（3）和（6）

E.（2）、（4）和（6）

F.（2）、（3）和（6）

假如选项 A 能适用于实际情况，则

根据（1）的结论，凶手是男性。根据（4）的结论，受害者是女性。可是根据（5）的假设，凶手与受害者性别相同，因此A不适用。

假如选项B能适用于实际情况，由假设可知，凶手与受害者有亲缘关系而且职业与性别一样。这与每个家庭的组成情况不相符，因此B不适用。

假如选项C能适用于实际情况，则根据有关的结论，凶手是男性，受害者是个女性医生。而根据（1）和（4）的假设，凶手是律师，凶手与受害者有亲缘关系，这与各个家庭的组成情况不相符，因此C不适用。

假如选项D能适用于实际情况，则根据（1）的结论，凶手是男性；根据（3）的结论，受害者也同样是男的；又根据（6）的假设条件，凶手与受害者的性别不一样。因此D不适用。

假如选项E能适用于实际情况，则根据（2）的结论，凶手是医生；根据（6）的结论，受害者也是医生；又根据（4）的假设条件，凶手与受害者职业不一样。因此E不适用。

所以，根据以上的推论，只有F能适用于实际情况，凶手是医生，受害者是男性医生，凶手是女性。再根据各个家庭的组成情况，凶手必定是小蒂。（2）的假设则说明，受害者是小刚。而且，（3）的假设和（2）、（6）的结论相符合。

15. 中国五大淡水湖

答案：假设张某的说法“3是太湖”正确，那么，赵某的“5是巢湖”便正确。而此时，孙某的“5是洞庭湖”已错，则1是鄱阳湖成立。再根据钱某的说法推出，“2是洪泽湖”是对的。最后，刘某的“4是洞庭湖”符合条件，成立。因此，选项B是对的。

16. 三人中谁是真凶

答案：假设A是无辜者，则“A不是帮凶”就是真话。由于只有无辜者才说真话，所以这句话就必定是A说的。但由条件，每句话的所指都不是说话者自身因此矛盾，假设不成立，A不是无辜者。

假设B是无辜者，则“B不是凶手”就是真话。同样由于只有无辜者才说真话，所以这句话就必定是B说的。同理，矛盾，假设不成立，B不是无辜者。

因此，无辜者是C。由条件，三句话中至少有一句话是无辜者说的，又由于第三句话不可能是C说的，因此，第一句和第二句话中，C至少说了一句。

如果C说的是“A不是帮凶”，则事实上A不是帮凶，而是凶手，B是帮凶，因而“B不是凶手”就是真话，因而也是C说的。如果C说的是“B不是凶手”，则事实上B不是凶手，而是帮凶，同样A是凶手。因而“A不是帮凶”还是真话，仍然也是C说的。

总之，第一和第二句话都必然是C说的。事实上A是凶手，B是帮凶。

17. 太太们的侍女

答案：这20位太太都立刻赶走了自己的侍女。假设太太只有A、B两个人，A太太肯定会想，B肯定知道我的侍女是好是坏。如果我的侍女是好人，她肯定会赶走她的侍女，于是大家都在观望，每个人心里都在想，如果第二天大家没有听到谁的侍女被赶走，那么就在第二天赶走自己的侍女……以此类推。到第20天，还没有任何赶走侍女的消息，那么接下来所有的太太就会都赶走自己的侍女。

18. 你能算出来吗

答案：假设1分的硬币减少4个，那么这三种硬币的总和就是60−4=56个，总面值就是200−4=196分。这样1分和2分的硬币数量相等。再假设56个全是5分的，这时硬币的总面值就是5×56=280分，比原来假设的多280−196=84分。原因是把1分和2分都当成了5分，等于是多算了5×2−（1+2）=7分。84÷7=12，由此就可以知道是把12个1分的和12个2分的假设成了5分。所以2分的有12个，1分的有12+4=16个，5分的就有32个。

19. 男足、男篮

答案：从甲说的第一句话可以看出，假设乙是校足球队员的话，那么，甲因为说真话而成为乙的同队队友，甲也就成了校足球队员了。假设乙是校篮球队员的话，甲就是说了假话，则甲和乙异队，甲依然是校足球队员。所以，无论如何，甲一定是校足球队员。

由最后一句“戊对甲说”可知，戊说的是谎话，所以，戊为校篮球队员。

再由“丁对戊说”一句可知，丁说的是谎话，所以丁为校足球队员。

由“丙对丁说”一句可判断出，丙也在说谎，丙为校篮球队员。

最后，由“乙对丙说”一句判断出，乙也在说谎，乙为校足球队员。所以，综上所述，甲、乙、丁为校足球队员，而丙和戊则是校篮球队员。

20. 一次地理考试

答案：C。此题用假设法。假设同学甲“3是欧洲”的说法正确，那么2就不是美洲。同时，2也不是欧洲，5是美洲（由戊所说推出）。再根据同学丙所说知道1是亚洲，然后根据同学乙所说得出2是大洋洲，最后根据同学丁的说法知道4是非洲。

21. 钻戒窃贼

答案：罪犯为B。根据提示内容，A所言一句为真，一句为假，那么，假设A说的前一句为真，后一句为假，则罪犯为B。而B所说第一句则为假，后一句为真，即嫌犯C不是罪犯，那么，嫌犯C的前一句已为真，则后一句为假，而由题意知，C确实清楚真正的罪犯是谁，所以，假设成立。那么，真正的罪犯就是B。

22. 三对夫妇

答案：B。

因为游戏规则是“夫妇两个不能一组”，同样，“没有一个女人同自己的丈夫一组”。对照以上原则，已知Jack跟Lily一组，所以Jack和Lily不能是夫妻，D选项不符合题意；再假设A正确，Jack跟Lily一组，那么剩下的两组只能是Tom和Sara，Henry和Linda，对照题目已知“Tom的队友是Henry的妻子”发现，Tom的队友Sara是Jack的妻子，于是假设不成立，A不符合题意。同样的道理，假设B正确，已知Jack跟Lily一组，剩下的两组就是 Tom 和 Linda，Henry 和 Sara，再对照已知“Tom 的队友是 Henry 的妻子”和“Linda 的丈夫和 Sara 一组”发现完全吻合，因此假设成立。所以 B 符合题意。

假设 C 成立，那么已知 Jack 跟 Lily 一组，剩下的两组就是 Tom 和 Sara，Henry 和 Linda，再对照已知条件“Tom 的队友是 Henry 的妻子”发现，Sara 不是 Henry 的妻子，因此，假设不成立，选项 C 不合题意。

23. 甲制胜的“法宝”

答案：甲的策略其实很简单，那就是他总是报到 3 的倍数为止。假设乙先，根据游戏规则，他或者报 1，或者报 1、2。若乙报 1，则甲就报 2、3；若乙报 1、2，甲就报 3。接下来，乙从 4 开始报，而甲视乙的情况，总是报到 6 为止。依此类推，甲总能使自己报到 3 的倍数为止。由于 30 是 3 的倍数，所以甲总能报到 30。

24. 她们说的是真话还是假话

答案：假设是下午，那么瘦的说的就是真话，但是到底谁是姐姐就无法确定了。所以不可能是下午。那么就是上午。此时姐姐说真话，而胖的说是上午，所以胖的是姐姐，瘦的是妹妹。

25. 鸡兔同笼问题

答案：（1）条件“答错一题扣 3 分”应该是“答错一题倒扣 3 分”。以下是解题过程：假设三名同学都答对了所有问题，则这三名同学都应该是 100 分，但事实是小明得了 87 分，所以小明错了(100−87）÷（10+3）=1 题；小红得了 74 分，所以小红错了（100−74）÷（10+3）=2 题；小华得了 9 分，所以小华错了（100−9）÷（10+3）=7 题。故他们三人一共答对了 30−1−2−7=20 道题。

也可以这样做：假设三名同学都答对了所有问题，则这三名同学应该得 300 分，但事实是三人共得了 87+74+9=170 分，所以他们错了（300−170）÷（10+3）=10 题，即他们三人一共答对了 30−1−2−7=20 道题。

（2）假设工人运送的花瓶没有损坏，则工人应得 20×250=5000 元，而实际上工人只得了 4400 元，所以损坏的花瓶有（5000−4400）÷（100+20）=5 个。

（3）假设小樱全做对了，则她该得满分，但她只得了 69 分，由（100−69）÷(5+3)=3.875，可知小樱只有 1 道题没做。

26. 哪条路通向京城

答案：这个人只要站在 A 与 B 任何一条路上，然后，对着其中的一个人问：“如果我问他（甲、乙中的另外一个人）这条路通不通向京城，他会怎么回答？”如果甲与乙两个人都摇头的话，就沿这条路向前走去；如果都点头，就往另外一条走去。

27. 她们分别买了什么

答案：假设小娟买的是裙子，小娟的前半句话就是错的，那么小丽买的就是帽子。而小丽的后半句话是对的，前半句就是错的，可推出小玲买的是手套了。最后把三个设想代入小玲的话中验证，小丽买的不是发夹，小娟买的不是裙子，明显前半句是对的，后半句是错的。这样就跟题意符合了。

28. 公平问题

答案：A首先分出他认为占1/5的一小堆，并且愿意拿这一份。下面轮到B。如果B认为A分出的一份不多于1/5，就不变动它；如果认为多于1/5，B就有权利把他认为多出的部分去掉，放回原金沙堆。C、D、E三人依次具有这种权利。最后一个做出变动的人把变动后的一小堆金沙作为自己的一份。按这种方式，这小堆金沙的分得者不会觉得吃亏，因为他确信自己的份额不少于1/5。其他的人也不会觉得吃亏，因为他们确信这小堆金沙不会多于他人。这样，问题划归为四个人分剩下的金沙。同样的方式，问题划归为三个人，最后划归为两个人，即一个人分，另一个人挑选。这样的方法，原则上可以推广到任何人。

29. 谁和谁是姐妹

答案：假设B说的是事实，则C就是d的姐姐，按D的依据就是C也为真，那么出现有两个人说的是事实，与题意矛盾，所以B说的不是事实，同时也知道C不是d的姐姐，则B、C的话都是假的，所以只有A说的是真话，则A就是d的姐姐,A说B的妹妹不是a，又不可能是d，所以B的妹妹只可能是b或c，根据C的假话知道D的妹妹就是c,B的妹妹就是b，最后C的妹妹就是a。

30. 警长的观察力

答案：当时正是落叶的时节，如果车子在森林中停放了两天，敞篷车内以及尸体上一定会堆满落叶。而车上落叶很少，证明车子放到这里时间不长。而罪犯弃了车就只能步行离开。在大森林里，步行既容易留下痕迹，又不容易走远。

Step6
纵向思维——层层递进，深入真相

1. 保护纪念馆

答案：调查人员运用纵向思维，一步一步找到了问题的所在。最简单的方法就是把屋内的窗帘拉上，如此一来，就能避免阳光照射，进而减少小飞虫的繁殖。这样就能从根本上解决纪念馆的难题了。

2. 遗书的破绽

答案：奥尔德里奇看了信上的日期后，推断美国人可能是凶手，是有一定根据的。这是因为英国人和美国人书写时间的格式是不一样的。英国人通常是先写几号，再写月份；而美国人则相反，先写月份，再写几号。

3. 黄帽子和蓝帽子

答案：第一个人头上戴的帽子是黄颜色的。第十个人能够看到九顶帽子，如果九顶帽子都是蓝色，那么他就能确定自己戴的是黄帽子。而他并不知道自己帽子的颜色，说明前面九顶帽子中，必有一顶是黄色的。也就是说，他至少可以看到一顶黄帽子。同样，第九个人、第八个人、第七个人都是这种想法。直到第二个人，都至少看到一顶黄帽子。因此，毫无疑问第一个人头上戴的帽子就是黄颜色的。第一个人正是通过层层递进，推出了这个结论。

4. 快钟与慢钟

答案：快钟每小时比标准时间快 1 分钟，慢钟每小时比标准时间慢 3 分钟，由此可以得知快钟每小时比慢钟多走 4 分钟。在 24 小时内，快钟显示十点整，慢钟显示九点整，可以得知快钟比慢钟总共多走了 60 分钟。由这两个条件，可以算出其所消耗的时间为 15 个小时。快钟每小时比标准时间快 1 分钟，那么 15 个小时就快 15 分钟。所以，当快钟显示 10 点整的时候，标准时间为 9 点 45 分。

5. 谁偷了西瓜

答案：解决这个难题，需要运用纵向思维。让无赖抱着孩子，再抱着两个西瓜走路。如果，他不能同时抱着孩子和西瓜走路，那就说明抱孩子的女人也没有这个能力，进而说明她并没有偷瓜。同时，这也就说明了无赖说的是谎话，是对抱孩子女人的诬陷。

6. 圣诞聚会

答案：根据 E 在 D 之后第二个到达聚会地点，可知 D 是第一个到的，E 是第二个到的。再根据 B 紧随 A 后面，可以得知 A 比 B 先到聚会地点。最后根据 C 不是第一个，也不是最后一个到达聚会地点，和以上的结论，可以推出 C 比 A、B 先到。所以，他们五人的先后到达顺序为：D、E、C、A、B。

7. 逃离高楼

答案：要想顺利逃离高楼，三人可以用纵向思维想出一个好办法。第一步，先把石头慢慢放下；第二步，C 进筐子里下去，石头上来；第三步，B 进筐子下去，让 C 上来；第四步，把石头放下去；第五步，A 下去，而 B 和石头上来；第六步，石头下去；第七步，C 下去，石头上来；第八步，B 下去，C 上来；第九步，石头下去；第十步，C 下去，石头上来；第十一步，石头下来。

8. 棋子的颜色

答案：由棋子的排列规律：白，黑，白，白，可知 4 是一个周期。70/4=17 余 2，也就是说，棋子按照上述规律重复 17 次之后，还剩下两颗棋子。所以，第 69 颗是白色棋子，最后一颗是黑色棋子。在 70 颗棋子中，黑色棋子有 1×17+1=18 颗。而白色棋子的数量为 3×17+1=52 颗。

9. 巧分果汁

答案：解答这道题需要运用纵向思维。首先，把 4 个半杯的果汁，倒成两个满杯，这样的话就有 9 个空杯子，3 个半杯果汁和 9 个满杯果汁。其次，把 9 个满杯果汁三等分，3 个半杯果汁三等分，每个人都能喝到 3 杯半果汁。

10. 破译情报密码

答案：总兵力人数是两路兵力人数之和。所以两组字母相加的和就是总兵力字母。由此，可以得知 Q+Q=Q，解出 Q=0。同样道理，W+F=10，T+E+1=10，E+F+1=10+W，可以得出 2W=E+1，并且 E 是单数。另外 E+F 大于 9，E 大于 F，所以可以得知 E=7，W=4，T=2，F=6。所以，一路的兵力是 7240，另一路兵力为 6760，总兵力为 14000。

11. 两条绳子

答案：小明首先把左边的绳子用力向左边一荡；之后快速跑到右边抓住右边那条绳子，把它拉向中间位置；最后用手抓住从左边荡过来的那条绳子，就可以把它们系在一起了。

12. 怪异的绑匪

答案：邮差就是绑匪。因为在没有门牌号和真实姓名的情况下，只有邮差才能收到钱。但如果是挂号信，邮差就不能收到钱，因而他要求用普通邮件。正因如此，他才暴露了自己的身份。

13. 埃菲尔铁塔的奥秘

答案：依据热胀冷缩原理可以解释埃菲尔铁塔的奥秘。在白天，由于光线的照射角度和强度是不断变化的，塔身各处的温度是不同的，自然热胀冷缩的程度也不一样。因而上午和中午埃菲尔铁塔会出现倾斜现象，倾斜的角度也不同。到了夜间，由于铁塔各处的温度是一样的，所以铁塔就不会倾斜，而是恢复了与地面垂直的状态。到了冬天，由于气温下降，埃菲尔铁塔冷缩，所以就变矮了。

14. 图书馆借书问题

答案：根据 21 人没有借惊悚小说，借科幻小说和诗集图书的人数比只借诗集的人数多 1 个，可以推算出有 14 个人只借了科幻小说。根据只借惊悚小说的人数是只借科幻小说的人数的两倍，可以推算出 28 个人只借了惊悚小说。

15. 三位老师分别教哪两门课程

答案：首先，根据条件（5）可以初步得知，周强老师可能教物理、生物、体育、历史中的两门课程；再根据条件（2）和条件（4）可知，周强不可能教生物。根据条件（1），周强要么教物理和历史，要么教体育和历史。其次，根据条件（3）可知，生物老师和体育老师不是同一个人，而安志达也不教生物，那么可以推出赵一鸣教生物。再根据条件（2）和条件（4）可以推知安志达老师教数学。再根据条件（5）可知英语老师和数学老师不是同一个人，可以推出赵一鸣教英语。最后根据条件（3）可以推出周强教体育。

综合上述，可以得知周强老师教历史和体育，赵一鸣老师教英语和生物，安志达老师教数学和物理。

16. 谁能娶到公主

答案：因为 A 王子首先射箭，他要射杀的第一个人就是 C，只有这样才能确保自己安全。如果 B 王子先被解决了，A 王子的目标就剩下了 C 王子，自然就会被命中率高的 C 杀死。B 王子的第一箭不射 C 王子而先杀死 A 王子，那么他肯定会死。所以，他会选择先射杀 C 王子。由此推出，在第一个回合中，C 王子的死亡概率为 80%，B 王子的死亡率为 20%。如果 C 王子不死，那么他肯定能娶到公主。

如果在第一回合中 C 王子死了，那么就该 A 王子射杀 B 王子了，A 王子的命中率就变成了 50%。第二回合中，A、B 王子的第一箭命中率都是 50%。然而如果继续下去的话，B 王子就能渐渐占据上风，可能成为最终的赢家，因而也就能娶到公主。

17. 黑石头与白石头

答案：随从的办法并不是最好的。可以从瓶子里取出100个小石头，只剩一个在里边。如此一来，剩下的小石子是白色的概率为51/101，也就是得到钻石的概率；剩下的小石子是黑色的概率为50/101，也就是得不到钻石的概率。这样的成功率更高一些，得到钻石的数目也就可能更多。

18. 破碎的杯子

答案：小王运用纵向思维解决了这个难题。首先，他找来一杆秤，先称出1个完好杯子的重量。其次，称出篮子里所有杯子的总重量。再次，用总重量除以1个好杯子的重量，就能得知杯子的数量。最后，用这个数量减去完好杯子的数量，按数赔偿就可以了。

19. 13片花瓣

答案：小赵能获胜。如果小郭先摘了1片花瓣，那么小赵在花瓣的另一边摘去2片；如果小郭先摘2片花瓣，那么小赵在花瓣的另一边摘去1片花瓣。此时，剩下10片花瓣。只要小赵在第一次摘取时，保证剩下的10片花瓣分成两组，并且被先前摘取的3片花瓣的空缺隔开。此后，小郭先摘1片，那么小赵也摘1片；小郭先摘2片，那么小赵也摘2片。只要摘取的花瓣是另一组相对应的位置，小赵就一定能获胜。

20. 旱鸭子游泳

答案：彼特说的是真的。因为他去的是海平面以下390米的死海。死海的浮力很大，所以彼特可以在水里发挥自如。

21. 哪名销售员的业绩最差

答案：根据题目的条件，可以得出以下几个关系：

1. 小张 > 小王

2. 小赵 < 小李

3. 小岳 > 小孙 > 小张

4. 小孙 > 小王 > 小李

由1和3、4得知：小岳 > 小孙 > 小张 > 小王 > 小李；再结合2可以得知：小岳 > 小孙 > 小张 > 小王 > 小李 > 小赵。

所以，六个人之中小赵的业绩是最差的。

22. 找出假硬币

答案：首先，小周把全部的8枚硬币分成了两部分，一部分有6枚，另外一部分有2枚。其次，把6枚硬币再分成两部分，每部分3枚硬币，分别放在天平的两端。天平保持平衡，那就说明假币在剩余的2枚之中。最后把这2枚硬币分别放在天平两端，哪一端翘起，说明哪一端的硬币就是假的。

在第二步中，分别将3枚硬币放在天平两端，天平要是不平衡，那么假币就在翘起的那一端。接着把这3枚硬币中的任意2枚分别放在天平两端，如果天平失衡，那么轻的一端一定是假硬币。如果天平依旧平衡，那就说明3枚当中剩余的那个就是假硬币。

23. 小气鬼吸烟

答案：小气鬼阿强早上能吸到3根。他先把其中的6截烟蒂接成2根香烟，吸完之后又可以剩下2截烟蒂。他再把剩余的那截烟蒂与这2截烟蒂连接起来，又成为1根香烟。如此一来，他就可以吸到3根香烟。

24. 方阵练习

答案：每次学生出列后，剩余的学

生会逐渐向中间靠拢，并且第一次剩下的学生的编号能被2整除。同样道理，第二次剩下的学生的编号能被4整除，第三次剩下的学生的编号能被8整除，第四次剩下的学生的编号能被16整除。所以第N次剩下的学生编号能被2的N次方整除。根据这个规律，可以推断出最后剩下的就是能被32整除的数。所以，最后剩下的学生是第32号。双数学生出列也是这个道理。

25. 谁点了鸡排

答案：解答这个问题的关键是“邻座的人都点了不一样的东西”。根据这句话，只要依次把四个人所点的东西排出，并且填入他们的主菜，那么主菜栏空白的那位就是点了鸡排的那个人。麦克先生坐在A位置上，可以推出埃布尔先生一定不是坐在B、C上，那么他肯定坐在D位置上。坐在B位置的人点了一份猪排，那么可以推出史密斯先生坐在C位置上。A、D两人又分别点了牛排和羊排，那么就可以断定C位置上的史密斯先生点的是鸡排。

26. 果园摘水果

答案：解答此题需要运用纵向思维，一步一步推出答案。首先根据“只摘苹果的人数是只摘葡萄的人数的两倍”，“11人摘了葡萄和苹果，但没摘草莓”和“50人没有摘草莓”，可以推算出只摘葡萄的人数共有13人，只摘苹果的人数有26人。根据“摘草莓、苹果和葡萄的人数比只摘葡萄的人数多3个”可以得出3种水果都摘的人共有16个。根据“60人摘了葡萄”可以推算出摘了草莓和葡萄的人共有20个。根据“只摘草莓的人比摘了苹果和草莓但没摘葡萄的人数多4个”和“摘水果的总人数是100个”可以推算出只摘了草莓的人有9个。

综上所述，此题的答案为：26、9、16。

27. 开灯与关灯

答案：小冯是这样做的：先打开甲房间中的一个开关，几分钟后再打开一个开关。之后，小冯立即走到乙房间，就能得知灯泡亮着的开关，就是第二次打开的那个开关。小冯接着用手摸一摸两个没有亮的灯泡，如果哪个灯泡发热，就证明它对应的是第一个开关。这是因为灯泡亮了一会儿后，是热的。自然，剩下的那个灯泡，其对应的就是第三个开关。

小冯就是运用纵向思维，层层递进与排除，确定出了相应的开关和灯泡。

28. 三个舍友的衣服

答案：根据“安德鲁的套头毛衣是带条纹的，约翰逊的衬衣是带斑点的”“约翰逊的套头毛衣和科里森毛巾上的图案是一样的，科里森的套头毛衣和安德鲁毛巾上的图案是一样的”以及“相同的衣物上没有相同的图案，且同一个人的3件衣物的图案也各不相同”这些已知条件，首先可以推断出，带条纹的毛巾是约翰逊的。接着就可以推断出没有图案的套头毛衣也是约翰逊的。又可以推出没有图案的毛巾是科里森的。最后，再根据“同一个人的3件衣物的图案也各不相同”可以推断出带条纹的衬衣是科里森的，没有图案的衬衫是安德鲁的。

综上所述，答案分别为：科里森；条纹的；科里森；带斑点的和没有图案的。

29. 强盗的宝藏

答案：首先，在商人被带上山寨的那天，地面泥泞，山贼穿着适合在泥地里行走的草鞋。泥泞的原因是大量的降雨。其次，降雨则是因为湿润的空气。在岭南地区，只有从南向北运动的空气才能从海面带来充足的降水，并随着地面的升高，在南坡形成大量降雨。所以，师爷根据以上的推论，确定宝藏就在南坡上。

30. 浴缸里的水位

答案：水位会下降。因为铁的比重远大于水，当铁球放在小塑料盆里时，所排走的水的重量等于铁块的重量，体积大约为铁块体积的 7.8 倍。而铁块在水里所能排走的水量仅等于铁块的体积，所以水位会下降。

Step7
逆向思维——另辟蹊径，倒退因果

1. 马克·吐温变通有道

答案：马克·吐温并没有用正向思维来思考这个难题，而是运用了逆向思维。他建议船长让水手们把石头之类的重物搬运到货船上，如此一来，货船的吃水深度增加了，也相应地降低了高度。因而货船就可以顺利通过大桥了。

2. 托尔斯泰的难题

答案：思考和解答这道题，可以用假设的方法，比如假设有 20 头牛，之后再一一验证和排除，自然可以得出结果。但是这种方法不仅烦琐，而且也浪费时间，非常不科学。

解答这道题最好的方法就是运用逆向思维，倒过来想，倒过来算。

首先，根据长女得到的是最后剩下的牛数量的一半再加上半头，并且 1 头也没杀，也没有剩下，可以算出长女得到了 1 头牛。

其次，根据长女得到的牛的数量是次子的一半，可知次子得到的牛的数量是长女的 2 倍，所以他得到的牛的数量为 1×2=2 头。

再次，根据次子得到的牛的数量是长子的一半，可以得知长子得到的牛的数量是次子的 2 倍，所以他得到的牛的数量为 2×2=4 头。

最后，根据长子得到的牛的数量是妻子的一半，可以得知妻子得到的牛的数量是长子的 2 倍，所以她得到的牛的数量为 4×2=8 头。

分别计算出了每个人得到的牛的数量，就不难知道牛的总数量了。这个农民留下的牛总共是 1+2+4+8=15 头。

3. 整数有多少个

答案：解答此题最快速有效的办法是利用逆向思维的优势。首先，在这道题目中，我们知道最小值就是 1，最大值就是把几个数相加，即 1 ＋ 2 ＋ 4 ＋ 6 ＋ 8 ＋ 10 ＝ 31。其次，我们再看 2、4、6、8、10 这几个数，发现它们是最小的正偶数，它们几个组合能得到 31 以内所有的偶数。

最后，偶数相加1就得到奇数，在31以内所有的奇数也可以得到。所以1到31之内的所有整数都可以得到。

综上所述，这道题的答案就是31。

4. 小八路过桥

答案：小八路能顺利过桥，走出村子，是因为成功运用了逆向思维。小八路发现了守桥人的习惯，于是从芦苇地里钻出来，悄悄地上了小桥。正当敌人抬头问话之前，小八路突然转过身向着村子的方向走去，并且故意弄大走路的声音，引起敌人的注意。如此一来，敌人听到声音后，还是像之前那样，头也不抬地说："回去，回去，村子不让进。"结果，小八路顺利地走出村子，把情报安全送了出去。

5. 以愚困智

答案：宋太祖赵匡胤的高明之处，就是他运用了"逆向思维"解决这个问题。一般人都会认为，应对善于辩论的人，应该是找一个比他更加善于辩论的人。但是宋太祖却没有这么做，他找了一个没有文化的侍卫去应对徐铉。侍卫的言行举止使善于辩论的徐铉看不清虚实，使他认为这个侍卫是水准很高的人。于是，徐铉就不敢在宋国放肆，不敢轻视宋国。总的说来，宋太祖赵匡胤以愚困智，是正确运用了逆向思维这种思考问题的方式。

6. 一美元贷款

答案：老人对银行行长说："来你们这个银行之前，我去过其他的几家金库，但是他们的保险箱的租金都非常贵。于是我来到你们的银行，寄存这些债券和股票。因为你们这儿的租金太便宜了，一年的利息才只有6美分。"

一般用正常思维方式思考的人，都会走进同一种"误区"："既然是寄存，自然希望租金便宜。因此只能一家一家去金库询问租金，之后再做比较。可是这位老人却没有按照常规思考问题，而是运用逆向思维，将本想寄存的物品当作抵押品抵押，达到了自己的目的，节省了许多租金。

7. 牌子上到底写了什么

答案：这位女歌唱家在牌子上写的是："大家请注意，如果在花园中被蛇咬伤了，要送到最近的医院的话，需要开车行驶半个小时，走50多公里路。"女歌唱家没有按照常规思维，在牌子上写"禁止入内"之类的话语，而是对那些人进行了善意的提醒，结果收到了明显的效果。她的做法就是逆向思维的一种正确运用。

8. 教授儿子巧拼地图

答案：杰克教授的儿子之所以能那么快拼好世界地图，是因为他运用了"逆向思维"。一般人拼地图，会关注地图这一页，从这一页下手。但是杰克教授的儿子没有这么做，他看到地图背面是一张人物头像，知道只需把人物头像拼好，那么世界地图自然也就拼好了。这就是教授儿子的聪明之处。

9. 巧测酒的容积

答案：容器的底面积 × 高 = 容积。根据这个公式只要算出酒瓶子的底面积，再测量出酒瓶子中酒的高度，就能得知酒的容积。酒瓶子的底面积容易计算，只需要用尺子量出瓶底的直径，就能算出来。但是因为酒瓶身子并不规则，因而瓶子中酒的高度并不容易直接测量出来。这时，就需要运用逆向思维。故事中的国王把酒瓶子倒置过来，就能测量出酒瓶子内酒上方空气的高度，就能计算出酒瓶中空余部分的容积。最后用已知的酒瓶子总容积减去空余部分的容积，得出的结果就是酒的容积。

10. 特殊的地铁

答案：根据最后下车的人数为 3 个，可知第五站下去了 2/3。可以设第五站有 x 人，那么 x−2/3x=3，得出 x=9。所以第五站下去了 9−3=6 人。由此类推，可以算出第四站下车人数为 27 人，第三站下车人数为 36 人，第二站下车人数为 18 人，第一站下车人数为 18 人。所以，最开始上车的人数为 3+6+27+36+18+18=108 人。

11. 克里家的鸡蛋

答案：解答本题不要被常规思维束缚，可以运用逆向思维进行倒推。

（1）根据一次拿 7 个，筐里就没有剩余的鸡蛋，可以得知鸡蛋的总数量肯定是 7 的倍数，能被 7 整除。

（2）每次拿 2、3、4、5、6 个时，最后总会剩下一个鸡蛋，说明鸡蛋的总数量比它们的公倍数还要大 1。

（3）2、3、4、5、6 的公倍数是 300，300+1=301，能被 7 整除。

由上所述，筐里的鸡蛋总数为 301 个鸡蛋。

12. 数学老师的题目

答案：根据题意可以看出，这是一道典型的“还原法”问题。如果按照一般顺向思维方式进行思考，那么是很难找到突破口的。正确的方法就是运用逆向思维，从最后的得数，往前逆推。

从原题的条件进行逆推：

（1）一个数增加 1/4 得到 7/12，可以得出增加前的数是 7/12−1/4=1/3。

（2）1/3 是乘以 1/2 之后得到的，所以之前的数是 1/3÷1/2=2/3。

（3）2/3 是减去 2/3 后得到的，所以之前的数是 2/3+2/3=4/3。

（4）4/3 除以 5/2 就是原来的那个数。

综上所述，最后的结果为 8/15。

13. 猜猜硬币面值的大小

答案：解答此题不能从正向思维着手，而是需要逆推。

（1）根据最后一句话“E 的面值是 D 的面值的两倍”可以推出 D=1/2E。

（2）根据“D 的面值是 C 的面值的两倍”可以推出 C=1/2D。再根据（1）可以得知 C=1/4E。

（3）再根据第一句和第二句话，可以推出 B=4C，A=2B。

（4）综合上述条件可知，C<D<E=B<A。

14. 想发财的穷人

答案：首先我们可以肯定的是，这个穷人手里的钱少于 32 美元，否则也不可能每次给老人 32 美元之后会变得两手空空。

穷人最后一次从树洞里取出来的钱是 32 美元，所以他放进去的钱应该就是 32 美元的一半，也就是 16 美元。他第三次从树洞中得到的钱应该是 16+32=48 美元，所以他第三次放进去的钱是 24 美元。他第二次从树洞中得到的钱应该是

24+32=56 美元，所以他第二次放进去的钱是 28 美元。同样道理，他第一次从树洞之中得到的钱是 28+32=60 美元，所以他第一次放进树洞里的钱是 30 美元。

15. 指纹到底在哪里

答案：劳森看到警察指的方向，知道他的确忽略了那个地方。我们来梳理一下奥德赛的动作，按门铃、推开劳森、环视房间、坐椅子上、倒在地上，被劳森背到郊外的公园。

根据上述的奥德赛的动作，可以肯定劳森背奥德赛时穿的衣服不会留下，要么扔掉，要么烧毁。椅子、地上的痕迹也都被劳森仔仔细细地擦过，所以也不可能留下死者的指纹。而唯一遗漏的地方就是门上的门铃。这也就是警察没有按门铃而是选择了敲门的重要原因。因为警察已经发现了门铃上有奥德赛的指纹。

16. 菲利克斯卖苹果

答案：我们可以运用逆向思维进行推理，得出答案。首先可以肯定的是，任何人买苹果，都不会买半个，而卖苹果的也不能卖半个。所以每一位顾客买到手里的都是完整的苹果。如此一来，菲利克斯拿出来的苹果的个数肯定是奇数，平均下来之后正好少半个，所以他才需要加上半个卖给顾客。

其次我们看顾客 F，他买完苹果后，菲利克斯的苹果卖光了，他买的是最后剩下的一半加上半个，而这些正好是菲利克斯最后手里所有苹果的数量。那么顾客 F 买的苹果数只能是 1 个。由此往回推，顾客 E 买苹果的时候，菲利克斯手里应该有 3 个，客户 E 买 3 个的一半加上半个，就是 2 个。那么顾客 D 应该买了 4 个，顾客 C 买了 8 个，顾客 B 买了 16 个，顾客 A 买了 32 个。

综上所述，菲利克斯一共带了 1+2+4+8+16+32=63 个苹果。

17. 自杀的侏儒

答案：这个案件的最终结果是个子矮的瞎子侏儒自杀了，我们的目的就是要找出他的死因。首先可以肯定的是，这个瞎子侏儒不是为了成全高个子侏儒而自杀。假如是这样的话，那么地上的木屑就无法解释。

其次我们要换个角度看问题。木屑是因为锯木头而留下的。由此又产生了一个问题，那就是为什么有人要锯木头呢？这个原因很可能跟瞎子自杀的原因有联系。

最后我们看一看两个侏儒打的赌，谁的个子高谁就自杀，那瞎子侏儒自杀会不会和个子变高有关系呢？当然了，瞎子侏儒是不可能一夜之间长高的，可是如果有人将家具腿锯掉，使得家具变矮，那么不明实情的瞎子侏儒在摸家具的时候就会误以为自己长高了。再根据他们的打赌规则来看，他认为自己个子高，因而选择了自杀。

至于作案凶手，应该是另外一个个子高的侏儒，只有他才有作案动机。

18. 胆小的男人真的“胆小”吗

答案：我们知道鲨鱼是一种凶残的食肉动物，尤其闻到血腥味之后更是疯狂。女子没有被鲨鱼吃掉，所以可以推断有某种东西吸引着鲨鱼，其中最大的可能就是人血。

男子手中拿着匕首，将自己划伤，用自己的鲜血作诱饵吸引鲨鱼，将逃生的机会留给女友。这正是一种伟大的爱情。

综上所述，女子听了船长的话，明白了胆小男人的“胆小”，实则是为了让她活下去。

19. 课堂上的抽纸牌游戏

答案： 解答此题需要运用逆向倒推法，从丁抽到的两张牌入手。

首先，丁抽到的两张牌的商是 3，所以这两张牌可能是 1 和 3、2 和 6、3 和 9。丙抽到的两张牌可能是 3 和 8、4 和 6。甲抽到的两张牌可能为 1 和 9、2 和 8、3 和 7、4 和 6。

其次，假设丁抽的两张牌是 3 和 9，那么丙抽到的就是 4 和 6，甲抽到的只能是 2 和 8，剩下 1、5、7 三个数字。因为乙抽到的两张牌的差为 1，1、5、7 三个数不能满足这个条件，因而假设不成立。同样道理，丁抽到的两张牌为 1 和 3，假设不也成立。所以，丁抽到的两张牌只能是 2 和 6。以此推出丙抽到的是 3 和 8，甲抽到的是 1 和 9，乙抽到的 4 和 5。不难看出，剩余的一张牌就是 7。

20. 七个人轮流值班

答案： 首先，根据最后的一个条件，员工 F 在星期四值班，B 在 C 和 F 的中间，而 A 的值班日比 C 的晚一天，可以肯定地推出 B 在 F 的前一天，C 肯定在 F 的后一天。因此，B 可能是在星期一、星期二或星期三值班；C 可能是在星期五、星期六和星期日值班。

其次，因为 A 的值班日比 C 的晚一天，所以 B 可能是在星期二或星期三值班。为了满足 D 的值班日比 E 的值班日的前一天晚三天，所以 B 只能是在星期二值班，C 只能是在星期六值班。所以，可以推出 A 在星期日值班，D 在星期三值班，E 在星期一值班，G 在星期五值班。

21. 吸尘器制造的假象

答案： 想要找到此案的真相，需要运用逆向推理。首先，死者是一个好人，又有大好的前程，为什么会选择自杀呢？这是路易斯警长反问自己的问题。他就是通过这样的反问，逐步找到了重要的线索，最终破解了案件。

原来，死者的男友要跟一个不爱的女人结婚，这样，他能获得一笔丰厚的遗产。由于抵不住金钱的诱惑，死者的男友动了杀机。因而那天晚上，他等女友睡熟之后，关紧所有的窗户，之后打开煤气开关，擦去指纹，又用吸尘器从外面将事先贴在门内的封条吸紧，制造了死者自杀的假象。最后，死者的男友拿着吸尘器离开了死者的家。

22. 红绿色盲

答案： 如果用横向思维来分析这个案件，恐怕没有多大的效果。因为，很多警员会将重点放在 20、36 这两组数字上。20、36 这两组数字可能是线索，但不一定就是破案的重要线索，它可能也是凶手故意制造的数据，目的是迷惑警察。此案的关键点是：红绿鞋子没有按照鞋盒标示混放在鞋盒子里，但鞋盒子又按照标示整齐地摆放在鞋架上。办案经验丰富的爱德华警长从这一线索进行逆向分析，很快就找到了事情的真相。

从鞋盒子里的红绿鞋子混放的情况来看，凶手可能就是红绿色盲。但反过来想，凶手这么做，还有可能就是为了嫁祸给“红绿色盲”的人。凶手虽然把红绿鞋子混放在鞋盒子里，但其按照鞋盒的颜色将几十个鞋盒摆放整齐，这足以证明凶手并不是色盲。如果他是色盲的话，就不可能分清鞋盒的颜色。从这方面来说，凶手更可能是嫁祸别人。因此，当FBI的爱德华警长询问泰勒和盖尔谁是红绿色盲的时候，就已经胸有成竹了。当泰勒十分自信地说盖尔是红绿色盲之时，实际上完全承认了自己是罪犯。

23. 儿媳妇的年龄

答案：解答此题需要逆向倒推。假设这个儿媳的年龄为x，那么根据条件（3）和条件（1），可以得知女儿的年龄是这个儿媳妇年龄的x/25。再根据条件（2）和条件（4）可以得知，x+2x+x/5+x/25=81，可以解出x=25。所以，这个儿媳妇的年龄为25岁。

由此不难算出，其丈夫的年龄为50岁，儿子年龄为5岁，女儿年龄为1岁。

24. 谁才是适婚者

答案：从结果出发，一步一步往前逆推的方法是一种非常重要的思维方法。因而，它常常成为一些对策游戏中的取胜之道。公主就是利用了这种思维方法，最终选取了心中的驸马。

公主在智者的金币里，发现无论从哪一枚金币开始数，只要每次把第17枚金币拿掉，最后留下的1枚金币，就是最初开始数的第三枚金币。所以，公主在仪式中，果断选择了乔治前面第二个人作为计数的起点。这样一来，最后剩下的只有乔治一人。

25. 穿高跟鞋的秘书

答案：本案之所以能够侦破，是因为FBI伊戈达拉警长充分运用了逆向思维。

首先，研究所的工作一般都是严肃和繁忙的，因而女性即使再爱美，也不可能穿着很高的高跟鞋上班。正常的话，第三个女秘书应该穿平底鞋。

其次，录音机中只有轻微的关门声和专家进门的脚步声，并没有其他人的声音，这就说明了放录音机的人要么是穿着平底鞋进来的，要么就是光脚进来的。但是会议室的地板上很容易留下脚纹，所以放录音机的人一定是穿着平底鞋进入的会议室。但仅凭这一点并不能说明前两位女秘书就是罪犯。因为第三个女秘书也有可能换穿平底鞋进入会议室。因此，她还是存在嫌疑。

最后，第三个女秘书说她正在给项目负责人打电话，而且还说项目负责人可以为她做证。伊戈达拉警长从这句话中看出了一丝破绽，那就是她跟项目负责人的关系不一般。既然他们关系不一般，那么她所说的话也就不一定可靠。因为他们很可能串通一气。因而伊戈达拉警长派人调查了那个项目负责人，并最终搞清楚了整个案情的来龙去脉。

26. 车牌照的玄机

答案：如果“6198”真的是死者临死

之前看到的车牌号码，那么这组数字就来源于死者的视角。但这并不意味着警察就能肯定这辆车的车主是凶手。因为视角的不同，所以得出的结论也是不同的。

如果死者是仰面朝天，那么他很有可能会把数字看颠倒，“8619”这组数字，颠倒过来就是“6198”。警察已经排除车牌号为“6198”的车主，那么就应该反过来查查车牌号为“8619”的车辆是否就是肇事的车辆。最后，他们在警长的提醒下，发现了车牌号的玄机，破获了这件案子，找到了真正的肇事者。

27. 奇异的梦

答案：根据逆向推理，列车不是晚点了。最大的一种可能是克鲁斯已经不在原来的那辆列车上了。这样的话就可以解释老人所说的话了。凶手是那个跟他一起喝酒的年轻人，他杀死那位美丽的女子，正好被克鲁斯看到了，于是他打晕了克鲁斯，清理了现场，将克鲁斯背到了下一趟去得克萨斯州的列车，并且还是跟上趟列车同样的卧铺位置。其目的就是让克鲁斯产生错觉，认为他看到的一切都是因为酒醉所造成的。

28. 谁偷走了演讲稿

答案：既然那几位跟英国专家一起吃饭的游客没有作案时间，那么根据逆向推理，乘警就从另外一个角度出发，把注意力放在了那位女服务员身上。后来，通过一番调查，乘警终于确认那位女服务员和她的经理就是罪犯。原来，她的经理故意让她制造混乱，以分散大家的注意力，之后就趁乱去专家的房间里偷走了演讲稿。

29. 救命的“企鹅肉”

答案：这个案例可以用逆向思维进行推理。首先，事件的结果是艾伯特自杀了。自杀分为两种，一种是因为心理受到创伤而自杀，还有一种是理智上的自杀。根据案例提供的信息，不难看出艾伯特的自杀属于第一种。他因为吃企鹅肉而遭受了巨大的心理创伤。

企鹅肉是艾伯特和巴里在南极的救命食物，而当时艾伯特患了雪盲，根本就看不清他吃的是不是企鹅肉。然而，根据他在饭店里吃完真正企鹅肉的表现来看，他在南极吃的并不是企鹅肉。那么，在没有食物的冰天雪地里，除了企鹅肉还有什么肉呢？很显然，那就是巴里的肉。艾伯特正是因为吃了巴里的肉才活了下来，而这无疑给他造成了巨大的心理创伤。在无法承受这样重大的打击下，艾伯特最终选择了自杀。

30. 瘫痪的画家

答案：根据逆向思维进行推理，杀人必须要有动机，这动机就是老师损害了自己的利益。凶手不知道马丁的右手已经瘫痪，而不知道这一情况的只有希尔瓦和托比亚斯。托比亚斯已经出名，应该感谢老师而不是杀死他。而科尔塞利是马丁最近收的学生，因而他知道马丁右手瘫痪的情况。所以最有可能杀死马丁的就只剩下了希尔瓦。顺着这个思路，警察着重对希尔瓦进行了调查，得知他是因为马丁对他不好，才转行开面包店的。为了报复马丁，他先杀死马丁，之后又布置了马丁自杀的假象。

Step8
移植思维——牵线搭桥，由此及彼

1. 探险队过江

答案：江面上的冰很薄，是不利于探险队前行的。那么怎样才能保证探险队员安全通过呢？唯一的办法就是将冰层加厚。老探险队员利用移植思维，也就是将思维转嫁到如何使冰层变厚上。很简单，那就是在冰面上浇水。在寒冬中，水会很快凝结成冰。当江面上的冰变得越来越厚时，他们就能顺利通过江面了。

2. 给明珠穿线

答案：明珠内的通道如果是直的，那么，用一根细线像穿针引线似的很快就能将细线穿过来，但这个明珠内的通道却不同于其他，它内部的通道却是弯弯曲曲的，这可怎么办呢？那位同事运用移植思维，将问题的解决者通过人嫁接到一只蚂蚁身上，因为蚂蚁足够小，可以顺利地通过明珠内的通道，只要想办法将细线和蚂蚁结合起来，引诱蚂蚁从通道的一端进入，然后从另一端出来即可。所以，他马上就到花园找来一只蚂蚁，然后很小心地把细线拴在蚂蚁的腰上，然后把它放在明珠孔的一端，再在另一端涂上花蜜。蚂蚁对甜的东西是很敏感的，嗅到花蜜的味道，就会穿过弯弯曲曲的通道。这样一来，细线就穿进了明珠。

3. 牡丹园的寓意

答案：富人通过移植思维，将思维转嫁为：“牡丹象征富贵，缺了边，就是‘富贵无边’的意思。”如此，他有力回应了那位朋友。

4. 高难度动作

答案：要模仿一个人的动作必须看到后才能模仿。现在问题是，有一件很简单的事情，猴子永远无法模仿。那么我们就需要将这件事和模仿的必要因素联系起来。通过移植思维，我们想到，当人把两只眼睛全部闭上时，猴子也会闭上两只眼。但是这时它就看不见人了，不知道人是什么时候睁开眼的，所以便不能模仿。

5. 如何测量胡夫金字塔的高度

答案：金字塔的高度非一般测量器材可以测量，所以直接测量并非易事，那么，可以采用移植思维的方式，将日常生活中测量普通事物的方式移植到对金字塔高度的测量上来。数学家想到了光线和投影的原理，他找来一个人站在金字塔旁边，当阳光照射在这个人和金字塔时就会投下阴影。当被测量者的影子和身高相等的时候，即光线斜射角度为 45 度时，测量出金字塔阴影的长度，即为金字塔的高度。

6. 巧测莱茵河宽度

答案：当拿破仑看到河对岸的边线在视线里刚好擦过军帽帽舌边缘时，他想到了转移测量对象的方法，改测量河的方式为测量两次帽舌边缘压到河两岸边的方式。于是，拿破仑慢慢向后退，一直退到自己所在的河岸线正好擦过他的帽舌。然后，他让人丈量一下自己所走的距离。很显然，这个距离就是莱茵河的宽度。因为平面上移动的两个距离是完全相等的。接下来，他马上下令根据量得的距离射击目标。拿破仑终于取得了胜利。

7. 实验室风波

答案：既然水槽是在实验台上固定的，而水龙头一直在排水，那么水槽里的水一定是越积越多的。而控制水势，不使水越积越多的方式只有两种：一种方式是控制水源，不让水流出。但是有人试图堵住水管，结果无济于事，说明控制水源的方法行不通。另一种方式就是快速排水。那么，该如何排放这些水呢？李少芳想到了“司马光砸缸”的故事。通过移植思维，李少芳将司马光的做法应用到给水槽排水上。她快速找来一个小铁锤，用它在水槽底部砸出一个洞，使水直接从下面流走了。生活中，我们要善于学习，要活学活用，这样就能做到临危不乱。

8. 摔不碎的瓶子

答案：这是一种不会因汽车玻璃破碎而伤到乘客的“安全玻璃”。玻璃瓶未摔碎的原因是：那个瓶子曾装过一种药水，药水在瓶内产生了一层坚韧而透明的膜。根据这个原理，彭奈蒂托斯在看到那条车祸新闻后，迅速进行思维移植。他心想，如果将“药水玻璃”的摔不坏特性应用到汽车玻璃上来，乘客在遭遇车祸时就不会因玻璃的损坏而伤到自己。经过一系列研究，他研制出了一种附着力强且透明的涂料，用这种涂料黏合的玻璃防碎性能非常好，因此被广泛用作汽车的“安全玻璃”。

9.《蓝色多瑙河》

答案：移植思维的途径可以有很多种，它可以是观念的移植、原理的移植。另外，移植思维方法的特性有相容性、相通性和优化性。施特劳斯所运用的移植方法就是移植思维的相通性。因为可以记录旋律的东西很多，除了纸，施特劳斯在紧急之中想到了自己的衣服。他抓紧脱下自己的白衬衣，然后根据记忆把那段旋律写在了自己的白衬衣上。

10. 机智的司机

答案：这位司机在听到教授的提问后，虽然一时发愣，不知该如何回答，但他的控场能力和应变能力特别强。他快速转换思维，将这个难题转移到爱因斯坦身上。他微笑地对那位教授说：“这个问题？太简单了，我想我的司机应该也知道如何解答。”他边说边走到爱因斯坦身边，将话筒递给了他。爱因斯坦笑着站起身来，正确而快速地回答了那个教授的问题，让人们相信就连爱因斯坦的司机都是一位知识渊博的人，因而引起台下听众的一片喝彩和惊讶。

11. 废物利用

答案：犹太青年组织大量的工人进行垃圾的分类。他采用移植思维，将人们喜爱的自由女神像的特征嫁接到垃圾上，将人们眼中的垃圾变废为宝。他让工人将铜熔化，铸成小自由女神像；将水泥和木头加工成自由女神像的底座；将废铝、废铅仿纽约广场的钥匙雕像做成许多把小型的钥匙，当作纪念品来卖。最后，他甚至将从自由女神像身上扫下来的灰都包了起来，卖给了花店。经过他的这一系列改造，垃圾变成了金钱。

12. 爱迪生救母

答案：爱迪生看到窗外的月亮，想起了白天玩过的阳光反射的游戏，采用思维移植，将太阳光的反射原理移植到了灯光的反射中。他让爸爸摘下挂在大衣柜上的镜子，然后跑到邻居家借来好几块镜子和煤油灯。然后，他将煤油灯和镜子都放在床的四周，然后调整镜子的角度，使镜子反射的光线全部聚集在一起，这样，床上就变得亮起来。

13. 废物变指南针

答案：中岛从回形针上折下一段，在丝织手巾上用力摩擦，这样针就具有了磁性。把针在额头上擦两下，蘸上一点儿油，再放入水里。油的张力能让针浮在水面上，而磁极的作用会让针摇晃，当摇晃停止后，针尖所指示的方向就是北方。当然，针尖所指的磁场的北极和地理上的北极是有误差的，距离北极圈越近，误差就越大。

14. 趣逗阿呆

答案：王若涵看到西瓜后，利用移植思维，将西瓜的“瓜”字移植到同音字“呱”上来。她将阿呆带到西瓜地里，停下来指着一个大西瓜说：“阿呆，你看这个葫芦长得多好啊！”阿呆纳闷，这分明是一个大西瓜，她为什么说是葫芦呢？于是说道：“嗨，这明明是西瓜，你怎么能说是葫芦呢？”王若涵看了看阿呆，坚持道：“是葫芦！”

阿呆纠正道：“是瓜！”

王若涵坚持说：“葫芦！”

阿呆还是纠正道：“瓜！”

王若涵连说三声：“葫芦，葫芦，葫芦！”

阿呆气急败坏道：“瓜，瓜，瓜！”

15. 牛皮铺路

答案：这位大臣采用的是思维移植法，与其考虑给人们所走的路铺设牛皮，不如考虑在人们的脚下“铺设”牛皮。这样人们无论走多远，脚下总有牛皮相随相伴。所以大臣出的主意就是，给每人发两块牛皮，让大家把牛皮裹在脚上，这样就能感觉和在牛皮上走一样舒服。

16. 聪明的国王

答案：国王和波斯首领均采用了移植思维，他们都能将对方的物质语言移植到精神层面上来进行加工和理解。

国王命人端出一碗满满的牛奶，意在告诉这位波斯首领：我的国家就像这碗满满的牛奶，已经无法再容纳更多的人了。国王之所以利用这种方式应对波斯首领，意在委婉地表达自己的拒绝之意。而这位波斯首领却命人拿来了一些糖放在里面，意在说明，有了波斯人的加入，这个国家不但没有损失什么，人民的生活还会更加幸福、更加美好。国王明白了波斯首领的意思，便为他的机智和聪明拍手称赞，哈哈大笑起来，并很快同意了他的请求。

17. 马克·吐温的智慧

答案：因为主编签名的笔迹很特别，行业里的人一眼就能认出来，而且主编的签名也看得很清晰，但是解雇通知的内容却写得很潦草，没有人能认出来，于是，马克·吐温就根据移植思维，将解雇通知移作推荐信用，把它当作一封推荐信找工作。别人看到信后，认不出信中的内容，但一眼就看出了那大名鼎鼎的报社主编的签名。因不好意思说不认识，他们就相信了马克·吐温的话。

18. 弱女子半夜捉小偷

答案：家里遭遇窃贼，张女士的目的自然是设法唤醒丈夫，抓住窃贼。但是，仅丈夫和她两个人是不足以应付窃贼的，需要集中众人的力量，也就是邻居的力量来抓窃贼。所以，张女士故意摔东西和假装出走，通过制造出声响和麻烦，引起丈夫注意，进而吵醒左邻右舍，让大家前来劝架。而人来得多了就可以把小偷捉住。

19. 安全炸药的发明

答案：诺贝尔受到马车夫言语的启发，回到实验室后，他将马车夫所说的用沙土吸收硝酸甘油的方法移植到安全炸药的制造上来。他用硅藻土磨成粉末，将液态的硝酸甘油吸附其中。实验后，硝酸甘油的性情果然温和很多，只有经过引爆它才会爆炸。就这样，诺贝尔发明出了安全炸药。

20. 笛卡尔与苍蝇的故事

答案：笛卡尔受到苍蝇的启发，将苍蝇与墙和天花板之间的相对关系移植到坐标轴的建立上来。他在纸上画出了三条互相垂直的线，来表示两堵墙与天花板相互连接的缝，然后又画了一个点来表示移动的苍蝇。他又用 X 和 Y 分别代表苍蝇到两堵墙的距离，用 Z 代表苍蝇到天花板的距离。这样，一张形象、直观的图就出现在眼前了。而且只要在图上找到任何一点，都可以用一组数据来表示它与另外那三条数轴的数量关系。同样，只要有了任何一组这样的三个数据，都可以在空间上找到一个点。这样，数和形之间就建立起了联系，解析几何学便在此基础上创立了。

21. 钱币消失之谜

答案：猫头鹰是破本案的关键所在。猫头鹰有个习性，它抓住老鼠和小鸟后会囫囵吞下，没有消化的骨头随粪便排出。作为生物学家，法布尔先生推理出罪犯加尔托正是利用了猫头鹰的这个习性。把三枚钱币裹在肉中让猫头鹰吞下。第二天，加尔托便迫不及待地杀死猫头鹰取出钱币。

22. 高明的易容师

答案：易容师前几天在报上看到了一张通缉犯的照片，于是，他灵机一动，运用移植思维将那个通缉犯的模样移植到了这个逃犯的脸上。这样既能满足逃犯的要求，又能给警察提供线索，结果他刚一出现在大街上，就引起警察的注意，被抓获归案了。

23. 偷运橡胶

答案：我们运用移植思维，将橡胶移植到空桶上，空桶应该就是偷运出去的橡胶。工人们将橡胶加工成了桶形，这样就能逃过保安们的严格检查了。

24. 金表与皮箱

答案：律师想到，皮箱厂生产的皮箱外部是皮的，里面也有不是皮的材料。

根据这个特性，他想到了金表，同样金表的外表虽是金的，但是内部的所有结构和构件并不全是金的，然而没有人怀疑这不是块金表，于是律师运用移植思维以金表做类比，将金表的特性移植到皮箱上，向人证明皮箱厂生产的皮箱的确是皮箱，这是毋庸置疑的。这样，狡诈的英国商人最后只能乖乖认罚。

25. 华盛顿造势

答案：华盛顿运用的是移植思维。因为正面去抓小偷并不好抓，而且会浪费很多时间，所以最好的办法就是利用巧法将小偷引出来。通常人们在遇到突发事件时都会不由自主地被事件吸引，所以华盛顿便将人们的这一心理移植到破案上来。召集村民大会，是为了先给大家营造一个心理情境，然后再利用黄蜂做“诱饵”突然猛喊。当他猛喊的时候，小偷做贼心虚，不知是计，于是马上用手去赶头顶的“黄蜂”，这样自然就暴露在公众面前了。

26. 高明的医术

答案：老医生让农民在耳朵里滴水，并不是说滴水就能止痒，老医生运用的是移植思维。根据麦粒遇水萌芽的特性，老医生巧妙地将其移植到取农民耳朵里的麦粒上。麦粒吸收水分后就会出芽，籽粒就没有那么饱满了。并且麦苗趋光，会向外生长，这样就很容易掏出来。所以老医生从农民耳朵里掏出来的不是麦粒，而是麦苗。

27. 头发杀人

答案：警探长仔细研究了头发的特性。通过这个特性，他合理地解析了被头发系着的枪是如何开动扳机的。人的头发具有伸缩性，每米有 2.5 厘米左右的伸缩度，尤其是金发，其收缩性更强。凶手正是利用头发的这一特性作的案。他事先通过天气预报得知一定会有台风经过这里，然后将安眠药放在被害者的食物中，令被害者服下。趁被害者熟睡之际，他将手枪固定在其床头，将金发的一端系在床头，另一端系在扳机上，且使金发保持绷直状态。后来台风经过这里，天气立即变得潮湿，头发被水汽弄湿后收缩，扣动扳机将被害者杀死。

28. 巧妙托运行李

答案：工程师采用的是移植思维法。航空公司的规定是随身携带的行李长、宽、高均不得超过 1 米，也就是说规定中允许的最大容量只能是一个长、宽、高均为 1 米的容器，这样的话，该容器的对角线长度为 1.732 米。所以，这个工程师向乘务人员要了一个长、宽、高均为 1 米的货运箱子，然后将钢管斜着放了进去，因为箱子的对角线长刚好超过 1.7 米，这样他就能顺利地把钢管带上飞机了。

29. 陋室生财

答案：年轻人之所以买下这个前不着村后不着店的房子是因为他看到了绝好的商机。从这座房子的地理位置来看，它正好处在拐弯处，火车经过这里时会减速，疲惫的乘客一看到这座房子都会精神一振。那么，用它来做广告是不是很合适呢？有了这个想法，年轻人很快就开始和一些大公司联系，推荐房屋的正面——这道极好的“广告墙”。后来，一家公司看中了这个广告媒体，一下就租了 3 年，并支付给年轻人 18 万元的租金。这样，年轻人就用这座平房一下子赚了 15 万元。

30. 汽车故障

答案：既然没有螺丝安装轮胎，也没有办法联系到维修公司，不如将汽车上其他好的轮胎的螺丝借用过来。只要思锐从其他 3 个轮胎上各取下 1 枚螺丝，用 3 枚螺丝来固定好新换的轮胎即可。而其他的轮胎也不会因为缺少 1 枚螺丝而不能正常运行。这样新的轮胎固定好后，汽车就能顺利开到最近的汽修厂了。

Step9
联想思维——开动脑筋，创造奇迹

1. 巧猜成语

答案：这些成语依次是：不三不四、丢三落四、得寸进尺、三五成群、接二连三、七零八落。

2. 短语里的数学名词

答案：1. 求证；2. 等于；3. 除尽；4. 相等；5. 不等；6. 开方。

3. 一百一十一座庙

答案：一柏一石一座庙。“百”谐音为“柏”，“十”谐音为“石”。师父实际上是要鲁班在这个有一柏一石的地方建成一座庙。

4. 四幅图画的真正含义

答案：这四幅图连在一起的含义是：妻(七)呀(鸭)，好久(酒)不见，想(象)你了，马上回家。

5. 猜中国地名

答案：1. 长春；2. 重庆；3. 长沙；4. 武汉；5. 武汉；6. 丽江；7. 无锡；8. 上海；9. 合肥；10. 高雄；11. 新会；12. 连云港；13. 天津；14. 大同；15. 齐齐哈尔；16. 上海；17. 南通；18. 海口；19. 旅顺；20. 青岛；21. 青海；22. 青海；23. 宁波；24. 酒泉；25. 贵阳；26. 贵阳；27. 西安；28. 太原；29. 洛阳；30. 开封；31. 开封；32. 桂林；33. 长安；34. 武昌；35. 锦州；36. 包头；37. 热河；38. 温州；39. 云南；40. 高邮；41. 银川；42. 栖霞；43. 衡阳；44. 沈阳；45. 通化；46. 山海关。

6. 东方朔巧答谜题

答案：蚊子。两则谜面描述了蚊子的体形和生活习性以及被消灭的下场。

7. 联想游戏

答案：是“金”。因为“五行”指金、木、水、火、土；金也是朝代名；金也是古代金属制的乐器，鸣金是撤兵的意思；金星是八大行星之一。

8. 第 19 个小房子用了多少块小石子

答案：第一个图有（1+4）块石子；第二个图有（3+9）块石子；第三个图有（5+16）块石子；所以第 n 个图有 $(2n-1)+(n+1)^2$ 块石子；所以第 19 张图有 37+400=437 块石子。

9. 蚂蚁狭路相逢

答案：一只蚂蚁先把沙粒从凹处移出来，放在通道里，然后另一只蚂蚁进入凹处；再由第二只蚂蚁推着沙粒走，通过凹处后停下来；这时，第一只蚂蚁从凹处出来，沿着通道走自己的路；第一只蚂蚁再把沙粒拖回原处，放进凹处，然后自己通过。

10. 大伙儿点菜

答案：洋葱、豆芽、豆腐、番茄、藕、鸡蛋。

11. 苹果派的暗示

答案：伽罗瓦认为朋友死时手里捏着一块完整的苹果派，是在暗示杀害他的凶手是这个 314 房间里的人，因为“派”的读音跟数字符号“π”一样，而 π 的前三位正是 314 这三个数字。

12. 翻硬币游戏

答案：把脸颊的一面贴近桌面，斜着朝硬币的上面猛力地吹气（不是从下而上地吹），从而使硬币上面的空气流动快，压力小；硬币下面的空气不流动，压力大。于是，在空气压力差的作用下，硬币先是被下面的空气托起，然后就“啪”的一声翻过身来。

13. 如何将他们分开

答案：妮薇先抓住绕在自己手上的绳子的中间部分，然后将绳子穿过诺曼右手腕 A 的绳圈，穿越的方向是从手腕的内部顺着手肘的方向到手掌端。随后将绳子回绕过手掌而伸出到手的外侧。此时妮薇就可和诺曼分开了，在场的人也会惊讶不已。

他们的手腕仍然绑着，可是两人已经没有被绑在一起了。要注意的是，如果没有完全依照文中的指示，将会使两条绳子纠缠得更严重。

例如，如果妮薇的绳子在回绕到 P 点时，从 Q 点下绕诺曼的绳子，然后妮薇必须依上述方法在诺曼的左手上动作，而非右手。

想要知道各种不同的绕绳方法会发生何种结果，最好的方法就是找一个朋友，慢慢地试验。

14. 有趣的对联

答案：上联缺“一”，下联少“十”，取谐音就是“缺衣少食”的意思。

15. 联想填字

答案：横向：1. 超级女声；2. 东施效颦；3. 灵芝；4. 喜马拉雅山；5. 大众甲壳虫；6. 刀郎；7. 凤歌笑孔丘；8. 短平快；9. 露马脚；10. 丁薇；11. 林肯；12. 扁平足；13. 蝶恋花。

纵向：一、超人；二、刀白凤；三、喜多郎；四、歌舞升平；五、女驸马；六、拉丁文；七、闾丘露薇；八、灵山大佛；九、东芝；十、长短脚之恋；十一、装甲车；十二、快活林；十三、冬虫夏草。

16. 唐伯虎问路

答案：左。因为“句”是方向的“向”少左边的一竖，所以向左走就对了。

17. 六位新会员都姓什么

答案：第一个篮球队员姓林，因为两棵树即两个木在一起，就是“林”字；跳高队员姓杜，他把木杆往土里插，就是“木”加“土”；射箭队员姓张，他使足力气把一个弓拉得很长，就是“张”字的意思；围棋队员姓孟，把棋子放在盆上，“子”和“盆”相加就是“孟”字；田径队员姓闵，因为球门取“门”字，在书名里取“文”字，“门”和“文”组成的字就是“闵”；武术队员姓刘，因为刀就是利刀旁，一本书即“文”。“文”加“刀”为“刘”字。

18. 百担榆柴

答案：柏担榆柴。“百”与“柏”谐音，故孙膑用“柏”树枝做扁担来挑榆柴。

19. 猜茶名

答案：众人不解题意，恰好斟茶的和尚在一旁，微笑着点破了题意：“‘幽篁’指竹，‘叠翠’说明叶子是青的，谜底应是三个字……”大家听了恍然大悟。答案就是竹叶青。

20. 信封的秘密

答案：这是一封用白糖水写的信。上面用糖写成的文字，因受热糖分脱水，而出现黑褐色，这时待其干了后在火上烤一烤，我们就很容易读出上面的文字来了。

21. 门上“活”字的用意

答案：“门”字中添个“活”字，就是“阔”字。曹操是嫌这个门修得太大了。杨修读懂了曹操的意思，让人把这门改小了些。

22. 数字游戏

答案：要设计一种先喊到 100 的必胜策略，你必须先喊出 89，使你的对手无法喊到 100。接下来则要考虑如何避免让你的对手先喊到 89。由 89 再往前推 11，则可得到数字 78。和前面相同，先喊到 78 的人就可喊到 89。你又该如何确定能喊到 78 呢？用同样的方法，再往前推 11 得 67，再往前推 11 得 56……

因此，我们可以得到一个序列：

1、12、23、34、45、56、67、78、89、100。

只要你的对手所喊出的数字不在这组序列内，你必定可以加上一个 1—10 的数使之成为这组序列中的某一数字，接着依照这一序列添加数字直到 100 为止。

如果你的对手不知道这一方法，则你应该会有很大的把握取胜。

23. 年轻主管的建议

答案：他建议，可以在房间内每件东西上标上价格，这样客人们看到这些东西的价格就明确它们是出售的。如果喜欢又觉得价格合适就会在离开时直接拿着去柜台登记了。这不仅制止了客人们顺手牵羊的行为，还成了宾馆的一项额外收入。

24. 两个谜底到底是什么

答案：燕窝、牛犊。两则都是事物谜，侯白描绘的是这两种实物。牛犊即小牛。

25. 塑料管里的滚珠

答案：可以把塑料软管弯曲一下，把两个口对接在一起，然后把一端的白滚珠挤到另一端，这样就能按要求把中间的黑滚珠取出来了。

26. 最佳的人行道设计方案

答案：市容管理员按照他平时的工作经验分析，人们走路的时候有一个习惯，为了节约时间，一般都喜欢找最近、最短的道路通向自己的目的地。先在这些楼群之间种上草坪，等到了秋天，人们就会在草坪上踩出许多小道，最明显的印迹就是人们最喜欢走的一条路，也就是修建人行道的最佳方案。

27. “缩小”技术的应用

答案：微型电吸尘器；笔记本电脑；折叠式雨伞；袖珍电子词典；儿童自行车。

28. 月历问题

答案：在月历中框出一个 2×2 或者是 3×3 的方阵，各个数字及其总和之间的关系很容易就可以建立起来。例如，对于一个 2×2 的方阵，其总和总是等于 4×(最小的日期 +4)，算出最小的日期后，方阵里的 4 个日期也便很容易就确定了。

此现象可用在下列两种情况中：

(1) 别人告诉你总和，请你将该 4 个日期都说出来。

(2) 别人告诉你最小的日期，然后问你总和是多少。

日	一	二	三	四	五	六
	1	2	3	4	5	6
7	8	9	10	11	12	13
14	15	16	17	18	19	20
21	22	23	24	25	26	27
28	29	30	31			

其实道理非常简单，只要假设最小的日期为 D，则 4 个日期分别为 D，D+1，D+7，D+8。

所以总和 T = D + (D + 1) + (D + 7) + (D + 8) = 4D + 16 = 4(D + 4)。如果总和 T 已知，只要将 T 除以 4，便得到 D + 4。然后再将 (D + 4) 减去 4，即得到 D。

29. 美军用的什么办法

答案：美军既然无法直接攻克日军的地堡，他们便不攻克，直接把坦克改装成推土机，将快速凝结的水泥填在地堡的出口处。将这些地堡口堵死，那这些地堡就变成了日本人的“活棺材”了。

30. “加法”创造出来的东西

答案：收录机，在收音机基础上加了录音功能；闪光灯照相机，在原有的照相功能添加了灯光功能；连帽雨衣，在原有的雨衣上加了帽子；过滤嘴香烟，在香烟上加了一段过滤嘴；药物牙膏，在原有牙膏功能上添加了药物成分。

Step10
系统思维——运筹帷幄，全力击破

1. 微妙的变化可以拯救一个工厂

答案：因为牙膏的市场已经饱和，而且这家企业不想开发新市场，所以要想达到提高销量的目标，就只能从牙膏本身下手。例如，一管牙膏，消费者原先能用半年，如果通过改革让他只用五个月，那么销量就提上去了。那张纸条上只写了一句话：将牙膏管口直径扩大 1 毫米。消费者每天早晨习惯挤出同样长度的牙膏。如果让牙膏管口直径扩大 1 毫米，那牙膏的消费量就会多出很多。这样一来，消费者牙膏消费量增加了，牙膏的销量自然而然就增加了。

2. 希尔顿巧卖地毯

答案：希尔顿在他的地毯上都加了一枚能指向北方的小罗盘，便于那些穆斯林教徒们在祷告时找到圣城麦加的方向。

3. 马克·吐温的罗曼史

答案：这是一道考察逻辑思维能力和集束思维的计算题，有六种未知价格的商品和五个等式，我们要推导出另外一个等式中的两样商品。我们可以由已知来推未知：

番茄酱 + 蚕豆 =15.5

番茄酱 + 香肠 =27

蜂蜜 + 香肠 =35.5

蜂蜜 + 泡菜 =28

蚕豆 + 泡菜 =14

番茄酱+香肠-(番茄酱+蚕豆)=11.5，也就是说香肠 - 蚕豆 =11.5。香肠-蚕豆+蚕豆+泡菜 =25.5，即香肠 + 泡菜 =25.5；又因为蜂蜜 + 香肠 -（蜂蜜 + 泡菜）=7.5，即香肠 - 泡菜 =7.5。这样我们就能算出香肠 =16.5，泡菜 =9，番茄酱 =10.5，蚕豆 =5，蜂蜜 =19。如果马克·吐温是花了 24 美元买了两样东西，那这两样东西就是一罐烤蚕豆和一罐蜂蜜。

4. 哥伦布用月亮换粮食

答案：并不是哥伦布抢走了他们的月亮，而是那天刚好发生了“月食”。哥伦布在翻书的时候无意间推算出近期这个天文现象会发生，于是就利用了这个圆月消失和出现的现象，从而获得了粮食和淡水。

5. 亚里士多德巧辨谎言

答案：因为武士不会撒谎，而一号牢房的人说自己是赌棍，那么他肯定不是武士。因此，三号牢房的人说一号牢房的人是武士，那么三号牢房的人肯定是在撒谎。所以，剩下的二号牢房的人就是武士。所以，一号牢房的人是骗子，三号牢房的人则是赌棍。

6. 鸡生蛋，蛋生鸡

答案：律师是以自己的行为告诉大家旅馆老板讹诈的实质。他只说了一句：“煮熟的鸡还能生蛋，为什么炒熟的麦种就不能生长出麦子呢？”

7. 王子求婚记

答案：这是一道考察系统思维能力的计算题目。王子可以在装有金币的盆里留 1 枚金币，把另外 9 枚金币倒入另一个盆里，这样另一个盆里就有 10 枚银币和 9 枚金币了。如果他选中那个放 1 枚金币的盆，选中金币的概率就是 100%；如果选中放 19 枚钱币的盆，摸到金币的概率最大是 9/19。王子选中两个盆的概率都是 1/2，所以，结合前面的两项概率得出，选中金币总的概率是 100%×1/2+9/19×1/2=14/19。这样就远远大于原来未换金币前的 1/2 了。

8. 大智若愚的猫主人

答案：猫的主人回答道：“对不起，这个碟子我不卖的，我每天还要靠它来卖猫呢！”

9. 租房子的聪明孩子

答案：5 岁的孩子说：“老爷爷，这个房子我租了。我没有孩子，我只带来两个大人。”

10. 农夫的哪几个儿子有钱

答案：因为有钱的人说假话，不会承认有钱；而没钱的人说真话，也不会说自己有钱。因此，老五说的是假话，他是有钱的。由此可知，老三没钱，说真话。老三所说的“老四说过，我们兄弟五个都没钱”因而是句真话，即事实上老四说过此话。但“我们兄弟五个都没钱”是句假话，因而老四有钱。可进而推知，他所说的“老大和老二都有钱”是句假话，即事实上老大、老二两人中至少一人没钱。老大说的不可能是真话，否则老三说的就是假话，这和已得到的结论矛盾。因此，老大有钱。又因为老大、老二两人中至少一人没钱，所以老二没钱，他说真话。概括起来，老大、老四和老五有钱，说假话；老二和老三没钱，说真话。

11. 鲍勃分苹果

答案：最后结果是每个人分到了 8 个苹果。库克在分苹果前是 16 个苹果，而当时凯特和鲍勃手中应该各有 4 个苹果。由此推出凯特分出苹果前有 8 个苹果，而鲍勃的 4 个苹果有 2 个是凯特分出的，另 2 个是他第一次分配所余。最初鲍勃分得的苹果数就知道是 4 个了。凯特得到鲍勃的 1 个成为 8 个，所以凯特最初是 7 个苹果，库克自然是 13 个苹果。由此也就可以推出他们今年的年龄，鲍勃 7 岁，凯特 10 岁，库克 16 岁。

12. 自私的船长

答案：船长让船员们列队排成一个圈，从数字 1 开始，每数到第九的船员被扔下水。B 国船员的数字是：1、2、3、4、10、11、13、14、15、17、20、21、25、28、29。不幸的 A 国船员所站的位置则是：5、6、7、8、9、12、16、18、19、22、23、24、26、27、30。

13. 平面魔方

答案：如下图所示，用粗线分开的 6 个部分数字之和即为 100。

18	6	4	30	47	29
45	30	6	18	17	2
1	21	1	42	23	5
3	28	7	17	1	6
44	4	32	43	30	40

14. 贵妇人的钻石项链

答案：工匠师只要在水平一排的两端各偷走一颗钻石，再把最底下的一颗钻石移到顶上，就可以蒙骗不知情的贵妇人。

15. 巧填九宫格

答案：

5	7	3	9	8	1	4	6	2
9	6	1	2	3	4	5	7	8
2	9	4	5	6	7	1	3	9
3	4	7	8	9	6	2	1	5
1	8	9	4	5	3	8	9	7
8	5	9	7	1	2	3	4	6
7	9	8	3	4	5	6	2	1
6	3	2	1	7	8	9	5	4
4	1	5	6	2	9	7	8	3

16. 狗的性别

答案：她的说法是错误的。我们假设四只小狗分别为 A、B、C、D。那么，它们是公是母就有 16 种组合。然后你会发现，四只小狗全是同一性别的出现两次，概率就是 1/8；有一个和其他三个不同的出现了 8 次，所以概率是 1/2；有两个是同一性别的出现了 6 次，所以概率是 3/8，而这三个数加起来正好是 1。所以两公两母的概率不是 50%。

17. 火中逃生记

答案：假设两只篮子分别为 A、B：

第一次婴儿放入 A，B 篮空着，则 A 降，B 升起来；

第二次狗放入 B，则 A 升，B 降；

第三次婴儿出来，值班员进 A 篮，则 A 降，B 升；

第四次狗出来，婴儿放入 B，值班员出来，则 B 降，A 升；

第五次狗放入 A，则 A 降，B 升；

第六次狗出，则 B 降，A 升；

第七次值班员、狗、婴儿都进入 B

篮，老婆进入A篮，则A降，B升；

第八次值班员和狗出来，老婆出，则B降，A升；

第九次狗放入A篮，则A降，B升；

第十次狗出来，则B降，A升；

第十一次狗入B篮，值班员入A篮，则A降，B升；

第十二次婴儿入A篮，值班员出，则B降，A升；

第十三次狗出B篮，则A降，B升；

第十四次婴儿出来，大功告成。

18. 巧克力中隐藏的谎言

答案：这道题目其实并不难，主要是考察大家的观察力和推理能力，所以也是一道相对简单的系统性思维训练题。正常情况下巧克力在28℃以上就会变软。当时气温高达35℃，而梅丽尔的巧克力却是硬邦邦的，这说明她刚从有空调的地方出来。这个小火车站并没有设置空调房间，只有刚刚进站的火车上才有空调。所以梅丽尔说她来接人是在说谎。

19. 郁金香里的秘密

答案：月季花和玫瑰花都是带刺的，只有郁金香没有刺。这是莫妮卡对威廉的暗示：选择这朵花吧，它不会扎到你的手。

20. 精明的贩马人

答案：其实他赚了20两。对这个问题可以换个形式算账。他用60两银子买进一匹马，又用70两银子卖掉这匹白马，这就赚了10两。他再用80两银子买进了一匹马，又用90两银子卖掉这匹马，又赚了10两。这样问题就清楚了，贩马人在这天的交易中一共赚了20两银子。

21. 四人过桥

答案：假设四个人为甲、乙、丙、丁，他们过桥所用的时间相应为3、4、6、9分钟。

可以先让甲和乙过桥，一共用4分钟；然后让甲返回，用去3分钟；再让丙和丁一起过桥，一共用9分钟；再让已经过了桥的乙拿着手电筒返回，用4分钟；最后甲和乙再一起过桥，用4分钟。所以四个人过桥最快要用4+3+9+4+4=24分钟。

22. 神秘的走私犯

答案：走私的是自行车。

23. 智选公司

答案：王先生应该会选择甲公司，这样就会比在乙公司每年多挣5万元：第一年，王先生可在甲公司拿到的工资是50+55=105万，在乙公司拿到的工资为100万。第二年，王先生可在甲公司拿到的工资是60+65=125万，在乙公司拿到的工资为120万……以此类推，王先生每年在甲公司拿到的工资都会比在乙公司拿到的多5万元。

24. 谁是最后的赢家

答案：只要保证自己是第一个拿，并且每次只拿3枚，最后一枚肯定是自己的。

25. 家有四兄弟

答案：四个兄弟的年龄顺序为A、B、D、C。说真话的（老二和小弟）不可能说“我是长兄”，所以，D的话是假的，可知D不是长兄，而是老三。那么，B就不是老三了，C的话就是真的，C就是老二或者小弟。假设A说的是真话，C和A就是老二和小弟，B就是长兄了，则A又在撒谎，这是相互矛盾的。所以，A是长兄。从A的话中可知，B是老二，C是小弟。

26. 青铜像上的玄机

答案：汤姆声称汉克逃跑时扔掉的那件东西，也就是后来发现的青铜雕像，在岩石上撞击出了一串火花，这是不可能的。因为青铜是一种抗摩擦的金属材料，是不会在岩石上撞击出火花的。

27. 湖中的水草

答案：在案例中这个男孩之所以问老人鱼身上为什么没有水草，是因为他曾经遇到过“水草”。当年，他跳进河里救自己女友的时候，男孩认为自己遇到过“水草”。而老人说这里根本没有水草，那么结论就是男孩遇到的“水草”不是真正的水草，他把女友的长发当成了水草，错失了将女友救起的机会。男孩深爱女友，因为自己的过失失去了女友，所以男孩深感自责，捶胸顿足、失声痛哭。

28. 怪异的报案信

答案：这是一封受惊吓之后写的信件，内容语无伦次，写信人似乎有点神志不清。其实，他描写的是一个逃生的过程。整合信件文字，就不难看出这封信件的意思：我开车掉进了河里，当时我害怕极了。周围什么都看不见，河水很冰冷。我极力地想打开车窗逃出去，但是我身上的衣服太厚重了。在那么狭小的空间里，你可以想象脱掉身上的衣服有多么困难。但是，我终于做到了。我打碎了车窗玻璃，从里面钻了出来。我不断地游，感觉那是一段遥远的路途。我以为我永远都游不到尽头。但是，当我看到城市的光亮时，我终于放心了。对了，还有一件重要的事情等着我去做，那就是立即报案。当我找到最近的警署时，警署大门已经关上了。于是，我写下这封报案信，希望警察第二天能看到。

29. 自杀还是他杀

答案：案发当时是晚上九点，死者的丈夫说他在窗外亲眼看见了那个男人开枪自杀，还看见自己的妻子躺在那个男人旁边，已经死了。此外，他还说他进入公寓后，除了看过遗书外，没有碰任何东西。可是，当FBI警员赶到案发现场后，公寓内黑漆漆一片，灯是关着的。而案发当时是晚上九点，所以，如果公寓内的灯是关着的，女死者的丈夫怎么可能会看到男死者开枪自杀？又怎么可能会看清妻子就躺在那个男人旁边。还有遗书，他说他在案发现场看过遗书。当时，黑漆漆一片，他能看清遗书上写的是什么吗？种种迹象都表明，他是在撒谎。最后，经过FBI警员调查，案情水落石出。女死者已经很久没有回家，她的丈夫怀疑她和男死者有染，于是带着枪来到了男死者的公寓，当他透过花园的窗子看到他的老婆与男死者在屋内亲昵后，便砸碎了窗子，闯进了公寓，开枪杀死了他们两个。之后他用男死者的电脑写了一封遗书，制造了自杀假象。

30. 女明星之死

答案：既然女星家中的窗台如此之宽，宽到甚至可以容纳一个人平躺的程度，那么她把两盆名贵的喜阳盆栽放在客厅的概率就非常小；而两盆盆栽确实放在光线阴暗的客厅的事实，也说明了此举并非女星亲自所为。而挪盆栽的人，极有可能就是杀害女星的凶手。凶手为什么要挪花盆？因为他想让女星躺在窗台上睡觉。在窗户和纱窗都敞开的情况下，女星迷迷糊糊地一转身，不就坠楼“自杀”了吗？可是，如果女星运气好，翻身时正好翻到了相反方向，不就翻到了阳台上了吗？这样她顶多摔伤，不可能摔死，那这样凶手岂不是没有达到目的？如此看来，凶手并非一定要置女星于死地。不幸坠楼摔死了，这说明女星运气太差；如果运气好，摔到了阳台上，保全了性命，正好可以给女星一个警告。由此看来，凶手一定是和女星十分亲近的人。只有亲近的人才有机会进入死者的家中，也只有亲近的人才能观察到女星家的窗台较宽，从而想到了上述作案手法。

图书在版编目（CIP）数据

逻辑思维游戏经典300例/诸葛文著. —4版. —北京：中国法制出版社，2019.8

ISBN 978-7-5216-0405-4

Ⅰ.①逻… Ⅱ.①诸… Ⅲ.①智力游戏 Ⅳ.①G898.2

中国版本图书馆CIP数据核字（2019）第164271号

责任编辑：杨 智 冯 运　　封面设计：周黎明

逻辑思维游戏经典300例

LUOJI SIWEI YOUXI JINGDIAN 300 LI

著者/诸葛文

经销/新华书店

印刷/河北鑫兆源印刷有限公司

开本/710毫米×1000毫米 16开　　印张/15.75 字数/206千

版次/2019年8月第4版　　2019年8月第1次印刷

中国法制出版社出版

书号ISBN 978-7-5216-0405-4　　定价：46.00元

北京西单横二条2号

邮政编码100031　　传真：010-66031119

网址：http：//www.zgfzs.com　　**编辑部电话：010-66038703**

市场营销部电话：010-66033393　　**邮购部电话：010-66033288**

（如有印装质量问题，请与本社印务部联系调换。电话：010-66032926）